Kolleg Philosophie
Friedrich Rapp:
Analytische Technikphilosophie

W0063949

Friedrich Rapp

Analytische
Technikphilosophie

Verlag Karl Alber Freiburg/München

Literaturangaben nach folgendem Beispiel: (*5.8*, 38).
Die kursive Zahl *(5.8)* verweist
auf den Titel in der Bibliographie,
die Zahl dahinter (38) ist die Seitenzahl.
Bei mehrbändigen Werken nennen kursive
römische Ziffern den Band (*4.2 I*, 157).

CIP-Kurztitelaufnahme der Deutschen Bibliothek

Rapp, Friedrich
Analytische Technikphilosophie. – 1. Aufl. – Freiburg [Breisgau], München: Alber, 1978.
    (Kolleg Philosophie)
    ISBN 3–495–47385–8

© Verlag Karl Alber GmbH Freiburg/München 1978
Satz und Druck: Presse-Druck Augsburg
ISBN 3–495–47385–8

Inhalt

I. Stadien der Technikphilosophie

1. Einführung

Die Geschichte der Menschheit ist gekennzeichnet durch die verschiedensten Hochkulturen, in denen über lange Zeiträume hinweg gleichbleibende materielle Lebensbedingungen herrschten. Trotz erstaunlich hoher handwerklicher und künstlerischer Perfektion beschränkte sich in diesen Epochen der Umgang des Menschen mit der Natur auf relativ einfache Techniken, die in tradierten Fertigkeiten und elementaren Kenntnissen begründet waren. Mit der Industriellen Revolution, die vor etwa zweihundert Jahren in England begann, ist hier ein grundsätzlicher Wandel eingetreten. Durch die Erfindung mechanischer Energiequellen, die Entdeckung leistungsfähiger Werkstoffe und die Entwicklung rationeller Produktionsverfahren wurde eine Entwicklung eingeleitet, die seitdem nicht mehr zum Stillstand gekommen ist. Im 19. Jahrhundert vereinigen sich dann die bis dahin primär durch die Praxis der Handwerkstradition bestimmte Technik und die ursprünglich aus der philosophischen Theorienbildung hervorgegangene mathematische Naturwissenschaft zu einem umfassenden technisch-wissenschaftlichen Prozeß, der seither in seiner immanenten Dynamik in ständig beschleunigtem Tempo weiterwirkt. Alle Anzeichen deuten darauf hin, daß die Menschheit erst am Beginn eines völlig von der Technik geprägten Zeitalters steht, das früher ungeahnte materielle Möglichkeiten und gleichzeitig beklemmende Zukunftsperspektiven bereithält.

In der Tat gibt es schon heute kaum einen Bereich des

individuellen und sozialen Lebens, der nicht direkt oder indirekt durch die Technik geprägt wäre: Der hohe Lebensstandard in den Industrieländern und die perfektionierten Transport- und Kommunikationsmöglichkeiten sind ebenso technikbedingt wie die vergrößerte Lebenserwartung und der schnelle soziale Wandel. Während man weithin geneigt ist, die unbestreitbaren Leistungen und Annehmlichkeiten der Technik unreflektiert hinzunehmen, führen ihre negativen Folgen eher zum Nachdenken und zur Kritik. So werden vielfach die Arbeitsteilung, die Versachlichung und das Effizienzstreben beklagt, die in der Arbeitswelt und den zwischenmenschlichen Beziehungen zur Entfremdung von einem unmittelbar überschaubaren und innerlich erfüllten Dasein geführt haben. Dabei scheint es, als seien wir zur Technik verurteilt. Sie kommt immer nur durch menschliche Handlungen zustande und ist doch zu einer selbständigen Instanz geworden, deren Entwicklung anscheinend kaum gesteuert werden kann. So hat der medizinisch-technische Fortschritt in den Entwicklungsländern zu einer Bevölkerungsexplosion und damit zu einem Ernährungsproblem geführt, das seinerseits wiederum nur durch den Einsatz technischer Hilfsmittel (Geburtenkontrolle, künstliche Düngung und Einsatz landwirtschaftlicher Maschinen) zu bewältigen ist. Die Menschheit insgesamt steht durch den ständigen Rüstungswettlauf unter der Drohung eines vernichtenden Atomkrieges. Gleichzeitig ist durch die Zerstörung der natürlichen Umwelt und die Rohstoff- und Energiekrise deutlich geworden, daß die technische Entwicklung nicht ins Uferlose fortschreiten kann.

Die Dynamik des realen Geschehens ist hier dem theoretischen Verständnis weithin entglitten. Eben deshalb wird denn auch die vom Menschen zielstrebig und planmäßig hervorgebrachte Technik heute als fremde, unheimliche Macht erfahren. Diese unbefriedigende Situation hat zwei Gründe: Sie ist einmal bedingt durch die Sache selbst, d. h. durch die *vielschichtige* und *komplexe* Struktur der modernen Technik, die sich in ihren mannigfachen Aspekten ebensowenig auf bündige Formeln bringen läßt wie etwa ,die Wissenschaft' oder ,die Politik'.

Die andere Ursache liegt paradoxerweise gerade in der spezifisch *theoretischen* Ausrichtung des abendländischen Denkens. Dieser Denkstil hat durch die Entzauberung der Welt, die Rationalisierung der ökonomischen Prozesse und die mathematisch-naturwissenschaftliche Methode die moderne Technik überhaupt erst möglich gemacht, die sich dann von Europa aus über die ganze Welt ausgebreitet hat. Dabei wurde aber nach wie vor an dem traditionellen Vorrang der distanzierten theoretischen Reflexion gegenüber dem aktiven praktischen Handeln festgehalten. Auf diese Weise konnte es geschehen, daß die aus einem ganz bestimmten theoretischen Weltverständnis heraus entstandene Technik gleichwohl im Sinne eben dieser Konzeption als ein Erkenntnisgegenstand von geringerer Würde erscheint. Die aus dem Geist der rationalen, aufgeklärten Wissenschaftlichkeit – und damit im weiteren Sinne aus der abendländischen philosophischen Tradition – heraus entstandene moderne Technik, deren tatsächliche Wirksamkeit offen zutage liegt, ist denn auch nur sehr zögernd zum Gegenstand grundsätzlicher philosophischer Untersuchungen gemacht worden. Das ausschließliche Festhalten an der traditionellen philosophischen Auffassung vom Menschen als dem *animal rationale* führt dazu, daß außerhalb der marxistischen Philosophie der heute so entscheidend gewordene Gesichtspunkt des *homo faber* nur unzureichend ins Blickfeld kommt.

Es wäre jedoch verfehlt, für die unzureichende Reflexion auf die Probleme, die durch die moderne Technik aufgeworfen werden, allein die traditionelle Vorherrschaft des *humanistisch-historischen* Bildungsideals verantwortlich zu machen. Im Zuge einer Gegenbewegung wird zwar heute allgemein die Bedeutung der naturwissenschaftlich-technischen Ausbildung stärker hervorgehoben. An die Stelle eines kontemplativen Humanismus tritt dabei weithin ein rein erfolgsorientierter Technizismus. Dieser Wechsel der Extrempositionen führt dann zu der unglücklichen Gegenüberstellung von Natur- und Geisteswissenschaften als den ‚zwei Kulturen‘. Wenn man von unangemessenen Überzeichnungen absieht, ist jedoch festzustellen, daß beide Betrachtungsweisen einander

9

keineswegs ausschließen. Ganz im Gegenteil; hier liegt ein notwendiges Ergänzungsverhältnis vor: Sobald der *Sinngehalt* des technischen Handelns und die *Kriterien* für das Wahlverhalten in technischen Entscheidungssituationen zur Diskussion stehen, kommt man ohne eine ‚humanistische' Wertreflexion nicht aus. Wenn dagegen die derzeitigen *technischen* Lösungsmöglichkeiten für ein vorgegebenes Problem aufgewiesen werden sollen oder wenn nach den *physischen* Konsequenzen gefragt wird, die von einer bestimmten technischen Maßnahme zu erwarten sind, vermag allein der Naturwissenschaftler bzw. der Ingenieur kompetente Auskunft zu geben.

Da die Technik in den Epochen vor der Industriellen Revolution dem jeweiligen Lebens- und Kulturzusammenhang untergeordnet war, bestand für eine selbständige Behandlung ihrer philosophischen Probleme kein unmittelbarer Anlaß. So treten denn auch im deutschen Sprachraum die Anfänge einer klar abgegrenzten und eigenständigen Technikphilosophie erst gegen Ende des 19. Jahrhunderts auf. Die darauf folgende historische Entwicklung läßt sich nicht auf ein einheitliches Schema reduzieren (vgl. Huning *1.16;* Lenk-Ropohl *1.20* und Moser *1.23*). Dennoch kann man hier im Sinne eines summarischen Überblicks vier verschiedene Themenbereiche unterscheiden, die jeweils in einer bestimmten Zeit in der Diskussion vorherrschen, aber keineswegs ausschließlich das Bild bestimmen: Es sind dies die ingenieurwissenschaftliche, die kulturphilosophische, die sozialkritische und die systemtheoretische Betrachtungsweise der Technik. Diesen Etappen entspricht in großen Zügen auch der Übergang vom Technikoptimismus des 19. Jahrhunderts zur distanzierteren Einstellung der Gegenwart. Mit jedem der vier Themenbereiche wird ein bestimmter Aspekt der Technik angesprochen; die Diskussion der historischen Stadien gibt deshalb zugleich auch einen Einblick in die systematischen Fragen.

2. Die Sicht des Ingenieurs

Das äußere Kennzeichen der Technik sind Apparaturen, Maschinen und Geräte, die sich deutlich abheben von den in der anorganischen Welt und in der belebten Natur vorfindbaren Objekten. Alle derartigen Artefakte verdanken ihre Existenz der Tatsache, daß sie von Menschen erdacht und anschließend planmäßig und sachgerecht hergestellt wurden. Es ist deshalb nur natürlich, daß sich die philosophische Reflexion über die neuaufkommende Maschinentechnik zunächst auf den schöpferischen Akt der Erfindung und auf die Tätigkeit des Ingenieurs konzentrierte, in denen man unerläßliche Vorbedingungen für das Entstehen der zunächst ungewohnten technischen Gebilde erkannte.

Als Begründer der Technikphilosophie gilt der Geograph und Philosoph E. Kapp. In seinen 1877 erschienenen „Grundlinien einer Philosophie der Technik" deutet er technische Erfindungen als die materielle Konkretisierung der inneren Vorstellungswelt und das technische Schaffen als „Organprojektion". Für ihn bildet die Hand das Vorbild der technischen Artefakte und die Urform aller Werkzeuge; in diesem Sinne deutet er z. B. den Hammer als die Nachbildung eines Armes mit geballter Faust. Wie die meisten Autoren des 19. Jahrhunderts beurteilt Kapp die Möglichkeiten der Technik ausgesprochen optimistisch. Er sieht in ihr ein Mittel zur kulturellen, moralischen und intellektuellen Höherentwicklung und „Selbsterlösung" der Menschheit (*1.19*, V f.). Kapps Thesen von der Organprojektion und der Selbsterlösung durch die Technik werden in abgewandelter und erweiterter Form von A. Gehlen (*5.9*, 93–95) bzw. D. Brinkmann (*1.8*, 105 f.) wiederaufgenommen.

Der Ingenieur M. Eyth sieht das wesentliche Kennzeichen des technischen Schaffens im schöpferischen Hervorbringen neuer materieller Gebilde. Er geht von einer weitgefaßten Interpretation des Erfindungsprozesses aus, den er in drei Phasen einteilt: (1) Die Konzeption des Gedankens, die auf einer nicht rational faßbaren Inspiration beruht. Dabei handelt der Erfinder ohne äußeren Anlaß. Er wird von demselben inneren Schaffensdrang und derselben Lust am Schöpfertum getrieben, die auch den Künstler beseelen. (2) Das nächste Stadium besteht in der Materialisierung, d. h. in der konkreten Ausführung der Idee. Hierzu wird ein Versuchsmodell angefertigt und auf seine grundsätzliche Brauchbarkeit hin geprüft. Wenn es sich bewährt, muß es durch Abänderungen und gegebenenfalls durch weitere Erfindungen in einem mühsamen Prozeß allmählich bis zur Gebrauchsreife verbessert werden. (3) Die letzte Phase besteht schließlich in der erfolgreichen Verbreitung und Anwendung der jeweiligen Erfindung (*3.4*, 262–267).

Die Ideen Eyths werden 1906 von dem Patentanwalt und Elektroingenieur A. du Bois-Reymond in dem Buch „Erfindung und Erfinder" (*3.2*) systematisiert und ausgebaut. Er unterscheidet zwischen der Tätigkeit und dem Resultat des Erfindens und hebt dabei den Erfindungsakt als psychologischen Vorgang deutlich ab von dem Sachgehalt der jeweiligen Erfindung. Dieser sachliche Zusammenhang ist seiner Natur nach zeitlos; er muß aber durch den Vorgang des Erfindens erst bewußt gemacht werden. So bestand z. B. von jeher die Möglichkeit zur Herstellung des Schießpulvers, das den Chinesen denn auch schon lange vor den Europäern bekannt war. In demselben Sinne existieren auch alle Erfindungen, die die Menschheit jemals machen wird, bereits heute als – zur Zeit noch unbekannte – objektive Sachverhalte. Die schöpferische intellektuelle Leistung liegt also ausschließlich im Akt des Erkennens; die erkannte Erfindung selbst ist als materielles Gebilde lediglich eine an sich geistlose Kombination aus materiellen Elementen. Im allgemeinsten Sinne betrachtet, besteht jede Erfindung darin, daß bestimmte technische Möglichkeiten aufgezeigt werden, die mit menschlichen Bedürfnissen, d. h. mit ganz bestimmten menschlichen Eigenschaften, übereinstimmen. Eine Erfindung liegt demnach immer dann vor, wenn eine bisher unbekannte Koinzidenz zwischen Eigenschaften der Materie und menschlichen Eigenschaften (Bedürfnissen) entdeckt wird.

In F. Dessauers „Philosophie der Technik" von 1927 (*1.10*) erfährt diese Idee der an sich existierenden technischen

Möglichkeiten dann eine spekulative Erweiterung. Dessauer, der selbst Ingenieur und Röntgenologe war, geht davon aus, daß es für jedes eindeutig definierte technische Problem genau *eine* Lösung gibt, die unter den vorgegebenen Umständen die beste ist. Diese Lösung wird demnach nicht von uns geschaffen, sondern nur gefunden. Jede Verbesserung einer Erfindung besteht in der asymptotischen Annäherung an die endgültige prästabilierte Lösungsgestalt. Diese platonische Konzeption präexistenter Lösungsideen verbindet sich bei Dessauer mit einer theologischen Deutung: Indem der Mensch das potentielle Sein vorgegebener technischer Gestalten in die aktuelle Wirklichkeit umsetzt, wirkt er im Sinne einer Weiterschöpfung; im technischen Schaffen bedient sich Gott des Menschen, um die Schöpfung fortzuführen. An dieser Auffassung hält Dessauer auch in seiner späteren zusammenfassenden Abhandlung „Streit um die Technik" (*1.11*) fest. (Vgl. die eingehende Würdigung bei K. Tuchel *1.30*.)

Wie Dessauer einräumt, hat jedoch die zunehmende Komplexität der technischen Gebilde und Verfahrensweisen dazu geführt, daß die Bedeutung der „Pioniererfindungen", die auf der spontanen schöpferischen Leistung eines einzelnen beruhen, immer mehr zurückgeht. An ihre Stelle treten „Entwicklungserfindungen", die sich mehr oder weniger zwangsläufig aus dem jeweiligen Stand des technischen Wissens und Könnens ergeben und die deshalb oft unabhängig voneinander an verschiedenen Orten gemacht werden. Solche Entwicklungserfindungen resultieren aus dem wissenschaftlich-technischen Zeitgeist und den jeweiligen menschlichen Bedürfnissen. An ihrer Perfektionierung ist meist eine ganze Gruppe von Fachleuten aus verschiedenen Gebieten beteiligt, die anhand eines detaillierten Arbeitsplans ein bestimmtes Produkt in dem gewünschten Sinne weiter vervollkommnen (*1.11*, 168 f.).

Am Beispiel dieser Entwicklungserfindungen wird deutlich, daß die moderne Technik sich weder auf erfinderisch eingesetzte Fertigkeiten noch auf die bloße Anwendung naturwissenschaftlicher Erkenntnisse reduzieren läßt: Sie kommt durch die koordinierte Zusammenarbeit von Ingenieuren (und gegebenenfalls auch von Naturwissenschaftlern) zustande, die aufgrund ihres fachlichen Wissens und Könnens ein technisches Produkt in einem allmählichen Konstruktions- und Entwicklungsprozeß zur Produktionsreife bringen. Diese Tendenz zur Arbeitsteilung und zum systematischen Vorgehen hat denn auch innerhalb der Ingenieurwissenschaften zur Bildung entsprechender Disziplinen geführt. So werden z. B. in der technischen Kybernetik und in der Systemanalyse Kenntnisse und Verfahrensweisen behandelt, die bei der Analyse und Entwicklung moderner technischer Systeme zur Anwendung kommen.

Es ist bemerkenswert, daß die Verfahrensweisen in dem der Technik eng benachbarten Bereich der Naturwissenschaften in jüngster Zeit sehr eingehend erforscht worden sind. Hier haben die Untersuchungen der analytischen Wissenschaftstheorie zu wichtigen Erkenntnissen geführt, die beispielsweise die Struktur wissenschaftlicher Theorien oder die Arten wissenschaftlicher Erklärungen betreffen. Auch auf dem weniger übersichtlichen Gebiet der Technik werden aufgrund eines geschärften Methodenbewußtseins in zunehmendem Maße vergleichbare Fragestellungen behandelt. Hier liegen die Verhältnisse jedoch nicht so einfach wie im Fall der Naturwissenschaften, wo es ohne allzu große Vereinfachung möglich ist, sich auf die logische Analyse und den Sachgehalt von Aussagensystemen zu konzentrieren und dabei weitgehend von den konkreten Aktionsprozessen und dem sozialen Kontext zu abstrahieren. Bei einer analogen Betrachtungsweise der Technik bleiben alle Gesichtspunkte, die über die Strukturanalyse des zielgerichteten Handelns hinausgehen, außer Betracht. Das bedeutet offensichtlich eine starke Vereinfachung der tatsächlichen Verhältnisse, denn neben den rein ingenieurwissenschaftlichen Resultaten hat die moderne Technik mindestens ebenso gewichtige Auswirkungen auf die konkrete Lebenswelt, den sozialen Wandel und die biologische Umwelt. Dennoch sind solche Untersuchungen unerläßlich, wenn es darum geht, den methodischen – und darüber hinaus auch den erkenntnistheoretischen – Status des technischen Handelns zu erfassen. Eine allgemeine Analyse der Struktur und der verschiedenen Arten effizienter Aktionsprozesse hat T. Kotarbiński (*3.6*) gegeben; einschlägige Arbeiten sind bei F. Rapp (*3.7*) zusammengestellt.

3. Kulturphilosophie

Die Technik ist erst relativ spät zum Gegenstand kulturphilosophischer Untersuchungen gemacht worden. Der Vorherrschaft der Geistes- und Geschichtswissenschaften entsprechend findet sie weder bei F. Nietzsche und W. Dilthey noch bei E. Spranger oder E. Rothacker eine ausführliche Würdigung. (O. Spenglers Schrift „Der Mensch und die Technik" [*1.28*] ist weit mehr ein lebensphilosophisches Aperçu als eine systematische Abhandlung.) So bleiben Fragen wie die nach den geistesgeschichtlichen Entstehungsbedingungen der modernen Technik, ihrer Funktion für das gegenwärtige Selbstverständnis des Menschen oder ihre Bedeutung für die künftige Kulturentwicklung der Menschheit zunächst unthematisiert.

Eine der ersten bedeutsamen Untersuchungen über diesen Themenkreis findet sich bei M. Scheler (*4.26*). Er will die ideal- und realgeschichtlichen Vorgänge aufzeigen, die für den Ursprung und Entwicklungsgang der modernen Wissenschaft und Technik bestimmend sind. Schelers Ziel ist die Synthese zwischen den Extrempositionen einer rein materialistisch-wirtschaftsgeschichtlichen und einer ausschließlich intellektualistisch-geistesgeschichtlichen Deutung. Für ihn besteht zwischen dem theoretischen Weltbild und der praktischen Lebenswirklichkeit nicht ein einseitiges Abhängigkeitsverhältnis wie bei G. F. W. Hegel und – unter umgekehrtem Vorzeichen – bei K. Marx.

Nach Schelers Auffassung geht jeder rationalen Erkenntnisleistung ein emotionales Werterlebnis voraus, weil ein Gegenstand nur aufgrund einer solchen werthaften Zuwendung überhaupt als bedeutsam und untersuchenswert erscheinen kann. Demgemäß sind für ihn die für das Entstehen von

Wissenschaft und Technik maßgeblichen materiellen und ideellen Bedingungen gleichursprünglich durch ein beiden vorgeordnetes emotional geprägtes Ethos bestimmt: Nicht der Gedanke der praktischen Nutzung, sondern das Streben nach Macht und Herrschaft über die Natur sind für die moderne Wissenschaft und Technik charakteristisch. Die Idee des technisch-naturwissenschaftlichen Herrschaftswissens, das nach Scheler zusammen mit dem historischen Bildungswissen und dem religiösen Erlösungswissen die drei Arten des Wissens konstituiert, wird später von J. Habermas in der Schrift „Erkenntnis und Interesse" (5.12) wiederaufgenommen.

K. Jaspers gibt in seiner Schrift „Die geistige Situation der Zeit" (5.18) eine kritische Deutung der Technik. Er stellt fest, daß die in der Moderne unerläßlich gewordene Rationalisierung und Mechanisierung des Arbeitens und Handelns im Verein mit dem Massendasein zu einer Sachlichkeit im Umgang mit den Dingen und der Menschen untereinander und dadurch zu einem Verlust an Persönlichkeit und Individualität geführt hat. Infolge der Herrschaft des technisch-zivilisatorischen Apparates wird die persönliche Sinnerfüllung ersetzt durch Mittelmäßigkeit, abgestumpftes Funktionieren und bloße soziale Rollenerfüllung. Die Technik, die den Menschen abtrennt von der Geschichte und der Begegnung mit der Natur, darf deshalb nicht als bestimmendes Element, sondern nur in einer unauffälligen, selbstverständlichen Mittelfunktion in Erscheinung treten; als Gegengewicht ist „das Bewußtsein für das Nichttechnische bis zur Untrüglichkeit zu schärfen" (167).

In dieser am Ideal des geistig autonomen Individuums orientierten Konzeption kommt eine Kritik zum Ausdruck, die in der philosophischen Diskussion über die Technik in mannigfachen Variationen immer wieder auftritt. Eine Art Gegenstück dazu bildet E. Jüngers Buch „Der Arbeiter" (1.17). Er sieht in der Technik die Mobilisierung der Welt durch die Gestalt des „Arbeiters" als des Prototyps des technisch handelnden Menschen. Obwohl die Technik alle traditionellen Institutionen und Werte zersetzt, muß sie nach Jünger nicht unbedingt destruktiv wirken. Andererseits stellt sie aber auch kein völlig neutrales Mittel dar, mit dessen Hilfe beliebige Ziele verwirklicht werden können. Eine schöpferische Entwicklung ist seiner Ansicht nach nur dann möglich, wenn die aus dem Weltverständnis der Technik resultierende dynamische Kraft unter der Herrschaft des technisch handelnden „Arbeiters" steht. Im Gegensatz dazu hat später sein Bruder F. G. Jünger in der Abhandlung „Die Perfektion der Technik" den Raubbau an der Natur und den seelischen Kräften des Menschen herausgestellt und auf die apokalyptischen Gefahren der technischen Entwicklung hingewiesen *(1.18)*.

In J. Ortega y Gassets „Betrachtungen über die Technik" *(1.25)* wird die Technikphilosophie in einen weitgespannten kulturanthropologischen Zusammenhang gestellt. Anders als Dessauer sieht er das charakteristische Merkmal der Technik nicht in einzelnen Erfindungen. Er weist darauf hin, daß diese immer in den technischen Gesamtbestand einer bestimmten Epoche eingeordnet bleiben. Maßgeblich ist vielmehr der jeweilige „Lebensplan": Der Mensch als ein nur biologisch, aber nicht kulturell, festgelegtes Wesen entwirft innerhalb des jeweiligen historischen Kontextes immer ein Programm seiner selbst, und die Technik steht im Dienste eines solchen Lebensplanes. Die unmittelbaren Bedürfnisse der physischen Existenzerhaltung spielen dabei nur eine untergeordnete Rolle. Entscheidend ist vielmehr das „objektiv Überflüssige", das den Menschen gerade über die biologische Existenz hinaushebt und sich damit als das eigentlich Notwendige erweist (31, 64). Die Technik ist das Mittel, mit dessen Hilfe dieses Überflüssige bereitgestellt wird. Sie ist also untrennbar verbunden mit der Natur des Menschen als eines sich je selbstschaffenden Wesens: Mensch sein heißt Techniker sein. Dabei hat die gegenwärtige Technik durch das analytische Denken der modernen Wissenschaft eine früher ungeahnte Perfektion erfahren. Dadurch ist sie zu einem disponiblen Mittel für beliebige Zielsetzungen geworden. Was uns fehlt, ist die schöpferische Kraft, erstrebenswerte Ziele für die gegebenen technischen Möglichkeiten aufzuzeigen.

Eine Sonderstellung innerhalb der Technikphilosophie

nimmt M. Heideggers Aufsatz über „Die Frage nach der Technik" ein (*1.14*). Diese Arbeit enthält eine komprimierte und in esoterischer Darstellung gehaltene seinsmetaphysische Deutung der Technik, die eigentlich nur im Zusammenhang des Heideggerschen Philosophierens verständlich wird. Nach Heidegger bleiben wir blind gegenüber dem Wesen der Technik, solange wir sie nur leidenschaftlich ablehnen oder bejahen, und erst recht dann, wenn wir sie lediglich als neutrales Mittel betrachten. Das Wesen der modernen Technik besteht im „Herausfordern" der Natur. Diese Haltung steht im Gegensatz zu dem bewahrenden-behütenden Naturverständnis früherer Epochen. Für den modernen Menschen bilden die Kräfte der Natur lediglich einen beliebig verfügbaren Bestand, der durch das technische Her*stellen* in Dienst ge*stellt* wird. Nach Heidegger ist eine solche instrumentelle oder anthropologische Deutung der Technik aber durch den entscheidenden Punkt zu ergänzen, daß der Mensch durch das Geschick seiner Zeit zu diesem Verhalten herausgefordert oder be*stellt* ist. In Zusammenfassung aller dieser Momente kann demnach die moderne Technik als „Gestell" charakterisiert werden. Beim Hervorbringen („Entbergen") technischer Gebilde steht der Mensch immer in der Gefahr, in den Strudel der Technik hineingezogen zu werden. Darin liegt gleichzeitig aber auch die Möglichkeit beschlossen, daß er das eigentlich Wesentliche, die „Wahrheit", erkennt und sich ihrer annimmt.

Von Heideggers spekulativer Auslegung der Technik hebt sich Gehlens anthropologische Analyse deutlich ab. In den unter dem Titel „Die Seele im technischen Zeitalter" (*5.8*) zusammengefaßten Abhandlungen beschäftigt er sich mit den sozialpsychologischen Problemen in der industriellen Gesellschaft und wendet sich gegen das akademische Vorurteil, daß das technische Handeln nur rational begründet und auf reine Zweckhaftigkeit abgestellt sei. Für ihn ist die Technik eine zwangsläufige Folge der unzulänglichen biologischen Ausstattung des Menschen. Er sieht ihre Notwendigkeit in menschlichen Organmängeln begründet, die durch entsprechende Werkzeuge ausgeglichen werden. Dem routinemäßigen Vollzug der technischen Arbeit entsprechen geschlossene Handlungskreise, die auf erfolgskontrollierten und automatisierten Bewegungsabläufen beruhen. Durch diese gewohnheitsmäßig festgelegten Aktionsprozesse wird der Mensch von dem Zwang entlastet, die wechselnden Situationen je aufs neue bewältigen zu müssen. Damit erweist sich die Technik für Gehlen primär als ein biologisches, triebbedingtes Phänomen und nicht als eine theoretische oder kulturelle Leistung (8–19).

Zu einer ausgesprochen negativen Beurteilung der modernen Technik kommt H. Arendt in ihrem Buch „Vita activa" (*4.1*). Im Gegensatz zu dem kontemplativen und an der unmittelbar gegebenen, sichtbaren Welt orientierten Lebensideal der Antike stellt sie für die Gegenwart einen „radikalen Welt- und Wirklichkeitsverlust" fest, der sich in einer verlassenen und entwurzelten Massengesellschaft, in dem abstrakten und sinnlich nicht faßbaren Weltverständnis der modernen Naturwissenschaften und vor allem in einem blinden technischen Schaffensdrang äußert, der nur auf Nützlichkeitserwägungen beruht und alle Zusammenhänge auf bloße Zweck-Mittel-Relationen reduziert (256–258). Indem der *homo faber* sich aus der natürlichen Einbettung in den Rhythmus des organischen Lebens und in den Gang der Geschichte herauslöste, hat er alle festen Maßstäbe verloren und statt dessen einen offenen, unabschließbaren Prozeß des technischen Handelns begonnen. Dabei werden immer perfektere Mittel bereitgestellt, um beliebige Zwecke zu erfüllen, die aber ihrerseits außerhalb des jeweiligen technischen Handlungszusammenhangs liegen (298–300).

Während sich Arendt in ihrem Technikverständnis an der individuellen Existenzsituation und an der abendländischen Entwicklung orientiert, betrachtet der Brasilianer D. Ribeiro die Rolle der Technik in einer umfassenden, universalhistorischen Perspektive (*4.24*). Auch für ihn bildet die mit naturwissenschaftlichen Methoden betriebene Technik den Schlüssel zum Verständnis der gegenwärtigen Situation. Ja, er sieht in der technischen Entwicklung geradezu den „kausalen Faktor" und „Motor der Geschichte". Seiner Ansicht nach ist diese determinierende Funktion der Technik immer dann erkennbar, wenn es um die Betrachtung weitgespannter historischer

Zeiträume geht; sobald ein mittlerer Zeitabschnitt ins Auge gefaßt wird, erweisen sich dagegen die sozialen Institutionen als entscheidend; und für kurze Zeiträume bilden schließlich die religiösen, philosophischen und politischen Wertvorstellungen (die „Ideologie") die maßgebliche Bestimmungsgröße (278 f.). Die technische Entwicklung habe zwar die Gefahr eines Atomkrieges und einer allgemeinen Nivellierung und Manipulation der Menschheit heraufbeschworen. Doch Ribeiro meint, die Flexibilität des Menschen und seine Fähigkeit zur Anpassung an wechselnde Bedingungen seien unbegrenzt. Deshalb werde es in einer zukünftigen (sozialistischen) Menschheitsordnung durch „rationale" Kontrolle des wirtschaftlichen, gesellschaftlichen und politischen Lebens gelingen, die Universitätsausbildung zur Norm zu machen, die Entfremdung aufzuheben und ein Leben in Freiheit und Überfluß herbeizuführen (196–206). – Diese utopisch-optimistischen Zukunftsvisionen leiten über zum Thema ‚Technik und Gesellschaft'.

4. Sozialkritik

Die gegenwärtige Diskussion konzentriert sich insbesondere auf die sozialen Probleme der Technisierung, wobei in der Regel das sozial*kritische* Element überwiegt. Auf der Grenze zwischen kultur- und sozialphilosophischer Analyse steht H. Freyers Abhandlung „Über das Dominantwerden technischer Kategorien in der Lebenswelt der industriellen Gesellschaft" (5.6). Er stellt fest, daß die Technik heute zur maßgeblichen Instanz der industriellen Welt geworden ist. Sie nimmt den Platz ein, der früher Religion, Kunst und Politik zukam. Technische Begriffe wie ‚Schalten', ‚Ankurbeln', ‚Leerlauf' und ‚Sand im Getriebe' gehen in den allgemeinen Sprachgebrauch über, und die mit ihnen verbundene Wertvorstellung des effizienten Funktionierens wird zur allgemein akzeptierten Norm. Alle ökonomischen und sozialen Prozesse stehen in direktem oder indirektem Zusammenhang mit der technischen Entwicklung. Das gilt für die Ballung der Bevölkerung in Industriegebieten, das Anwachsen der Dienstleistungen und die Nivellierung der Konsumgewohnheiten ebenso wie für die Gestaltung der zwischenmenschlichen Beziehungen und der Sozialstruktur im Sinne rationaler Zweckorganisation. Der systematisch organisierte technische Fortschritt ist zu einer feststehenden Institution geworden, die nur ihren eigenen, immanenten Gesetzen unterliegt und in ihrem anonymen Wirken von zufälligen Gegebenheiten, individuellen Leistungen und dem Glück und Leid des einzelnen weitgehend unabhängig ist.

Unter Bezug auf die weit ausholende Untersuchung von J. Ellul (*5.4*) hat H. Schelsky dann in der Arbeit „Der Mensch in der wissenschaftlichen Zivilisation" (*5.34*) die Idee des „technischen Staates" mit aller Konsequenz entwickelt. Den Ausgangspunkt seiner Überlegungen bildet die Beobachtung, daß heute das Verhältnis des Menschen zu seiner Umwelt durch die universell gewordene Technik geprägt ist. Die Probleme dieser vom Menschen selbst hervorgebrachten artifiziellen technischen Welt können wiederum nur durch systematisch geplante und zweckmäßig ausgeführte technische Maßnahmen gelöst werden. Deshalb ist der Mensch zwangsläufig den technischen Sachgesetzlichkeiten unterworfen; er verliert die Möglichkeit, von sich aus Ziele zu setzen, die über die technischen Gegebenheiten hinausreichen. An die Stelle politischen Handelns sind wissenschaftlich-technische Sachzwänge getreten. Damit vereinigen sich Staat und Technik zum technischen Staat, dessen einziges Ziel in der Perfektionierung der Mittel besteht. Das Ergebnis ist eine ‚Technokratie', bei der nicht etwa die Experten und Techniker herrschen, sondern allein die technischen Gegebenheiten, denen Fachleute und Politiker in gleicher Weise gehorchen müssen. Mit diesen Thesen hat Schelsky offensichtlich ein zentrales Problem der modernen Technik angesprochen; die daran anschließende Technokratiediskussion, die zunächst in der Zeitschrift „Atomzeitalter" geführt wurde, ist denn auch bis heute nicht zum Abschluß gekommen (vgl. dazu H. Lenk *5.25*).

Thematisch verwandt, doch anders akzentuiert, ist die

Diskussion der modernen Technik im Rahmen der *Kritischen Theorie* der ,Frankfurter Schule' (T. W. Adorno, J. Habermas, M. Horkheimer, A. Schmidt) der deutschen Soziologie. Im Gegensatz zu einer diagnostisch-funktionalen Bestandsaufnahme von Organisationsstrukturen steht hier das emanzipatorisch-sozialpolitische Engagement und die Kritik der bestehenden Verhältnisse im Vordergrund. Den theoretischen Bezugspunkt bilden dabei neben der philosophischen Tradition des Rationalismus und der Aufklärung vor allem Hegel und Marx, bei dem entweder an die Entfremdungstheorie der „Ökonomisch-philosophischen Manuskripte" (*4.17 I*, 506–665) oder an die sozial-ökonomischen Untersuchungen des „Kapital" (*4.17 IV–VI*) angeknüpft wird. Für die Philosophie der Technik ist insbesondere die schon 1947 von Horkheimer (zunächst in englisch) publizierte Arbeit „Zur Kritik der instrumentellen Vernunft" (*5.16*) bedeutsam, in der die totale Perfektionierung der wissenschaftlich-technischen Mittel bei gleichzeitigem Verlust objektiv verbindlicher und rational begründeter Zielsetzungen beschrieben wird.

H. Marcuse hat dann in dem Buch „Der eindimensionale Mensch" (*5.27*) eine grundsätzliche Kritik des allgemeinen Bewußtseins in den fortgeschrittenen Industriegesellschaften gegeben. Er weist schonungslos auf bestehende Mißstände, wie Verschwendungssucht, soziale Ausbeutung und die apokalyptische Perfektion der Rüstung hin. Seiner Ansicht nach kann eine Gesellschaft, in der trotz aller immanent-technischen Effizienz ein unübersehbares Mißverhältnis zwischen der konkreten Lebenswirklichkeit und den gegebenen technischen Möglichkeiten besteht, nur als irrational bezeichnet werden. Nach Marcuse hat der zur allgemeinen Norm gewordene technische Fortschritt im Verein mit der sakrosankten Forderung nach Produktivität und Wachstum dazu geführt, daß Kultur, Politik und Wirtschaft zu einem allgegenwärtigen Herrschaftssystem verschmolzen sind, das keine Alternativen zuläßt und mühelos alle Gegenpositionen integriert.

Durch Habermas ist 1968 in dem Aufsatz „Technik und Wissenschaft als Ideologie" (*5.12*) die von Schelsky und Marcuse im Prinzip in gleicher Weise vertretene Technokratiethese wieder aufgegriffen worden, derzufolge in der modernen Industriegesellschaft die durch Wissenschaft und Technik gesetzten Sachzwänge an die Stelle demokratisch-politischer Entscheidungen treten. Wie Habermas ausführt, resultiert aus dieser Situation eine Art Entmündigung, weil technische Gegebenheiten als unzulässige, ‚ideologische‘ Rechtfertigungsinstanz für objektiv überfällige Herrschaftsverhältnisse herangezogen werden. Marcuse und Habermas stimmen überein in dem Ziel, die Betroffenen durch systematische ‚Aufklärung‘ aus ihrer unreflektierten und unkritischen Einstellung aufzurütteln und ihnen ihre wirklichen Interessen (ihr ‚wahres Bewußtsein‘) vor Augen zu führen. Bezüglich des praktischen politischen Vorgehens kommen sie jedoch zu unterschiedlichen Ergebnissen; während Marcuse für revolutionäre Maßnahmen plädiert, sieht Habermas die Lösung in der Umorientierung auf andere Wertmaßstäbe, die zu einem von Herrschaft und Leistungszwang befreiten, erfüllten Dasein führen sollen.

Auch die neuerdings aktuell gewordene Diskussion über die ‚internen‘ bzw. ‚externen‘ Bestimmungsgrößen des technisch-wissenschaftlichen Fortschritts betrifft – zumindest partiell – den sozialen Aspekt der Technik (einen Überblick dazu gibt P. Weingart *5.37*). Hierbei geht es einmal um die *wissenschaftshistorische* Frage, ob der gegenwärtige Stand von Wissenschaft und Technik durch die Entfaltung immanenter Problemstellungen oder durch von außen herangetragene, soziale Aufgabenstellungen zustande gekommen ist, wobei offensichtlich Belege für beide Gesichtspunkte angeführt werden können (W. Krohn *5.22, 30–43*). Die Antwort, zu der man hier gelangt, ist nicht nur von theoretischem Interesse; sie hat auch praktische, *forschungspolitische* Konsequenzen. Wenn man den externen Bestimmungsgrößen tatsächlich eine wesentliche Bedeutung zumißt, müßte es nämlich möglich sein, durch eine entsprechende Steuerung den zukünftigen Gang der wissenschaftlichen Entwicklung in die jeweils erwünschte Richtung zu lenken. Sofern das kreative Forschungspotential erhalten bleiben soll, sind einer unmittelbar praktischen Ausrichtung der Wissenschaft jedoch in jedem Fall Grenzen gesetzt.

5. Die Erde als System

In der 1972 veröffentlichten Studie des *Club of Rome* über „Die Grenzen des Wachstums" (D. Meadows et al. *5.28*) werden die Konsequenzen untersucht, mit denen die Menschheit bei einer Fortsetzung der eingefahrenen technischen und wirtschaftlichen Trends rechnen muß. Aufgrund des bisherigen Verlaufs und anhand realistischer Annahmen über die zu erwartende Zunahme der Weltbevölkerung, den Verbrauch an Rohstoffen und Energie und die Belastung der Umwelt mit Schadstoffen werden verschiedene Modellfälle durchgerechnet. Dabei zeigt sich, daß beim Festhalten an den bisherigen Verhaltensweisen selbst unter optimistischen Voraussetzungen in absehbarer Zeit eine Katastrophe unvermeidlich ist. Die Bedeutung dieser Modellrechnungen, die keineswegs unwidersprochen blieben und in der Folgezeit differenziert und ergänzt wurden, besteht in der grundsätzlichen Konzeption, die den Verhältnissen in der modernen technischen Welt Rechnung trägt: Die Erde wird als *ein System* betrachtet und es wird die ständig beschleunigte (exponentielle) Zunahme relevanter Wachstumsprozesse untersucht. Dabei ist von vornherein klar, daß z. B. die Gesamtbevölkerung der Erde, die Verschmutzung der Umwelt und der Verbrauch an Rohstoffen und Energie nicht ins Uferlose gesteigert werden können. Auch bei Anwendung neuer technischer Verfahren (erhöhte Nahrungsmittelproduktion, Kernfusion, Nutzung von Kunststoffen oder Ausbeutung der Rohstoffvorräte des Meeres) ist hier immer eine Grenze gegeben, die nach Ansicht der Autoren im Laufe der nächsten hundert Jahre erreicht wird. Sie sehen deshalb die unabdingbare Aufgabe darin, möglichst schnell „die Wachstumstendenzen zu ändern und einen ökologischen und wirtschaftlichen Gleichgewichtszustand herbeizuführen" (17).

Ein ausgesprochen düsteres Bild der zukünftigen Entwicklung der Menschheit zeichnet H. Gruhl in seinem Buch „Ein Planet wird geplündert" (*5.11*). Er weist darauf hin, daß die Menschen in früheren Epochen jahrtausendelang in einer stabilen Umwelt lebten. Im Gegensatz dazu ist seit etwa zweihundert Jahren durch die moderne Technik das Antlitz der Erde von Grund auf verwandelt worden. Durch einen unverantwortlichen und ständig wachsenden Raubbau an Bodenschätzen und die Zerstörung des ökologischen Gleichgewichts hat die Menschheit erreicht, daß in jüngster Zeit die Produktion etwa alle fünfzehn Jahre verdoppelt wird. Dieser grandiose Erfolg der industriellen Technik muß aber zwangsläufig mit einer Katastrophe enden; die Fortsetzung der bisherigen Form des Wirtschaftens kommt einem „programmierten Selbstmord" gleich (293, 220). Eine Abhilfe ist nur möglich, wenn wir uns von der Vorstellung befreien, daß die materiellen Ressourcen unerschöpflich sind. Wirtschaftliche und politische Überlegungen beschränken sich heute auf die unmittelbare Zukunft; doch die Menschheit wird nur überleben können, wenn wir jetzt schon die unvermeidbaren Folgen unseres Handelns berücksichtigen. Dazu gehört insbesondere, daß konsequent zwischen reproduzierbaren und nicht-reproduzierbaren Grundstoffen unterschieden und soweit wie irgend möglich eine Wiederverwendung (*recycling*) ins Auge gefaßt wird. Ferner muß der Rohstoff- und Energieverbrauch äußerst sparsam gehandhabt werden, und in jedem Fall ist der Vorrang ökologischer gegenüber ökonomischen Gesichtspunkten zu beachten (23, 293).

Für I. Illich liegt die Lösung der durch die technische Entwicklung aufgeworfenen Probleme in einer konsequenten „Selbstbegrenzung" (*5.17*). Unter Bezug auf seine Erfahrungen in der Dritten Welt (Mexiko) fordert er in pointierter Form eine kritische Bewertung technischer Neuerungen. An die Stelle der bisherigen Wissenschaft, die auf technischen Fortschritt, billigere Produktion und die Verwaltung von Menschen hinarbeitet, müsse eine „radikale Forschung" treten, die zweierlei leistet: Sie soll einerseits die Kriterien für die Wünschbarkeit von technischen Werkzeugen ermitteln. Dabei muß insbesondere festgestellt werden, wo die Schwelle der Schädlichkeit eines technischen Verfahrens liegt: „Konviviale" Werkzeuge wie das Fahrrad oder die Nähmaschine mit Pedalantrieb bedürfen keiner mechanischen Energiequelle und können von jedem für seine persönlichen Zielsetzungen

eingesetzt werden; im Gegensatz dazu haben z. B. das Düsen-
flugzeug oder das Fließband „manipulativen" Charakter,
weil der Mensch hier nur noch die technische Apparatur bedient (52 f.). Die radikale Forschung hat ferner die Aufgabe,
„die Freiheit eines jeden zu maximieren" und die „optimale
gerechte Verteilung und schöpferische Autonomie zu sichern"
(142). Gleichzeitig ist Illich jedoch der Auffassung, daß eine
wirksame Beschränkung des Bevölkerungswachstums, der
Umweltverschmutzung und der Industrialisierung nicht durch
politische Institutionen und technisch-organisatorische Maßnahmen, sondern nur durch die autonome Zielsetzung der
Individuen erreicht werden kann (37, 94) – wobei jedoch
offen bleibt, wie diese (divergierenden) Zielsetzungen in einer
Massengesellschaft ermittelt und ohne ein institutionalisiertes
Verfahren durchgesetzt werden können.

Der marxistische Theoretiker W. Harich plädiert dagegen
für einen mit diktatorischen Vollmachten ausgestatteten und
straff organisierten asketischen Verteilungsstaat, der die fort-
geschrittene Umweltzerstörung beseitigen und die weltweit
drohende Versorgungskrise abwenden soll. In seinem 1975 in
Hamburg erschienenen Buch „Kommunismus ohne Wachstum?" (5.13) fordert er das „Menschheits-Kollektiveigentum
an allen Produktionsmitteln des Planeten" (170) und den
Kampf gegen Bedürfnisse, die naturfeindlich sind oder der
Sache nach nicht für alle Mitglieder der Gesellschaft in glei-
scher Weise erfüllt werden können (180 f.). Heute ist das Bedürfnis nach einem Privatauto, einem Wechsel der Mode oder
einem Wochenendhaus am See nicht mehr zu verantworten:
„jetzt sind Mischwälder wichtiger als modische Damenklei-
der" (148). Mit diesen rigorosen Thesen steht der Autor im
Gegensatz zu der im Ostblock etablierten technikoptimistischen Lehre, die besagt, daß der Kommunismus die unbegrenzte Entfaltung der Produktivkräfte und eine allgemeine
Überflußgesellschaft herbeiführen werde. Während in der orthodoxen Konzeption allein der Kommunismus die Gewähr
für die volle *Entfaltung* der Technik bietet, ist Harichs Auffassung nach nur die kommunistische Gesellschaftsordnung in
der Lage, eine *Begrenzung* der Technik durchzusetzen.

6. Divergierende Ansätze

Schon diese – keineswegs erschöpfende – Übersicht zeigt, in wie vielfältiger Weise die Technik gedeutet und gewertet werden kann. Dabei ist im Verlauf der historischen Entwicklung eine Akzentverschiebung unverkennbar: Angesichts der mannigfachen Probleme, die durch die wachsende Technisierung aufgeworfen werden, richtet sich das Interesse stärker auf die praktische Bewältigung der Technik als auf grundsätzliche theoretische Untersuchungen. Dennoch bleibt festzuhalten, daß ein über die Beschreibung der beobachtbaren Sachverhalte hinausgehendes tieferes Verständnis der technischen Phänomene stets eine umfassende und grundsätzliche philosophische Analyse und Besinnung zur Voraussetzung hat.

Doch gerade an solchen Arbeiten fehlt es, denn bemerkenswerterweise hat die Technik in der philosophischen Literatur bisher keineswegs die ihrer tatsächlichen Bedeutung entsprechende Beachtung gefunden. Im Verlauf der Philosophiegeschichte sind jeweils wechselnde Themen im Rahmen entsprechender Schulbildungen sehr ausführlich diskutiert worden wie z. B. die philosophische Grundlegung der Theologie (in der Scholastik), die Bedeutung der Vernunft (im Rationalismus), die Rolle der Sinneserfahrung (im Empirismus), die persönliche Daseinssituation (in der Existenzphilosophie) und die Struktur der wissenschaftlichen Erkenntnis (in der analytischen Wissenschaftstheorie). Die philosophischen Fragen der Technik haben bisher nur in Ansätzen eine schulmäßige Behandlung erfahren, bei der verschiedene Forscher gemeinsamen Fragestellungen nachgehen und damit zur systematischen Entfaltung einer bestimmten Konzeption beitragen. Infolgedessen steht hier auch kein allgemein akzeptiertes theoretisches Bezugssystem und kein ausgebautes begriffliches Instrumentarium bereit, auf das man bei einer bestimmten Untersuchung jeweils zurückgreifen könnte (vgl. Kranzberg Davenport 5.21, 11).

Die gegenwärtige Technikphilosophie zeichnet sich denn auch durch ein breites Spektrum von unterschiedlichen Ansätzen aus. Selbst wenn man davon absieht, daß dabei häufig ganz verschiedene Fragestellungen bzw. Aspekte thematisiert werden, die von der Sache her durchaus miteinander vereinbar wären, ist doch insgesamt gesehen der uneinheitliche Charakter unverkennbar, wobei die Antriebe, die zur modernen Technik geführt haben, die Analyse der augenblicklichen Situation und erst recht die zukünftige Entwicklung durchaus gegensätzlich beurteilt werden. So finden sich in der Literatur eine Fülle von Arbeiten, die an eine wissenschaftliche Fachdisziplin oder an ein etabliertes Teilgebiet der Philosophie anknüpfen. Beispiele dafür sind die Behandlung von Problemen der Technikphilosophie im Anschluß an kybernetische, soziologische, ethische, geschichtsphilosophische oder metaphysische Fragestellungen. Derartige Untersuchungen beziehen ihre eigentliche Substanz also nicht aus einem einheitlichen, übergreifenden Konzept der Technikphilosophie, sondern aus einem anderweitig vorgegebenen Zusammenhang. Das Gegenstück zu dieser *begrifflich-methodischen* Vielfalt bilden die im Fall der Technikphilosophie besonders ausgeprägten *sachlich-inhaltlichen* Divergenzen, bei denen die moderne Technik im Extremfall als Heilsbringerin gefeiert oder als Inkarnation des Bösen verdammt wird.

Auch bei den in jüngster Zeit abgehaltenen Tagungen, deren Generalthema die philosophischen Probleme der Technik bildeten, wie etwa dem X. Deutschen Kongreß für Philosophie in Kiel 1972 (*0.6*) und dem XV. Weltkongreß für Philosophie in Varna/Bulgarien 1973 (*0.7*) sind die unterschiedlichen Ansätze deutlich hervorgetreten. Greift man zu der umfassenden, kommentierten Bibliographie von C. Mitcham und R. Mackey über die Philosophie der Technik (*0.1*), so wird dieser Eindruck noch verstärkt. Angesichts dieser Situation ist es nicht verwunderlich, daß in der Technikphilosophie häufiger als auf anderen Gebieten Sammelbände anzutreffen sind, in denen das komplexe Gesamtphänomen ‚Technik‘ durch mehrere Autoren von unterschiedlichen Gesichtspunkten aus untersucht wird (vgl. dazu H. Sachsse *0.3*).

Der hier gewählte *analytische* Zugang zur Philosophie der Technik betrifft nur die Verfahrensweise; er soll die inhaltlichen Fragen nicht präjudizieren. Erstrebt wird eine differenzierende Untersuchung, die unter Berücksichtigung historischer und systematischer Gesichtspunkte der Technikentwicklung einen nach Problemkreisen geordneten Überblick über die einschlägigen Fragestellungen und Lösungsansätze bietet und dabei zugleich einen selbständigen Beitrag zur Klärung der Sachfragen leistet. Wie groß die Spannweite der Themen ist, die dabei zu berücksichtigen sind, wird deutlich, wenn man versucht, eine solche Technikphilosophie von ähnlich gelagerten Untersuchungen abzugrenzen. Sie ist (1) weder eine Metatheorie der Ingenieurwissenschaften noch (2) Teil einer Fachdisziplin, wie etwa der Soziologie oder der Geschichtswissenschaft, und schließlich läßt sie sich (3) auch nicht auf eine einzelne philosophische Disziplin reduzieren: sie steht in enger Beziehung zur Erkenntnistheorie, zur Sozialphilosophie, zur philosophischen Anthropologie, zur Geschichtsphilosophie und zur Metaphysik, ohne doch jeweils darin aufzugehen.

Die Technik ist zunächst immer ein faktisch vorgegebenes Phänomen. Deshalb können ihre tatsächlichen Merkmale nicht unter Verzicht auf die konkrete empirische Erfahrung aus einer logisch-überzeitlichen Wesensschau abgeleitet werden. Um nicht in willkürliche und unverbindliche Spekulationen abzugleiten, muß sich die philosophische Analyse und Reflexion auf die kontingenten Gegebenheiten stützen, von denen ausgehend dann auch allgemeingültige Aussagen möglich sind. Im folgenden wird weithin einem solchen ,induktiven' Verfahren der Vorzug gegeben, wobei gleichwohl das legitime philosophische Anliegen der ,deduktiven' Betrachtungsweise berücksichtigt werden soll. Angesichts der Komplexität und der wechselseitigen Verflechtung der einschlägigen Phänomene schließt dieser Ansatz eine durchgängig lineare Gedankenführung von vornherein aus. Es ist deshalb unvermeidlich, daß dieselben Probleme jeweils in wechselndem Kontext und mit unterschiedlicher Akzentuierung wiederaufgenommen werden. Dies Verfahren dürfte sinnvoller sein, als die Verkürzung der Sachfragen zugunsten einer theoretischen Stilisierung.

II. Verschiedene Fassungen
des Technikbegriffs

1. Schwierigkeiten der Begriffsbestimmung

Was ‚Technik' bedeutet, scheint auf den ersten Blick gesehen
völlig klar zu sein. Wir begegnen auf Schritt und Tritt technischen Apparaten, Geräten und Verfahren und haben uns
daran gewöhnt, sie als selbstverständlich vorgegebene ‚zweite
Natur' hinzunehmen. Sobald jedoch verlangt wird, eine klare
und eindeutige Begriffsbestimmung für *die* Technik zu geben,
treten Schwierigkeiten auf. Die Situation ist hier ähnlich wie
bei anderen geläufigen Begriffen von hohem Allgemeinheits-
grad: Obwohl jeder zu wissen meint, was ‚Wissenschaft',
‚Politik' oder ‚Gesellschaft' bedeuten, läßt sich über eine genaue Definition nur schwer Einigkeit erzielen. Angesichts der
mannigfachen Bestimmungsgrößen der Technik ist jedoch von
vornherein auch gar keine Festlegung zu erwarten, die auf
allgemeine Zustimmung rechnen kann.

Dennoch wäre es verfehlt, unter Berufung auf das halb
scherzhafte, halb resignierende Diktum ‚Definitionen verwir-
ren' hier auf jede Begriffsbestimmung zu verzichten. Auch
wenn ein gewisser Unschärfebereich zur Natur der Sache gehört, kann doch die Gegenüberstellung und der Vergleich
verschiedener Definitionsvorschläge dazu beitragen, das zunächst nur intuitive Verständnis explizit zu machen und auf
seine Haltbarkeit zu überprüfen. Um überhaupt zu einer
Abgrenzung zu kommen, ist man gezwungen, innerhalb des
vorliegenden Ermessensspielraums gewisse Festlegungen zu
treffen; nur auf diese Weise wird es möglich, das Element des
Vieldeutigen und Unbestimmten, das der Technik anhaftet, in

präzisen begrifflichen Formulierungen zu fassen. Da das Wort ‚Technik‘ in der Umgangssprache eingebürgert ist, kann allerdings die Aufgabe nicht darin bestehen, hier völlig neue terminologische Festsetzungen zu treffen. Sinnvoll und notwendig ist dagegen eine Untersuchung der verschiedenen auftretenden Bedeutungsvarianten, die gegebenenfalls durch entsprechende Differenzierungen voneinander abzuheben sind. Dabei darf der weitgespannte Wortgebrauch als Indiz dafür gelten, daß die im umfassenden Sinne verstandene Technik einen Komplex von vielfältigen, aber sachlich eng zusammengehörigen Phänomenen betrifft.

2. Historische und systematische Analyse

Nietzsche hat treffend bemerkt: „Definierbar ist nur das, was keine Geschichte hat" (4.22 II, 820). Strenggenommen würde daraus folgen, daß eine überzeitliche Begriffsbestimmung der Technik gar nicht möglich ist; als historisches Phänomen könnte sie nur innerhalb des jeweiligen historischen Kontextes adäquat begrifflich erfaßt werden. Tatsächlich erfolgt ja die Herstellung und Benutzung technischer Objekte immer in einer konkreten geschichtlichen Situation, die ihrerseits in einem übergeordneten historischen Zusammenhang steht. Die Komplexität der jeweiligen technischen Gebilde, die Art und Weise ihrer Herstellung und die tatsächlichen Folgen des technischen Handelns sind in den einzelnen Epochen so verschieden, daß man geneigt sein könnte, hier gar nicht von einem einheitlichen Phänomen zu sprechen, sondern nur von einer ‚Familienähnlichkeit‘ (L. Wittgenstein), wie sie etwa zwischen Geschwistern besteht.

Eine solche Betrachtungsweise, die besonderen Nachdruck auf die Einmaligkeit der jeweiligen technischen Prozesse legt, wird jedoch nur *einer* Seite des Phänomens gerecht. Denn auch im Fall der Technik stehen die einzelnen historischen Etappen in einer bestimmten Kontinuität: Von der Steinzeit führt eine fortlaufende Entwicklung über die verschiedenen Stufen der Metallverarbeitung und die spezialisierte

31

Handwerkstechnik der Hochkulturen bis hin zur Neuzeit mit ihrer Verbindung von Ingenieurkunst und moderner Naturwissenschaft und dem darauf gründenden weltumspannenden Prozeß der fortschreitenden Technisierung. Insgesamt gesehen ist diese Entwicklung dadurch gekennzeichnet, daß die Komplexität der angewandten Verfahren und die Leistungsfähigkeit der hergestellten technischen Artefakte beständig zunimmt. Das gilt allerdings nur für einen sehr summarischen Überblick. Sobald man die Einzelheiten ins Auge faßt, wird eine Fülle von zeitlichen und geographischen Differenzierungen erforderlich. So wären insbesondere Mehrfachentdeckungen, die Ausbreitungsprozesse von Erfindungen und sogar verlorengegangene technische Fertigkeiten und Erkenntnisse zu berücksichtigen. Derartige Korrekturen ändern jedoch nichts an der Gesamtentwicklung zu immer größerer technischer Perfektion.

Dabei weisen die verschiedenen technischen Verfahren trotz aller historischen Vielfalt doch immer *gemeinsame* Merkmale auf, deren konkrete Ausprägung dann jeweils den Charakter der einzelnen Epochen bestimmt. Die Elemente für eine solche überzeitliche Strukturbeschreibung ergeben sich aus der Natur des technischen Handelns. Es ist stets an ideelle Voraussetzungen gebunden, wie z. B. an ein bestimmtes Weltverständnis und an einen entsprechenden Stand des technischen Wissens. Diese müssen ergänzt werden durch die Bereitschaft (Motivation), von den gegebenen technischen Möglichkeiten auch tatsächlich in einem ganz bestimmten Sinne Gebrauch zu machen. Die konkrete Ausführung erfordert ferner bestimmte materielle Vorbedingungen (Rohstoffe, Werkzeuge) sowie geeignete Organisationsformen (Spezialisierung, Arbeitsteilung und wirtschaftliche Austauschprozesse). Über das unmittelbar intendierte Ergebnis hinaus ist schließlich immer auch die Rückwirkung der technischen Handlungen auf den Menschen und die materielle Umwelt zu beachten.

Alle diese Faktoren wechseln mit der jeweiligen historischen Lage. Jede konkrete Situation ist durch eine spezifische Ausprägung der relevanten Einflußgrößen gekennzeichnet und damit auch durch eine besondere Technikauffassung, einen entsprechenden Stand der Technisierung und eine bestimmte Rolle der Technik im sozialen und kulturellen Leben. An dieser Darstellung wird deutlich, daß sich sowohl von historischen als auch systematischen Gesichtspunkten her ein Zugang zu den philosophischen Problemen der Technik ergibt. Eine Vernachlässigung des einen Aspekts zugunsten des anderen würde also das Problem in unzulässiger Weise verkürzen. Dementsprechend werden im folgenden zunächst die Epochen der Technikgeschichte und anschließend die Versuche zur Definition des Technikbegriffs behandelt.

3. Die Perioden der Technikgeschichte

Als biologisches Mängelwesen (Gehlen) ist der Mensch seit jeher auf bestimmte Techniken angewiesen, um sich der Natur gegenüber behaupten zu können. Selbst die elementarsten Lebensgrundlagen wie Nahrung, Kleidung und Unterkunft kann er sich nur durch die Herstellung und den Gebrauch entsprechender Werkzeuge verschaffen. Auch in der Medizin, im Transport- und im Kriegswesen wurden zu allen Zeiten bestimmte technische Hilfsmittel benutzt. Daneben stand die Technik von Anfang an im Dienst der kultischen und künstlerischen Gestaltung. Jede derartige technische Maßnahme entspringt einer konkreten historischen Situation. Und die eintretenden Folgen bilden dann ihrerseits die Voraussetzungen für das künftige technische Handeln. Dabei sind die einzelnen Individuen, und im weiteren Sinne auch die historischen Epochen, Glieder eines fortschreitenden Prozesses, in dessen Verlauf die jeweilige Situation stets durch das überkommene Erbe geprägt ist, von dem dann in ganz bestimmter Weise Gebrauch gemacht wird.

Der hohe Stand der modernen Technik verführt dazu, die technischen Leistungen früherer Epochen gering zu bewerten. Doch wenn man bedenkt, daß selbst in unserer Zeit der technische Fortschritt weithin in der allmählichen Weiterentwicklung bestehender Verfahren beruht, während völlig neue Prinzipien relativ selten sind, wird klar, wie wichtig die Erfindung von Keil, Bohrer, Nadel, Hebel, Pflug und Rad gewesen sein muß. Unter dieser Perspektive könnte man sogar die prä- und frühhistorische Zeit als die wichtigste Periode in der Entwicklung der menschlichen Technik betrachten (H. Rumpf *3.9*, 90). Die überragende Bedeutung der Technik für die Vorgeschichte der Menschheit kommt schon äußerlich gesehen darin zum Ausdruck, daß ganze Epochen wie Steinzeit, Bronzezeit und Eisenzeit nach den jeweils angewandten technischen Verfahren benannt werden.

Das maßgebliche Prinzip für die Einteilung der Technikgeschichte sieht Ortega y Gasset in der grundlegenden Idee, die der Mensch jeweils von der Technik hatte. In diesem Sinne unterscheidet er (1) die Technik des Zufalls, (2) die Technik des Handwerkers und (3) die Technik des Technikers. In der Periode (1), der Zufallstechnik, die für die prähistorischen Stadien und für die heutigen Primitivvölker charakteristisch ist, sind die technischen Verfahren noch ganz in den unreflektierten, animalischen Lebensvollzug eingeordnet. Es gibt keine Handwerker; Erfindungen sind reine Zufallsfunde, die keineswegs bewußt erstrebt werden. Die Antike und das Mittelalter sind (2) durch die Handwerkstechnik gekennzeichnet. Es entstehen vielfältige technische Verfahren, die so kompliziert werden, daß sie im Rahmen der Arbeitsteilung bestimmten Handwerkern vorbehalten bleiben. Die Technik ist eingeordnet in ein tradiertes System von Fertigkeiten oder ‚Künsten‘, die – z. B. im Rahmen des Zunftwesens – als ein vorgegebener Bestand ohne wesentliche Erweiterungsmöglichkeiten betrachtet werden. Unsere Zeit steht dagegen ganz im Zeichen des (3) Technikers oder Ingenieurs. Entscheidend ist dabei, daß die Werkzeuge in Gestalt von Geräten und Maschinen verselbständigt worden sind; sie werden nicht mehr vom Menschen betätigt, sondern sie lösen sich gleichsam von ihm ab. So wird beispielsweise bei einem mechanischen Webstuhl der Arbeitsvorgang nur noch vom Menschen *gesteuert*, aber nicht mehr durch seine *Muskelkraft* ausgeführt. Während der physischen Leistungsfähigkeit des Menschen enge Grenzen gesetzt sind, eröffnen die verselbständigten Maschinen nahezu unbegrenzte Wirkungsmöglichkeiten (*1.25*, 88–103).

Eine davon etwas abweichende Periodisierung gibt Scheler. Er unterscheidet innerhalb des Entwicklungsganges der modernen Technik vier wesentliche Übergänge: (1) von der magischen Technik zur positiven Technik der Waffen und Werkzeuge; (2) vom Hackbau der Mutterkulturen zum Ackerbau (Anwendung des Pfluges) und zur Viehzucht; (3) von manuell betriebenen empirisch-traditionellen Werkzeugen zur wissenschaftlich-rationellen Kraftmaschinentechnik; (4) vom System des Frühkapitalismus zur Ausnutzung der Kohle als Energieträger (*4.26, 134*). Nach Gehlen sind dagegen nur zwei Zäsuren von wirklich entscheidender Bedeutung. Es sind dies (1) die „neolithische Revolution", in der die Menschheit vom unsteten Jägerdasein zur seßhaften Lebensweise mit Ackerbau und Viehzucht überging und (2) der Wechsel zur „Maschinenkultur" des Industriezeitalters. Beide Veränderungen haben äußerst weitreichende Folgen: So, wie mit dem Seßhaftwerden dichtbevölkerte Großsiedlungen, Reichtumsdifferenzierung, Herrschaft, Arbeitsteilung und ortsgebundene Götter mit ihren Tempeln und Kulten entstanden, hat auch der Übergang zum Industriezeitalter grundlegende Veränderungen zur Folge, die sich in ihren vollen Konsequenzen heute noch gar nicht absehen lassen (*5.8, 23–38*).

Zu einer systematisch angelegten, idealtypischen Einteilung der technischen Geräte, die in großen Zügen gleichzeitig auch den Etappen der Technikgeschichte entspricht, gelangt L. Tondl, indem er jeweils den Anteil der Arbeit, die der Mensch selbst ausführt, mit dem Arbeitsanteil der technischen Hilfsmittel vergleicht. Im Verlauf dieser Entwicklung werden die technischen Geräte in demselben Maße leistungsfähiger, wie sich der Arbeitsanteil des Menschen an der technischen Arbeit verringert. Die drei Idealtypen von technischen Geräten sind (1) das Werkzeug, (2) die Maschine (im klassischen Sinne) und (3) der Automat.

(1) Ein Werkzeug wie z. B. ein Messer, eine Axt, ein Schraubenzieher oder ein Meißel, wird durch Muskelkraft betätigt, wobei der Mensch mit Hilfe dieser Werkzeuge auf die jeweils zu bearbeitenden Gegenstände einwirkt und sie im Sinne seiner Zielsetzungen verändert. In diesem Falle liegt

auch die Informationsquelle im Menschen, da er selbst die Werkzeuge einsetzen und kontrollieren muß. (2) Maschinen im klassischen Sinne werden durch außermenschliche Energiequellen wie die Zugkraft von Tieren oder Wind- und Wasserkräfte betrieben. Die Einführung der Wärmekraftmaschinen (Dampfmaschine, Explosionsmotor) brachte hier eine wesentliche Leistungssteigerung. Alle klassischen Maschinen, die aus einer Energiequelle, einem Transmissionsmechanismus und den jeweiligen Arbeitswerkzeugen bestehen, müssen aber nach wie vor durch den Menschen gesteuert werden. (3) Beim Automat wird schließlich durch die Anwendung kybernetischer Prinzipien bei der Steuerung und Regelung technischer Prozesse der Mensch auch als Führungsinstanz weitgehend überflüssig. Allerdings handelt es sich dabei um keine vollkommenen Automaten, weil die jeweiligen Kontrollen und Entscheidungen immer im Rahmen eines bestimmten Programms erfolgen, das vom Menschen erstellt wurde. Die Versuche mit lernenden Maschinen und selbstorganisierenden Systemen haben jedoch das Ziel, den Menschen noch stärker zu entlasten und seine Einwirkung durch automatisierte Prozesse zu ersetzen (2.5, 9–11).

Bemerkenswert ist in diesem Zusammenhang der Versuch Ribeiros, die gesamte vorgeschichtliche und historische Entwicklung der Menschheit in ihren Grundzügen als das Resultat technischer Entwicklungsprozesse zu beschreiben. Er betrachtet dabei „die technologischen Revolutionen als kausale Grundfaktoren, die soziokulturellen Formationen als kulturelle Antworten auf diese Revolutionen und die Zivilisationen als konkrete historische Einheiten [...], die sich aus den Formationen kristallisieren" (4.24, 29). Ribeiro akzeptiert die drei allgemein anerkannten „kulturellen Revolutionen": Agrarrevolution, Urbane Revolution und Industrielle Revolution. Zwischen den beiden letzteren führt er als weitere Stadien ein: Bewässerungs-Revolution, Hirten-Revolution und Merkantile Revolution. Von der Industriellen Revolution (Einführung der Kraftmaschine) unterscheidet er schließlich die gegenwärtige „Thermonukleare Revolution" (Automation, Computertechnik, Ausnutzung der Kernenergie), die von anderen Autoren als ‚Zweite Industrielle Revolution' bezeichnet wird (36–43).

Der Wert einer solchen Einteilung ist unverkennbar, denn sie liefert für die summarische Betrachtung weitgespannter Zeiträume eine durchaus treffende und aussagekräftige Systematisierung. Dies ist auch gar nicht verwunderlich, weil das äußere Erscheinungsbild einer Epoche zwangsläufig durch die jeweils angewandten Techniken geprägt ist. Da die konkrete physische Grundlage für die Lebenserhaltung und kulturelle Entfaltung immer nur durch entsprechende technische Verfahren gesichert werden kann, kommt der Technik in der Tat eine Schlüsselfunktion für das historische Geschehen zu. Dies wird besonders deutlich bei kriegerischen Auseinandersetzungen, wo in der Regel die ‚leistungsfähigere' Technik bei dem Kampf um das Überleben den Ausschlag gibt.

Problematisch erscheint dagegen Ribeiros weitergehende These, daß bei langfristiger Betrachtung die Technik die schlechthin maßgebliche Instanz für das historische Geschehen sei. Insbesondere zwei Einwände sind hierzu zu beachten: Erstens läßt sich die Art des politischen, sozialen, kulturellen und religiösen Lebens in einer bestimmten historischen Gesellschaft keineswegs zwanglos aus dem jeweiligen Stand der Technik ableiten. So ist z. B. im Mittelalter das allgemeine technische Niveau in China, in den islamischen Ländern und in Europa durchaus vergleichbar, während die Lebenssituation des einzelnen und der Gesellschaft jeweils ganz spezifische Züge aufweist. Nun kann man zwar unter Berufung auf die erstrebte langfristige Analyse derartige ‚individuelle' Ausprägungen bewußt außer acht lassen. Der Preis dafür besteht dann allerdings in einer abstrakten und vergleichsweise inhaltsarmen allgemeinen Kennzeichnung, bei der die konkrete Vielfalt des historischen Geschehens ausschließlich unter dem Gesichtspunkt der sinnlich unmittelbar faßbaren technischen Abläufe betrachtet wird.

Neben der Adäquatheit der phänomenalen Beschreibung ist ferner auch der von Ribeiro behauptete Kausalmechanismus problematisch. Wenn man die Technik als die einzige und entscheidende Triebkraft für alle historischen Prozesse betrachtet, spricht man ihr nämlich eine determinierende Funktion zu, die empirisch gar nicht zweifelsfrei aufgewiesen werden kann. Der historischen Forschung stehen ja zunächst immer nur Zeugnisse zur Verfügung, die das *gleichzeitige* Auftreten von bestimmten technischen, sozialen und kulturellen Phänomenen belegen. Welchem dieser Elemente eine determinierende Funktion zukommt, muß dabei zunächst offen bleiben und kann nur anhand weiterführender Hypothesen untersucht werden, wobei *prima facie* auch eine Wechselwirkung in Betracht zu ziehen ist. So zeigen etwa J. Burckhardts „Weltgeschichtliche Betrachtungen" (*4.5*), daß eine kompetente Universalhistorie praktisch ohne Bezugnahme auf die Technik geschrieben werden kann: Er sieht im Staat, in der Religion und in der Kultur die maßgeblichen Faktoren, durch deren Wechselspiel das historische Geschehen zustande kommt (81–156).

Allerdings liegen Burckhardts Ausführungen mehr als hundert Jahre zurück. Während man der Technik im 19. Jahrhundert noch eine vergleichsweise geringe Rolle zuweisen konnte, ist ihre Bedeutung für die Gegenwart so unverkennbar, daß angesichts *unserer* Erfahrung in der Retrospektive eine technikbezogene Geschichtsdeutung naheliegt, die dann aber gleichwohl von einer partikulären Warte aus erfolgt. Dabei ist es keineswegs zufällig, daß mit Ribeiro gerade ein an der Erforschung der amerikanischen Eingeborenen geschulter Anthropologe die Technik als maßgebliche Instanz betrachtet, denn für prähistorische und ‚primitive' Stadien ist die jeweilige Technik – zumindest äußerlich gesehen – ebenso bedeutsam wie für unsere Zeit.

4. Bedeutungsvarianten des Begriffs ‚Technik'

Angesichts der geschilderten mannigfachen Arten des technischen Handelns, die im Verlauf der *historischen* Entwicklung anzutreffen sind, ist von vornherein keine begriffliche Festlegung zu erwarten, die allen auftretenden Besonderheiten gerecht wird. Darüber hinaus steht aber auch die *systematische*

Vieldeutigkeit des Technikbegriffs einer präzisen Bestimmung im Wege. (Um die Verhältnisse nicht zusätzlich zu komplizieren, wird hier nur der gegenwärtige Wortgebrauch betrachtet; zur historischen Entwicklung des Technikbegriffs vgl. die ausführliche Darstellung von W. Seibicke 2.2.)

Im engeren Wortsinn versteht man unter Technik eine bestimmte *Verfahrensweise.* Diese betrifft im einfachsten Fall eine erlernbare Fertigkeit, wie z. B. das Autofahren, das Klavierspielen oder das Schlittschuhlaufen. Doch auch komplexe Prozesse, die durch kollektive Handlungen zustande kommen, basieren auf einem regelhaften, zielgerichteten Vorgehen und damit auf einer bestimmten Technik. In diesem Sinne wird dann etwa von der Technik der Massenwerbung, der Technik der Energiegewinnung oder der Technik der Automobilproduktion gesprochen. Der weiteren, weniger eindeutig festgelegten Wortbedeutung nach rechnet man auch alle *Gegenstände,* die mit solchen Verfahrensweisen in Zusammenhang stehen, zur Technik.

Diese Gegenstände werden bei der Ausführung der jeweiligen technischen Prozesse *angewandt* (Instrumente, Werkzeuge, Maschinen) oder als Ergebnis eines solchen Prozesses *hergestellt* (Halb- oder Fertigfabrikate). Weil die Effizienz technischer Handlungen wesentlich von der Art der jeweils benutzten Werkzeuge abhängt – die ihrerseits in einem entsprechenden technischen Herstellungsprozeß zustande gekommen sind –, wird bei einer vereinfachten Betrachtungsweise häufig gar nicht zwischen technischen Verfahren und technischen Gegenständen unterschieden.

Damit ist allerdings nur eine sehr summarische Kennzeichnung gegeben. Faßt man die Technik unter dem Gesichtspunkt des effizienten, zielgerichteten Handelns näher ins Auge, so lassen sich wiederum zwei Gesichtspunkte unterscheiden: (1) die *Kenntnis* des anzuwendenden Verfahrens und (2) dessen *tatsächliche Ausführung.* Im ersten Fall handelt es sich um eine besondere Art von Wissen, während im zweiten Fall ein konkreter Handlungsprozeß zur Diskussion steht, durch den die jeweilige technische Zielsetzung verwirklicht wird. Auch hier sind beide Aspekte eng miteinander verknüpft, denn in allen komplizierteren Fällen, in denen man nicht mit bloßen Erfahrungsregeln auskommt, ist das vorgängige theoretische Wissen die unerläßliche Voraussetzung für ein erfolgreiches praktisches Handeln.

Durch die erforderlichen theoretischen Kenntnisse wird die Technik in die Nähe der *Wissenschaft* gerückt. In der Tat ist der Aufschwung der modernen Technik eng an die Entwicklung der Ingenieurwissenschaften und der benachbarten naturwissenschaftlichen Disziplinen gebunden. Auf vielen Gebieten, wie z. B. der Kommunikationstechnik und der Datenverarbeitung, wäre der heutige technische Stand ohne die entsprechenden theoretischen Grundlagen völlig undenkbar. Auf der anderen Seite gibt es aber auch weite Bereiche der Technik, wie z. B. das Bauwesen, den Bergbau und die Maschinenbauindustrie, die weit mehr auf praktisch bewährten, überkommenen Erfahrungsregeln beruhen, als auf theoretisch begründeten wissenschaftlichen Erkenntnissen. In allen derartigen Fällen steht die Technik nach wie vor der *Handwerkstradition* näher als der wissenschaftlichen Forschung.

Kompliziertere technische Aktionen sind stets *soziale Handlungsprozesse,* an denen eine mehr oder weniger große Gruppe von Menschen beteiligt ist. Das hohe Leistungsniveau der modernen Technik beruht auf dem koordinierten Zusammenwirken im Rahmen einer arbeitsteiligen Spezialisierung. Das gilt für die technische Forschung ebenso wie für die einzelnen Herstellungsprozesse und die Nutzung der jeweils produzierten Objekte. Obwohl viele technische Produkte für den individuellen Gebrauch bestimmt sind, ist die Technik insgesamt gesehen das Resultat gesellschaftlichen Handelns. Diese Einordnung in den jeweiligen sozialen Kontext wird unmittelbar einsichtig, wenn man den Kreis der Untersuchung weiter ausdehnt und z. B. beim Automobil neben dem Herstellungsprozeß etwa die Gewinnung und den Transport der Rohstoffe und des Benzins, die Wartung, den Bau von Straßen und die Einwirkung auf die Umwelt in die Betrachtung mit einbezieht. Auch alle über die unmittelbare Bedürfnisbefriedigung – wie etwa die Transportleistung eines Automobils – hinausgehenden Auswirkungen der Technik betreffen stets die ganze Gesellschaft, denn die Privatsphäre, die Arbeitswelt, die soziale Struktur, die institutionelle Gliederung und die Werthaltungen werden direkt oder indirekt durch den technischen Lebensstil geprägt.

Betrachtet man nicht die Aktionsprozesse, sondern das materielle Substrat, an dem die jeweiligen Handlungen ausgeführt werden, so erweist sich die Technik als das Resultat zielbewußt herbeigeführter *Naturprozesse.* Derartige Abläufe sind insofern künstlich, als technische Objekte und Vorgänge in der vom Menschen unberührten Natur nicht vorkommen; sie sind aber andererseits doch insofern natürlich, als sie den Naturgesetzen der materiellen Welt unterliegen. Auf dieses künstliche und zugleich schöpferische, ingeniöse (Ingenieur!) Vorgehen weist auch das griechische *téchne* hin, das neben geschickter Kunstfertigkeit auch den listigen Kunstgriff bezeichnet. In dieser Perspektive rückt der vor allem für frühere Stadien der technischen Entwicklung charakteristische Erfinder in die Nähe des Künstlers; so konnte z. B. in der Zeit der Renaissance Leonardo da Vinci noch beide Fähigkeiten in sich vereinigen.

Es ist unmittelbar einleuchtend, daß die Definition des Begriffs ‚Technik‘ wesentlich davon abhängt, welche der genannten Bedeutungsvarianten und Aspekte jeweils in den Vordergrund gestellt werden.

5. Definitionsversuche

Angesichts der Fülle der einschlägigen Gesichtspunkte, die bei einer erschöpfenden Begriffsbestimmung zu berücksichtigen wären, ist es nicht verwunderlich, daß sich die Technik einer kurzen und bündigen Definition entzieht. Da die allgemeine Kennzeichnung eines Begriffsinhalts, die verschiedenartigste Teilaspekte umfaßt, zwangsläufig sehr abstrakt ausfallen muß, steht man hier vor der Wahl, entweder mit einer kurzen und relativ unbestimmten Formulierung vorliebzunehmen oder aber die verschiedenen Gesichtspunkte im einzelnen zu thematisieren; auf diese Weise würde man jedoch bereits in eine Erläuterung der Details eintreten und den Rahmen einer übersichtlichen Begriffsbestimmung verlassen. Diese Situation läßt sich an den Definitionsvorschlägen der verschiedenen Autoren verdeutlichen (vgl. dazu die Übersicht bei Lenk-Ropohl *1.20*, 110 f.).

Eine weitgefaßte Charakterisierung im Sinne der metaphysischen Tradition gibt H. Beck, der die Technik „als Veränderung der Natur durch den Geist" betrachtet, „wobei der Mensch die anorganische, die organische und die eigene seelisch-geistige Natur (bzw. die entsprechenden natürlichen Vorgänge) nach Maßgabe der erkannten Naturgesetze auf seine Zwecke hin fortgestaltet und verändert" (*1.6*, 29–31). Eine ähnliche Bestimmung gibt Eyth; er erklärt: *Technik ist alles, was dem menschlichen Wollen eine körperliche Form gibt.* Und da das menschliche Wollen mit dem menschlichen Geist fast zusammenfällt und dieser eine Unendlichkeit von Lebensäußerungen und Lebensmöglichkeiten einschließt, so hat auch die Technik, trotz ihres Gebundenseins an die stoffliche Welt, etwas von der Grenzenlosigkeit des reinen Geisteslebens übernommen" (*3.4*, 3 f.). Die Idee der schöpferischen Umgestaltung steht auch bei F. Dessauer im Vordergrund, der nach einer Aufzählung zahlreicher Definitionsversuche selbst folgende „Wesensbestimmung der Technik" gibt: „Technik ist reales Sein aus Ideen durch finale Gestaltung und Bearbeitung aus naturgegebenen Beständen" (*1.11*, 234).

Andere Autoren sehen dagegen das wesentliche Merkmal der Technik nicht in der Tatsache des *aktiven Handelns,* sondern im *methodischen Charakter* der dabei angewandten Verfahrensweise. So betont H. Sachsse, daß der Erfolg technischer Maßnahmen durch die Aufteilung in verschiedene Zwischenstufen und spezialisierte Funktionen zustande kommt, wobei das jeweils erstrebte Ziel gerade durch diesen Kunstgriff, der eigentlich einen Umweg darstellt, am ehesten erreicht wird (*5.33*, 51–53). In demselben Sinne definiert F. v. Gottl-Ottlilienfeld: „Technik im *subjektiven* Sinne ist die Kunst *des rechten Weges zum Zweck*", und „Technik im *objektiven* Sinne ist das *abgeklärte Ganze der Verfahren und Hilfsmittel des Handelns, innerhalb eines bestimmten Be-*

reichs menschlicher Tätigkeit.« Wie er weiter ausführt, ist dabei *»jener* Weg allemal der vernünftigste, *der, auf die Einheit des Erfolgs berechnet, den mindesten Aufwand erfordert.* Denn folgerichtig ist dies zugleich auch der Weg, *der, auf die Einheit des Aufwandes berechnet, den größten Erfolg vermittelt«* (*2.1,* 206 u. 211). Tatsächlich beruht denn auch der beständige technische Fortschritt seit der Industriellen Revolution auf einer Steigerung der Leistungsfähigkeit (Effizienz) der technischen Verfahren (H. Skolimowski *2.3,* 74–85).

Systematisch perfektionierte Techniken oder Verfahrensweisen können auf den verschiedensten Gebieten zur Anwendung kommen. Da jede bewußt und zielstrebig ausgeführte Aktion einem – gegebenenfalls sehr rudimentären – methodischen Schema folgt, müßte man konsequenterweise alle zweckhaften (individuellen und kollektiven) Handlungen als ‚technisch' einstufen. Von diesem sehr *weit* gefaßten Technikbegriff ist der *engere* Wortsinn zu unterscheiden, der das technische Handeln auf die Tätigkeit des Ingenieurs einschränkt. F. v. Gottl-Ottlilienfeld spricht in diesem Zusammenhang von der „Realtechnik", die im Gegensatz zu anderen individuellen, sozialen und intellektuellen Verfahrensweisen auf die *Naturbeherrschung* durch Umgestaltung der *materiellen Außenwelt* abzielt (*2.1,* 207). In dieselbe Richtung weist die Begriffsbestimmung von Tondl; für ihn ist Technik „alles, was der Mensch zwischen sich selbst als Subjekt und die objektive Welt mit der Absicht einschaltet, gewisse Eigenschaften dieser Welt derart zu ändern, daß er dadurch bestimmte Ziele zu erreichen in der Lage ist" (*5.36,* 570). Eine ähnliche, stärker konkretisierte Definition gibt Tuchel: „Technik ist der Begriff für alle Gegenstände, Verfahren und Systeme, die zur Erfüllung individueller oder gesellschaftlicher Bedürfnisse aufgrund schöpferischer Konstruktion geschaffen werden, durch definierbare Funktionen bestimmten Zwecken dienen und insgesamt eine weltgestaltende Wirkung haben" (*2.6,* 582).

Im folgenden wird – soweit nicht anders vermerkt – von der Technik nur im Sinn der *Realtechnik* gesprochen, die auf ingenieurwissenschaftlichem Handeln und naturwissenschaftlichen Erkenntnissen beruht. Diese Festlegung kommt dem eingebürgerten Verständnis am nächsten; sie stellt darüber hinaus auch die einzig praktikable Abgrenzungsmöglichkeit dar. Wenn man nämlich über die Realtechnik hinaus tatsächlich *alle* methodischen Verfahrensweisen in die Betrachtung einbeziehen wollte, müßten beispielsweise auch die Aufstellung von Rechtssystemen, die Methodik des politischen Handelns oder die Prinzipien der Kriegführung thematisiert werden, wobei dann die spezifischen Probleme der Ingenieurtechnik zwangsläufig in den Hintergrund treten würden. Allerdings ist eine gemeinsame Behandlung der verschiedenen Typen von methodisch angelegten und effizient ausgeführten Aktionsprozessen durchaus möglich, wie Kotarbiński Buch „Praxiology" (*3.6*) zeigt; eine solche Untersuchung steht dann jedoch nur noch in lockerem Zusammenhang mit den spezifischen Fragen einer Philosophie der Technik. – Leider kann die an sich wünschenswerte terminologische Abgrenzung der Realtechnik von den allgemeinen methodischen Verfahrensweisen nicht dadurch erreicht werden, daß man ,Ingenieurtechnik' und ,Technologie' gleichsetzt, weil der Wortgebrauch hier durchaus uneinheitlich ist. Eine Übersicht über die Vorschläge zur Technikdefinition aus marxistischer Sicht findet sich bei K. Teßmann (*2.4*).

III. Methodologische Analyse

1. Die Determinanten der technischen Entwicklung

Die verschiedenen Bestimmungsgrößen, die bei der Herstellung und Anwendung technischer Artefakte eine Rolle spielen, lassen sich anhand einer Methodenuntersuchung aufweisen. Dabei geht es nicht um den konkreten räumlichen und zeitlichen Vollzug technischer Aktionsprozesse, sondern um die allgemeine Struktur der angewandten Verfahrensweise, die dann auf ihre Elemente und Ablaufstadien hin untersucht werden kann. Mit dieser Wendung wird die Aufmerksamkeit scheinbar von praktischen Fragen auf abstrakte theoretische Probleme verlagert. Doch nichts ist praktischer als eine gute Theorie. So liefert die methodologische Analyse nicht nur grundlegende – und damit auch philosophische – Einsichten über die Struktur des technischen Handelns. Auch die praktische Leistungsfähigkeit der modernen Technik beruht wesentlich auf einer systematischen Perfektionierung der Verfahrensweisen und damit im weiteren Sinne auf Methodenuntersuchungen. Im Gegensatz zu den an der handgreiflichen Wirklichkeit orientierten Erfahrungsregeln der Handwerkstradition wird dabei in den Ingenieurwissenschaften in bewußter Distanz zu den unmittelbaren Gegebenheiten anhand allgemeiner theoretischer Überlegungen der Bereich des technisch Möglichen planmäßig immer weiter ausgedehnt (K. Hübner 3.5). Auch vom äußeren Erscheinungsbild her ist unmittelbar einsichtig, daß die komplizierten Apparaturen und Systeme der modernen Technik keineswegs direkte Problemlösungen darstellen, sondern auf dem bewußt eingeschlagenen Umweg über die Theorienbildung und Methodenreflexion beruhen.

Im folgenden sollen drei verschiedene Modelle der technischen Entwicklung untersucht werden, wobei zugleich deutlich wird, daß in Abhängigkeit von dem jeweils gewählten Ansatz auch unterschiedliche Faktoren, Triebkräfte oder Bestimmungsgrößen der Technisierung ins Blickfeld kommen. Dabei besteht der eigentliche Kunstgriff darin, daß man immer nur die jeweils interessierenden Variablen ins Auge faßt, während alle anderen, darüber hinaus von der Sache her noch einschlägigen, Größen außer acht bleiben oder im Sinne einer *ceteris paribus*-Klausel als konstant und deshalb vernachlässigbar betrachtet werden.

(1) Den Ausgangspunkt für das *entscheidungstheoretische Modell* bildet die Feststellung, daß angesichts der Fülle der jeweils gegebenen technischen Handlungsmöglichkeiten immer ein bestimmtes Auswahlverfahren stattfinden muß, durch das diejenigen Alternativen festgelegt werden, die dann auch tatsächlich zur Verwirklichung kommen. Einer einfachen und übersichtlichen Darstellung dieses Entscheidungsprozesses stehen insbesondere drei Schwierigkeiten im Wege: Erstens ist die *Struktur* der einschlägigen Auswahlprozesse keineswegs unmittelbar einsichtig, weil die verschiedensten Individuen, Gruppen und gesellschaftlichen Institutionen mit unterschiedlichem Gewicht und in mannigfach verflochtenen Entscheidungssträngen an dem Zustandekommen des endgültigen Ergebnisses beteiligt sind. Zweitens liegt in der Regel nur ein unreflektiertes, intuitives Wahlverhalten vor, das gar keine *bewußt* getroffene Entscheidung darstellt. Deshalb sind drittens auch die (divergierenden) *Wertvorstellungen* und Entscheidungskriterien, die hier jeweils zur Anwendung kommen, vielfach nur mit Hilfe einer theoretischen Rekonstruktion faßbar. Trotz dieser kritischen Punkte bildet die Formulierung eines entscheidungstheoretischen Modells, das dann gegebenenfalls erweitert und verbessert werden kann, die einzige Alternative zu einem nicht näher explizierten vagen Allgemeinverständnis.

Das Entwerfen und die Konstruktion technischer Systeme

ist Sache des *Ingenieurs*. Es liegt deshalb nahe, ihn als die maßgebliche Entscheidungsinstanz für das technische Handeln zu betrachten. Er ist in der Tat immer dann zuständig, wenn es darum geht, die technischen Mittel für die Lösung einer vorgegebenen Aufgabe bereitzustellen. Doch damit ist seine eigentliche Kompetenz auch erschöpft. Wenn er darüber hinaus auch die Zielsetzungen des technischen Handelns allein von sich aus festlegen wollte, würde er damit eine Entscheidungskompetenz beanspruchen, die ihm ein demokratisches Gemeinwesen nicht zubilligen kann. Dennoch hat der Ingenieur in seiner Eigenschaft als Fachmann in einer hochtechnisierten Gesellschaft eine besondere Verantwortung, die ihn z. B. verpflichtet, gegebenenfalls auf die zu erwartenden negativen Folgen bestimmter technischer Maßnahmen hinzuweisen.

Dem Ingenieur wird die allgemeine Spezifikation des jeweils zu realisierenden technischen Projekts in der Regel von einer *übergeordneten* Instanz vorgeschrieben. Im privatwirtschaftlichen System ist dies die jeweilige Unternehmensleitung und in der planwirtschaftlichen Ordnung die zentrale Planungsstelle. Dabei ist die Entscheidung in beiden Fällen durch einen Rückkoppelungsprozeß an das zu erwartende Wahlverhalten der Käufer bzw. Konsumenten gebunden, denn die hergestellten Produkte müssen schließlich ihren Abnehmer finden. In dieser Perspektive erweist sich also das wirtschaftliche Geschehen als die maßgebliche Instanz, die über den Verlauf der Technisierung entscheidet. Diese summarische Feststellung gilt trotz verschiedener Differenzierungen und Korrekturen, die etwa durch ein reduziertes Angebot, die Rolle marktbeherrschender Unternehmen oder die Funktion der Werbung notwendig werden.

Das Wirschaftsleben ist jedoch seinerseits vielfältigen Eingriffen und Steuerungen durch *politische* Institutionen unterworfen. Damit kommt eine weitere Entscheidungsinstanz ins Spiel, die in der Realität vielfach von dem idealen Modell der repräsentativen Demokratie abweicht und durch Interessengruppen, Expertengremien und eine (teilweise manipulierbare) öffentliche Meinung beeinflußt werden kann. Aus alledem wird deutlich, daß angesichts der Überlagerung verschiedener Entscheidungsstrukturen und der unterschiedlichen Zielsetzungen und Interessen der jeweiligen Entscheidungsträger von einem klar abgegrenzten und eindeutig faßbaren Auswahlprozeß nicht die Rede sein kann. Doch es ist ebenso einsichtig, daß die Trends, die sich als Ergebnis dieses komplexen Prozesses herauskristallisieren, keineswegs naturgegebene Größen darstellen, sondern letzten Endes immer durch das Wahlverhalten und die Wertpräferenzen der beteiligten Individuen bedingt sind.

(2) Die jeweils Handelnden fällen ihre Entscheidungen jedoch nicht als isolierte und monadenhafte Existenzen. Sie sind ihrerseits eingeordnet in ein vielfältiges Gefüge sozialer Zusammenhänge und in einen überindividuellen Strom des Geschehens, den sie selbst mitbestimmen und dessen prägender Kraft sie sich gleichwohl nicht entziehen können. Dabei ist die auf diese Weise zustande gekommene Technik heute angesichts der hochdifferenzierten arbeitsteiligen Spezialisierung und der universellen Ausbreitung des technischen Lebensstils selbst zu einer bestimmenden Macht geworden, von der das künftige Schicksal der Menschheit wesentlich abhängt. Dieser Sachverhalt läßt sich nur in einem *sozialtheoretischen Modell* der technischen Entwicklung adäquat erfassen.

In einem solchen Modell kann ansatzweise zwischen ‚äußeren‘ und ‚inneren‘ Vorbedingungen des technischen Handelns unterschieden werden. Zu den äußeren Voraussetzungen gehören etwa die Bevölkerungsentwicklung, die soziale Differenzierung und Schichtung der Gesellschaft sowie die technikbezogenen Austausch- und Verteilungsprozesse. So kann z. B. eine Produktion von Waren und Dienstleistungen nur eingeleitet werden, wenn vorher die erforderlichen Rohstoffe und Apparaturen bereitgestellt worden sind; und die hergestellten Erzeugnisse müssen dann ihrerseits den jeweiligen Verbrauchern zugeführt werden. Der differenzierte arbeitsteilige Prozeß der Herstellung, Verteilung und Nutzung technischer Objekte ist dabei immer auch von der politischen Ordnung abhängig, durch die das technische Handeln jeweils in eine bestimmte Richtung gelenkt wird.

Die inneren Voraussetzungen, von denen die Technisierung abhängt, sind weniger eindeutig faßbar, aber darum nicht minder bedeutsam. Denn der Mensch ist nicht nur ein aufgrund äußerer Umstände gesetzmäßig und triebhaft handelndes *Naturwesen*, sondern ebensosehr auch ein in Freiheit sich selbst bestimmendes *Kulturwesen*. Bei jedem bewußt durchdachten und zweckhaft angelegten Vorgehen wird denn auch – gegebenenfalls nur implizit oder in rudimentärer Form – auf bestimmte Wert- und Zielvorstellungen Bezug genommen, die durch die jeweilige Aktion verwirklicht werden sollen. Dies gilt insbesondere für das technische Handeln, das schon von seinem Ansatz her zweckhaft ausgerichtet ist. Dabei sind jedoch die unmittelbaren technischen Aufgabenstellungen ihrerseits keine autonomen, überzeitlichen Größen. So haben sich denn auch die konkreten Zwecksetzungen des technischen Handelns in einem Prozeß der beständigen Wechselwirkung zwischen den gegebenen technischen Möglichkeiten und dem jeweiligen intellektuellen und kulturellen Hintergrund erst allmählich herausgebildet.

Auf den ersten Blick gesehen erscheint die Berücksichtigung von äußeren und inneren Bestimmungsgrößen der Technik durchaus unproblematisch, denn niemand wird bestreiten wollen, daß tatsächlich beide Arten von Vorbedingungen einschlägig sind. Auch die Feststellung, daß zwischen den konkreten physischen Bedingungen und den intellektuellen Antrieben irgendein Zusammenhang besteht, dürfte kaum auf Widerspruch stoßen. Die eigentliche Schwierigkeit besteht darin, diese Verknüpfung begrifflich adäquat darzustellen, ohne dabei vorschnell die ‚materiellen' oder die ‚ideellen' Bedingungen für allein maßgeblich zu erklären. Jede dieser Extrempositionen bietet nur scheinbar eine einfache Lösung, denn in beiden Fällen ist man genötigt, die jeweils komplementären Phänomene aus dem *einen* als allein maßgeblich betrachteten übergeordneten Prinzip abzuleiten, wobei neben der systematischen Abhängigkeit immer auch die historische Bedingtheit durch den bisherigen Verlauf des Technisierungsprozesses zu berücksichtigen ist.

(3) Das *handlungstheoretische Modell* knüpft unmittelbar

49

an die einschlägigen Aktionsprozesse an und kommt insofern dem tatsächlichen Geschehensablauf am nächsten. Den Ansatzpunkt bildet dabei die zielgerichtete Indienstnahme und Aneignung der Natur durch den Menschen. Diese ist immer an entsprechende *technische, soziale* und *weltanschauliche* Voraussetzungen gebunden, die von der Sache her erforderlich sind, damit überhaupt eine bestimmte Art von Technik entstehen kann. Zu den *technischen* Vorbedingungen gehören die Ausgangsprodukte (Rohstoffe, Energie), die konkreten materiellen Hilfsmittel (Geräte, Maschinen, Apparaturen) sowie im weiteren Sinne auch der Stand des jeweiligen technischen Wissens und Könnens. Diese Faktoren beziehen sich unmittelbar auf die materielle Welt, durch deren systematische Umgestaltung die verschiedenen technischen Artefakte zustande kommen. Das Gegenstück zur Natur, als dem bearbeiteten Objekt, bildet dabei der Mensch als das handelnde Subjekt. Demgemäß betreffen die *sozialen* Voraussetzungen zunächst die Individuen, die technische Produkte herstellen, verteilen und benutzen. Sie umfassen neben den konkreten Arbeitsprozessen auch die technikbezogenen Organisationsprinzipien (Arbeitsteilung, Spezialisierung) und die ökonomischen Austauschprozesse.

Die konkrete Ausprägung der technischen und der sozialen Bedingungskomplexe liefert für sich allein genommen immer nur die Möglichkeit zu einer bestimmten Art des technischen Handelns, wobei die Entscheidung über deren Aktualisierung gleichwohl noch offenbleibt. Als weitere Bestimmungsgröße muß hier eine entsprechende Motivation oder Zielsetzung hinzukommen, die in einer spezifischen Wertordnung begründet ist, die ihrerseits festlegt, was jeweils als erstrebenswert gelten soll. Durch eine solche Bewertung, die sich letzten Endes immer auf *weltanschauliche Voraussetzungen,* d. h. auf ein bestimmtes Verständnis des menschlichen Daseins und der Natur zurückführen läßt, erhält die zunächst nur in ihrer Faktizität vorliegende Handlungs- und Entscheidungssituation einen Aufforderungscharakter und wird damit zum Anlaß für eine bestimmte Art des technischen Handelns.

2. Der Aktionsspielraum

Technische Handlungen können nicht nach Belieben gewählt und ausgeführt werden. Ebenso wie bei allen anderen Aktionen ist auch hier immer ein bestimmter Spielraum zu beachten, der die jeweiligen Handlungsmöglichkeiten eingrenzt. Die Art dieses Spielraums ergibt sich aus den verschiedenen Voraussetzungen, die erfüllt sein müssen, damit eine technische Maßnahme sinnvoll geplant und erfolgreich ausgeführt werden kann. Im folgenden sollen die verschiedenen Einschränkungen, die hier einschlägig sind, näher untersucht werden. Der Grundgedanke ist dabei, daß, von allgemeinsten Bedingungen ausgehend, anhand geeigneter analytischer Differenzierungen gezeigt wird, wie sich bei Berücksichtigung weiterer Gesichtspunkte der Spielraum für die Realisierung technischer Handlungen schrittweise immer weiter einengt.

Das technische Handeln besteht in der Einwirkung des Menschen auf seine physische Umwelt. Dementsprechend stehen hier für die Untersuchung der jeweiligen Handlungsmöglichkeiten zwei Wege offen: Man kann entweder zunächst die Einschränkungen ins Auge fassen, die sich aus der *materiellen Welt* als dem zu bearbeitenden Objekt ergeben; oder man kann mit den Restriktionen beginnen, die den *Menschen* als den Träger der jeweiligen Aktionsprozesse betreffen. Es ist jedoch weitaus einfacher, die durch das technische Handeln in der materiellen Welt herbeigeführten Abläufe zu beschreiben, als die psychischen und sozialen Bestimmungsgrößen des Technisierungsprozesses anzugeben. Deshalb werden die von dem bearbeiteten Objekt herrührenden Einschränkungen an den Anfang der Untersuchung gestellt.

Eingriffe in das Naturgeschehen sind immer nur innerhalb des Spielraums möglich, den die Gesetzmäßigkeiten der physischen Welt offenlassen. Doch damit ist noch nicht die allgemeinste Bedingung erfaßt, die hier zu beachten ist. Wenn man nämlich versucht, die einschlägigen Naturgesetze in der Sprache der Mathematik zu formulieren, zeigt sich, daß nur ein widerspruchsfreier mathematischer Kalkül zur Beschreibung von aktuellen oder potentiellen Sachverhalten in Frage kommt. Demnach bildet die (1) *logische Widerspruchsfreiheit* die allgemeinste Einschränkung, an die alles technische Handeln gebunden ist. Im Bezug auf die konkrete Ausführung technischer Projekte besagt diese Bedingung, daß es unmöglich ist, Objekte oder Zustände der physischen Welt zu realisieren, die eine wohldefinierte Eigenschaft besitzen und zugleich eben dieselbe Eigenschaft nicht besitzen.

Doch bei weitem nicht alle widerspruchsfrei denkbaren Prozesse und Phänomene treten tatsächlich in der materiellen Welt auf. Um zu entscheiden, welche mathematischen Kalküle tatsächlich reale physische Prozesse beschreiben, sind immer empirische, experimentelle Untersuchungen erforderlich, die gegebenenfalls sehr kompliziert und aufwendig sein können. Fachwissenschaftlich gesehen kommt dies etwa in dem Übergang von der reinen Mathematik zur theoretischen Physik zum Ausdruck. Die nächste, weiterführende Einschränkung für das technische Handeln besteht demnach in den (2) *Naturgesetzen*. Diese legen insbesondere die Grenzen fest, die man bei technischen Prozessen im günstigsten Fall erreichen, aber niemals überschreiten kann. Ein aufschlußreiches Beispiel dafür bieten die verschiedenen Erhaltungssätze. So besagt etwa der Energiesatz, daß es unmöglich ist, ein *perpetuum mobile* zu bauen. In ähnlicher Weise schließt der zweite Hauptsatz der Thermodynamik die Möglichkeit aus, daß bei einem elektrischen Transformator oder einer Wärmekraftmaschine ein Wirkungsgrad von 100% erreicht werden kann. Weitere Beispiele solcher eingrenzenden Bedingungen betreffen die Ausbreitung physikalischer Wirkungen mit Lichtgeschwindigkeit (Einstein), die Meßbarkeit von Mikroprozessen (Heisenberg) und die Informationsübertragung durch einen vorgegebenen Kanal (Shannon) (vgl. Tondl 2.5, 14–16).

Die historische Entwicklung der Naturwissenschaften und der Verlauf der Technikgeschichte zeigen, daß unser Wissen über die Gesetzmäßigkeiten der Natur bisher stets unvollkommen war, wobei jedoch – zumindest in der Neuzeit – ein stetiger Erkenntnisfortschritt festzustellen ist. In jedem historischen Stadium kann deshalb immer nur ein bestimmter Anteil von dem, was die (unbekannten) Naturgesetze an technischen Handlungsmöglichkeiten zulassen, verwirklicht werden; ausnutzen und in technische Konstruktionen umsetzen lassen sich immer nur diejenigen Gesetzmäßigkeiten, die tatsächlich erkannt worden sind. Dementsprechend bildet der (3) *Stand der naturwissenschaftlichen Erkenntnis* eine weitere Einschränkung für die technischen Handlungsmöglichkeiten. So konnten z. B. Rundfunk- und Fernsehgeräte oder Atomkraftwerke erst gebaut werden, nachdem die entsprechenden naturwissenschaftlichen Prinzipien bekannt waren. Von der technischen Praxis her gesehen hat denn auch die naturwissenschaftliche Forschung die Aufgabe, den Bereich (3) des naturwissenschaftlichen Erkenntnisstandes so weit auszudehnen, daß er sich immer mehr den Grenzen (2) der Gesetzmäßigkeiten annähert, denen die einschlägigen Naturprozesse unterliegen. Das eigentliche Ziel besteht also darin, dasjenige, was *objektiv*, von der Natur der physischen Welt her gesehen, möglich ist, auch *subjektiv* möglich zu machen.

Doch die naturwissenschaftliche Erkenntnis und technisches *know how* sind keineswegs identisch, denn die jeweiligen Forschungsergebnisse bieten für sich allein genommen noch keine hinreichende Grundlage für die konkrete technische Anwendung. Selbst wenn bestimmte Experimente in einem physikalischen oder chemischen Laboratorium erfolgreich durchgeführt worden sind, ist damit ihre wirtschaftliche Nutzung in einer technischen Großserie durchaus noch nicht gesichert. So geben naturwissenschaftliche Erkenntnisse beispielsweise keine Auskunft über die Konstruktion und Dimensionierung des gesuchten technischen Systems und über die Funktion und Wirkungsweise der gegebenenfalls erforderlichen Subsysteme. Auch spezifisch ingenieurwissenschaftliche Probleme wie Betriebssicherheit, Maßhaltigkeit oder Lebensdauer liegen außerhalb des Bereichs naturwissenschaftlicher Fragestellungen. Die jeweiligen konkreten Handlungsmöglichkeiten werden deshalb durch den (4) *Stand des technischen Wissens und Könnens* zusätzlich eingeschränkt.

Die bisher untersuchten Gesichtspunkte bezogen sich auf die Strukturbeziehungen der materiellen Welt (Logik, Naturgesetze) und den jeweiligen Stand der intellektuellen Ressources (naturwissenschaftliche Forschungsergebnisse, technisches Wissen und Können). Alles technische Handeln zielt aber letzten Endes darauf ab, konkrete materielle Gebilde herzustellen, die eine vorgegebene Aufgabe erfüllen sollen. Deshalb müssen über die genannten Bedingungen hinaus immer auch bestimmte physische Voraussetzungen gegeben sein, die man zusammenfassend als (5) *materielle Ressourcen* bezeichnen kann. Zu ihnen gehören Rohstoffe, Energiequellen, Maschinen und Geräte sowie – von der physischen Leistung her gesehen – auch die erforderlichen Arbeitskräfte. Diese Größen stellen insofern eine Einschränkung dar, als ein bestimmtes technisches Projekt nur dann verwirklicht werden kann, wenn alle materiellen Ressourcen in dem erforderlichen Umfang zur Verfügung stehen. Im einzelnen Fall besteht dabei immer die Möglichkeit, etwa auf andere Energiequellen oder Baumaterialien zurückzugreifen. Doch insgesamt gesehen ist in jedem Augenblick der verfügbare Vorrat an materiellen Ressourcen ebenso begrenzt wie das Niveau der naturwissenschaftlichen Erkenntnis und der Stand des technischen Wissens und Könnens.

Die durch diese Einschränkungen vorgegebenen begrenzten Handlungsmöglichkeiten stehen in einem prinzipiellen Mißverhältnis zu den durch keinerlei konkrete Schranken eingeengten und deshalb praktisch beliebig konzipierbaren Wünschen und Zielvorstellungen, deren Erfüllung man von der Technik erwartet. So findet denn auch immer ein bestimmter Selektionsprozeß statt, durch den aus der Fülle der grundsätzlich in Frage kommenden Projekte diejenigen ausgewählt werden, die dann tatsächlich zur Ausführung kommen. Wenn man davon ausgeht, daß hier der jeweilige Abnehmer oder Benutzer die maßgebliche Bezugsinstanz bildet, liegt demnach in der (6) *Aufnahmebereitschaft des Marktes* eine weitere Einschränkung für das technische Handeln. Die Bereitschaft, für ein technisches Erzeugnis einen bestimmten Preis zu zahlen, läßt sich dabei ihrerseits zurückführen auf die jeweiligen *Wertpräferenzen der Konsumenten*. Für die Menschheit insgesamt können diese Wertpräferenzen als das Resultat einer historisch bedingten, aber gleichwohl im Prin-

zip autonom getroffenen Setzung betrachtet werden. Der
einzelne Produzent oder Käufer ist dagegen bei der Herstellung oder dem Kauf technischer Systeme weitgehend angewiesen auf die Wertvorstellungen der Gesellschaft, die sich
in den Marktchancen für die verschiedenen technischen Produkte niederschlagen. Auf diese Weise wird die zunächst nur
in der Ökonomie des Produktionsprozesses begründete Vereinheitlichung und Normung technischer Produkte auch sozial wirksam. Ein preiswertes Angebot von Konsumgütern
und Serviceleistungen ist nur bei einer standardisierten
Serienproduktion möglich, die ihrerseits einen vereinheitlichten Geschmack und ein überschaubares Kaufverhalten
voraussetzt.

Über den wirtschaftlichen Mechanismus hinaus werden die
Möglichkeiten des technischen Handelns schließlich auch
durch (7) *politische und juristische Restriktionen* eingeschränkt. Dabei können im einzelnen etwa sozialpolitische,
außenpolitische oder rüstungspolitische Ziele verfolgt werden. Durch kodifizierte Rechtsnormen werden technische
Handlungen ausgeschlossen, für die vom Marktmechanismus
her gesehen durchaus ein Interesse bestehen würde. Beispiele
dafür sind etwa Sicherheitsvorschriften oder das Verbot des
Verkaufs bestimmter Waren (Waffen, Abhörgeräte). Auch
Maßnahmen zur Erhaltung der natürlichen Umwelt müssen
durch gesetzliche Auflagen vorgeschrieben werden, weil Her-
steller und Käufer in der Regel nur an ihren persönlichen,
kurzfristigen Zielsetzungen interessiert sind und von sich aus
nicht auf die umfassenderen und längerfristigen Belange der
Allgemeinheit Rücksicht nehmen.

Zusammenfassend lassen sich die genannten stufenweise
fortschreitenden Restriktionen in vier Gruppen einteilen. Sie
betreffen

1 – die Struktur der materiellen Welt (Logik, Naturgesetze),
2 – die intellektuellen Ressourcen (Stand der naturwissen-
    schaftlichen Erkenntnis und des technischen Wissens und
    Könnens),
3 – die materiellen Ressourcen (Rohstoffe, Energie, Maschinen,
    Arbeitskräfte),

55

4 – die sozialen Bedingungen (Marktmechanismus, politische und juristische Restriktionen).

In einer ersten, vorläufigen Analyse kann man alle genannten Einschränkungen als *gegebene* Größen betrachten, denn sie existieren in jeder konkreten sozialen und historischen Situation in einer ganz bestimmten Ausprägung, die keine unmittelbare Änderung zuläßt. Alles konkrete technische Handeln kann deshalb zunächst immer nur innerhalb des dadurch vorgegebenen Spielraums erfolgen.

Bei einer differenzierteren Betrachtungsweise zeigt sich jedoch, daß die meisten der genannten Einschränkungen im Laufe der Zeit *verändert* werden können. Die einzige Ausnahme bilden die Logik und die Naturgesetze, die der menschlichen Einflußnahme grundsätzlich entzogen sind. Alle anderen Restriktionen lassen sich dagegen innerhalb gewisser Grenzen planmäßig ändern. Das wird besonders deutlich im Fall der intellektuellen Ressourcen. Hier besteht die Aufgabe der Forschung ja gerade darin, den Bereich des technisch Machbaren durch neue Erkenntnisse so auszudehnen, daß immer ‚leistungsfähigere‘ technische Systeme hergestellt werden können. In ähnlicher Weise ist man bestrebt, den von Natur aus gegebenen Vorrat an Rohstoffen möglichst weitgehend auszunutzen. Dabei ist jedoch durch den *Gesamtumfang* der Rohstoffvorräte eine absolute Grenze gesetzt, die nicht mehr beeinflußt werden kann. Die sozialen Restriktionen, die sich im Laufe der Zeit herausgebildet haben, sind der Menschheit nicht von außen auferlegt, sondern letzten Endes von ihr selbst gewählt. Dabei sind die jeweiligen Wertpräferenzen ebenso wie der Stand der intellektuellen und materiellen Ressourcen abhängig von der vorhergehenden historischen Entwicklung. Deshalb besteht denn auch immer die Möglichkeit, von den dadurch vorgegebenen Anfangsbedingungen ausgehend die Entwicklung in eine bestimmte Richtung zu lenken.

56

3. Die Umgestaltung der materiellen Welt

Technische Aktionen bestehen in einer Veränderung der physischen Umgebung, wobei Objekte hergestellt und Prozesse eingeleitet werden, die ganz bestimmte Funktionen erfüllen sollen. Unabhängig vom konkreten Einzelfall kann man bei dieser Umgestaltung der materiellen Welt folgende Bestimmungsstücke unterscheiden: die handelnden Subjekte; die vorgesehene Aufgabenstellung; die Einwirkungen auf die physische Umgebung; die Instrumente oder Apparate, die dabei benutzt werden; die Zustandsänderungen, die dadurch in der materiellen Welt herbeigeführt werden; und schließlich die Anwendung und Nutzung der hergestellten Artefakte (Kotarbiński *3.6*, 14–38). Anhand einer Diskussion dieser verschiedenen Punkte lassen sich die Besonderheiten des technischen Handelns näher erläutern:

(1) *Handelndes Subjekt* ist zunächst immer ein einzelner Mensch, der eine bestimmte technische Maßnahme ausführt. Doch in allen komplizierteren Fällen übersteigt der erforderliche physische und intellektuelle Arbeitsaufwand die Leistungsfähigkeit eines Individuums. Während für die Handwerkstechnik die Einzelleistungen von Meistern und Gesellen charakteristisch sind, ist die moderne Technik das Resultat *kollektiven Handelns*. Dies ist bei Großprojekten (Bau von Staudämmen, Raumfahrt) unmittelbar einsichtig. Doch auch vergleichsweise einfache technische Systeme kommen heute im allgemeinen durch Gemeinschaftsarbeit zustande, wobei z. B. die Planung, die Arbeitsvorbereitung, die Herstellung von Einzelteilen oder die Wartung jeweils von verschiedenen Individuen ausgeführt werden. Dies Ineinandergreifen von mannigfachen Einzelhandlungen führt dazu, daß sich bei einem bestimmten technischen Projekt das handelnde Subjekt nur noch als abstrakte kollektive Größe namhaft machen läßt.

Wenn man neben der Produktion auch die Anwendung und Nutzung technischer Systeme in die Betrachtung mit einbezieht, wird der fließende Übergang zwischen der individuellen und der kollektiven Betrachtungsweise vollends deutlich. So kann z. B. ein Autofahrer sein Fahrzeug nur dann wirksam ausnutzen, wenn zugleich auch Straßen, Tankstellen und Reparaturwerkstätten zur Verfügung stehen, die ihrerseits durch andere Handlungsträger bereitgestellt werden müssen. Bestimmte technische Transport-, Kommunikations- oder Versorgungseinrichtungen wie etwa die Eisenbahn, das Telefonnetz oder die Gasversorgung sind sogar von vornherein als einheitliche, umfassende Systeme angelegt. Die Struktur der technischen Sachsysteme führt also ebenso wie das Prinzip der arbeitsteiligen Spezialisierung dazu, daß alles, was im Bereich der Technik geschieht, zwangsläufig in einen übergeordneten Zusammenhang eingegliedert ist. Durch diese eigentümliche und weitreichende Verschränkung werden die verschiedenen Einzelphänomene zu einem umfassenden Komplex des technischen Geschehens vereinigt, dem der einzelne dann scheinbar hilflos ausgeliefert ist. Innerhalb dieses anonymen Geflechts von Beziehungen kommen jedoch alle technischen Objekte und Prozesse letzten Endes immer durch das konkrete Handeln einzelner Subjekte zustande.

(2) Die *Aufgabenstellung* für technische Systeme besteht zunächst darin, den Menschen von physischer Arbeit zu entlasten. Dies wird z. B. bei Kraftmaschinen und in der Transporttechnik unmittelbar deutlich. Ferner können technische Geräte die Leistungsfähigkeit der menschlichen Sinnesorgane in vielfältiger Weise steigern und damit den Zugang zu Phänomenen eröffnen, die ohne solche Hilfsmittel völlig außerhalb unseres Erfahrungsbereichs liegen würden (elektromagnetische Prozesse, Vorgänge in mikroskopischen und kosmischen Dimensionen). Darüber hinaus befreit die Automatisierung und die Computertechnik auch von routinemäßiger intellektueller Arbeit. Die eigentlich intendierte, primäre Funktion technischer Prozesse liegt demnach in der Entlastung und Leistungsteigerung. Entscheidend für das Verständnis der modernen Technik ist dabei der Umstand, daß im Zuge der technischen Entwicklung ständig neue Bedürfnisse zur Geltung kommen, die überhaupt erst durch die gesteigerten technischen Möglichkeiten geweckt werden und dann in entsprechenden technischen Aufgabenstellungen ihre Konkretisierung finden. Der als allgemeine Norm akzeptierte

‚technische Fortschritt' verlangt ferner nach einer möglichst effizienten und rationellen Ausnutzung der so zustande gekommenen technischen Sachsysteme. Damit hat der Mensch der Technik gegenüber seine Stellung als autonomes Subjekt weithin aufgegeben und sich dem Diktat echter oder vermeintlicher technischer Sachzwänge unterworfen.

(3) Die *Einwirkung auf die physische Umgebung* kommt im einfachsten Fall durch Muskelkraft unter Benutzung eines Werkzeugs zustande und besteht in der mechanischen Umgestaltung eines materiellen Objekts (Kotarbiński *3.6*, 14). Der dadurch gegebene Aktionsspielraum zur unmittelbaren Veränderung der Natur im Rahmen der Handwerkstechnik ist jedoch prinzipiell begrenzt. Erst durch die Erschließung neuer Energiequellen (Kohle, Gas, Erdöl), die Benutzung von Eisen als Konstruktionsmaterial und die Anwendung arbeitsteiliger mechanischer Herstellungsverfahren wurde der Übergang vom manuellen Handwerksbetrieb zur großangelegten Fabrikproduktion möglich.

Diese Entwicklung ist charakterisiert durch einen grundsätzlichen Wechsel im Verhältnis des Menschen zu seiner Umwelt: Während in früheren Zeiten die technischen Einwirkungen trotz des Werkzeuggebrauchs praktisch *direkt* durch den Menschen zustande kamen und im wesentlichen der unberührten Natur galten, erfolgt heute das technische Handeln *indirekt* durch technische Geräte und Apparaturen, die gleichsam zwischen den Menschen und die Natur eingeschoben werden, wobei im allgemeinen auch das jeweils zu bearbeitende Objekt vorher in entsprechender Weise verändert und aufbereitet worden ist. Dabei wird mit Hilfe eines *technischen* Instrumentariums die *technisch* vorgeprägte Umwelt in zielgerichteter Weise verändert. Heute läßt sich der Zustand, in dem die technischen Einwirkungen die vom Menschen völlig unberührte Natur betrafen, nur noch in der historischen Rekonstruktion aufweisen. In allen folgenden Stadien ist die Ausgangssituation dann schon durch die bisherigen technischen Aktionen bestimmt. Diese Summierung der vorausgegangenen Maßnahmen, die in den konkreten technischen Artefakten unserer Umwelt augenfällig zum Ausdruck kommt, hat denn auch den gegenwärtigen Stand der technischen Perfektion überhaupt erst möglich gemacht.

Anhand der verschiedenen Typen von Einwirkungen bzw. Transformationen lassen sich im Sinne eines summarischen Überblicks fünf Teilbereiche der Technik unterscheiden: (a) Bei allen Produktionsprozessen resultiert die Einwirkung auf das zu bearbeitende Objekt in einer *stofflichen Umwandlung*. (b) In den verschiedenen Arten von Kraftwerken findet eine *Energietransformation* statt. (c) Für die Kommunikationstechnik und die Datenverarbeitung ist die *Transformation von Informationen* charakteristisch. (d) Im Fall der Verkehrs- und Transporttechnik wird die Einwirkung so gestaltet, daß sie zu der gewünschten *Ortsveränderung* führt. (e) Schließlich haben Speichersysteme wie Lager, Akkumulatoren oder Lochkarten die Aufgabe, Vorräte an *Stoff, Energie oder Information zu erhalten* (G. Ropohl *3.8*, 160–164).

(4) *Instrumente, Apparaturen und Maschinen* sind das anschauliche Kennzeichen der modernen Technik. Durch die Instrumentalisierung des technischen Handelns vervielfältigt der Mensch die Kraft seiner Muskeln, die Fertigkeit seiner Hände und die Leistung seiner Sinnesorgane. Er befreit sich damit von den natürlichen biologischen Schranken und schafft ein weitgehend offenes Feld für technische Aktionen, denen lediglich durch die Gesetzmäßigkeiten der physischen Welt, die beschränkten Ressourcen und die nicht mehr tragbare Zerstörung der natürlichen Umwelt eine Grenze gesetzt wird. Dabei ist es bemerkenswert, daß technische Geräte sowohl vom Menschen als auch von technischen Apparaturen in Gang gesetzt und kontrolliert werden können, wobei allein aufgrund der Funktionsabläufe der Initiator des jeweiligen technischen Prozesses gar nicht feststellbar ist. Der Grad, in dem die physische und intellektuelle Arbeit des Menschen an Maschinen oder Automaten delegiert wird, kann dabei geradezu als Maß für den technischen Fortschritt gelten. So sind denn auch die vollkommensten technischen Verfahren diejenigen, bei denen der Mensch möglichst wenig in Erscheinung tritt.

An dieser Stelle zeigt sich das ambivalente Verhältnis zwischen dem Menschen und seinen technischen Schöpfungen: Er ist einerseits Urheber und letzte Entscheidungsinstanz für alles technische Geschehen; so kann er z. B. die aufwendigste Anlage durch einen einzigen Knopfdruck außer Betrieb setzen. Andererseits verlangt aber gerade der reibungslose Ablauf technischer Prozesse eine bedingungslose Anpassung an die jeweiligen Funktionsabläufe, wobei spontane Verhaltensweisen nur hinderlich sein können. Deshalb ist man denn auch gerade in entscheidenden Fällen bestrebt, den Menschen als potentiellen Störfaktor auszuschließen. Um die höchste technische Perfektion erreichen zu können, muß sich der Mensch also den Erfordernissen seiner eigenen Schöpfungen unterordnen: „Der Herr der Welt wird zum Sklaven der Maschine" (Spengler *1.28*, 75). Dennoch ist dieses Schicksal nicht schlechthin vorgegeben. Zwar erfordert die physische Existenzerhaltung immer ein gewisses Maß an Technik. Doch die Bereitschaft, die immanente Logik der perfektionierten technischen Abläufe zu akzeptieren, ist ein historisch kontingentes Phänomen. Diese Einstellung hat überhaupt erst die systematische Entfaltung der Technik in Europa ermöglicht und ist dann im Verlauf des Technisierungsprozesses in den Industrienationen zur internalisierten Norm geworden. Wie wenig selbstverständlich eine solche technikbezogene, versachlichte, rationale Lebenseinstellung ist, zeigen jedoch die Entwicklungsländer, denen es angesichts einer anderen kulturellen Tradition schwerfällt, ein unmittelbares Verhältnis zur modernen Technik zu finden.

(5) Die *Zustandsänderungen,* die in der physischen Welt durch technische Eingriffe entstehen, beruhen darauf, daß Objekte oder Prozesse in zielgerichteter Weise modifiziert bzw. neu geschaffen werden. Bei einer weiteren Differenzierung kann man je nach der Art des erzielten Resultats Aktionen unterscheiden, die bestimmte Zustände verhindern, erhalten, herbeiführen oder zerstören (Kotarbiński *3.6*, 23–32). Wie die moderne Technik zeigt, kann durch solche Eingriffe die konkrete Gestalt der physischen Welt von Grund auf verändert werden. Doch selbst in den kompliziertesten Fällen beruhen die ‚künstlich' herbeigeführten technischen Phänomene immer auf bestimmten physikalischen und chemischen

Prozessen und sind damit zwangsläufig den Gesetzmäßigkeiten unterworfen, die für alle materiellen Abläufe gelten. Der ‚unnatürliche‘ Charakter technischer Systeme besteht lediglich darin, daß im Gegensatz zu den spontan auftretenden Naturphänomenen Objekte und Prozesse der materiellen Welt so strukturiert und organisiert werden, daß sie für menschliche Zielsetzungen nutzbar gemacht werden können.

Neben den eigentlich intendierten und erwünschten Zustandsänderungen treten bei technischen Maßnahmen immer auch unbeabsichtigte Nebenwirkungen auf. Ein typisches Beispiel dafür sind Reibungs- und Wärmeverluste. Auch die Zerstörung der natürlichen Umwelt beruht auf solchen Nebeneffekten, die als (zwangsläufige) Begleiterscheinungen bei bestimmten technischen Prozessen auftreten. Ebenso wie zwischen Unkraut und Nutzpflanzen biologisch gesehen kein Unterschied besteht, sind erwünschte Wirkungen und unerwünschte Nebenwirkungen in physikalischer oder ingenieurwissenschaftlicher Sicht *qua* Prozesse der physischen Welt grundsätzlich gleichartig.

Eine Unterscheidung kommt hier immer nur durch die jeweilige Bewertung zustande. Dies zeigt sich besonders deutlich in solchen Fällen, in denen für die zunächst unerwünschten Nebenwirkungen dann doch eine nutzbringende Verwendung gefunden wird, wobei es geschehen kann, daß die ursprünglich intendierten Resultate in Umkehrung der Perspektive schließlich zu Nebenwirkungen werden. Zwar ist es möglich, anhand des Verhältnisses von Nutzleistung zu aufgewandter Leistung zwischen effizienten und uneffizienten technischen Verfahren zu unterscheiden. Doch den eigentlichen Ausschlag für die Bewertung geben auch hier außertechnische Wirtschaftlichkeitsüberlegungen und im weiteren Sinne gesellschaftliche Gesichtspunkte. Erst indem auf menschliche Zwecke und Zielsetzungen Bezug genommen wird, können die herbeigeführten technischen Zustandsänderungen jeweils als ‚vorteilhaft‘ und ‚nützlich‘ oder als ‚unvorteilhaft‘ und ‚schädlich‘ eingestuft werden.

(6) Die *Anwendung oder Nutzung* eines technischen Systems setzt voraus, daß die jeweiligen Ausgangsgrößen den

biologischen und physiologischen Fähigkeiten des Menschen angepaßt sind. Wie kompliziert ein technischer Vorgang im einzelnen auch beschaffen sein mag, seine endgültige Wirkung kann nur auf dem Niveau der Sinneserfahrung für menschliche Zwecke nutzbar gemacht werden. So läßt sich z. B. das Resultat der komplexen elektronischen Schaltvorgänge in einem Computer nur in Gestalt von Ziffern oder graphischen Darstellungen erfassen. Auch die mit Hilfe von hochempfindlichen Instrumenten gewonnenen Informationen über Mikrophänomene oder über kosmische Systeme lassen sich erst dann identifizieren, wenn sie in sinnlich wahrnehmbare Beobachtungsdaten umgesetzt worden sind. Dies gilt jedoch nur für die Wirkung eines technischen *Gesamtsystems*. Die Abläufe in den einzelnen Teilsystemen können durchaus unseren Sinnen verborgen bleiben. So sind etwa die Eingangs- und Ausgangsgrößen der verschiedenen Teile eines Computers im allgemeinen ohne technische Hilfsmittel gar nicht wahrnehmbar. Die Prozesse, die hier für die Zielsetzung des Gesamtsystems nutzbar gemacht werden, vollziehen sich unterhalb unserer Wahrnehmungsschwelle. Ihre Überprüfung ist deshalb nur bei Kenntnis der Funktionsweise des jeweiligen Teilsystems mit Hilfe entsprechender Geräte und Instrumente möglich. Solche für das Alltagsverständnis kaum durchschaubaren technischen Zusammenhänge tragen zwangsläufig bei zu der technikbedingten Entfremdung von einer unmittelbar einsichtigen und überschaubaren Welt.

4. Die Neutralität der technischen Mittel

Die Leistungsfähigkeit der modernen Technik beruht auf der Anwendung naturwissenschaftlicher Prinzipien und ingenieurwissenschaftlicher Erkenntnisse. Während in den Naturwissenschaften die Fragestellungen und Begriffsbildungen von vornherein auf eine möglichst weitreichende und präzise *Theorienbildung* zugeschnitten sind, besteht in den Ingenieurwissenschaften das eigentliche Ziel in der konkreten *Realisierung* technischer Systeme und Prozesse. Trotz dieser unterschiedlichen Aufgabenstellungen haben beide Gebiete sowohl die empirische Methode als auch die mathematische Theorienbildung gemeinsam; deshalb ist denn auch bei Problemen der Grundlagenforschung oft gar keine eindeutige Zuordnung zu einem der beiden Bereiche mehr möglich. In beiden Fällen geht es nämlich darum, daß durch geeignete experimentelle Anordnungen die jeweils interessierenden Phänomene in möglichst reiner Form erfaßt und dann durch geeignete mathematische Formeln beschrieben werden. Die Formulierungen, die man dabei verwendet, haben logisch gesehen den Charakter von Konditional- oder Bedingungssätzen: Sie besagen, welche Wirkungen (Folgen) in der physischen Welt eintreten, *falls* bestimmte Ursachen (Voraussetzungen) vorliegen. Wenn derartige Gesetzesbeziehungen bekannt sind, lassen sich durch gezielte Eingriffe in das Naturgeschehen die erforderlichen Ursachen herbeiführen und dadurch indirekt auch die jeweils interessierenden Wirkungen hervorrufen.

Es liegt im Wesen der auf diese Weise ermittelten Naturzusammenhänge, daß sie für beliebige Zwecke eingesetzt werden können. Das empirisch-experimentelle Verfahren, durch das man zu naturwissenschaftlichen und ingenieurwissenschaftlichen Erkenntnissen kommt, ist von vornherein so angelegt, daß es genau die ‚Verhaltensweise' zum Ausdruck bringt, der die einschlägigen Naturprozesse zwangsläufig unterliegen. Die Naturabläufe sind gleichsam blind gegenüber der Art und Weise, in der sie vom Menschen genutzt werden; sie bieten über die ihnen immanenten gesetzmäßigen Beziehungen hinaus keinen Widerstand gegenüber einer wie auch immer gearteten Indienstnahme. Die erstaunliche Leistung der modernen empirischen Wissenschaften besteht darin, in einem früher ungeahnten Maße solche Gesetzmäßigkeiten erkannt zu haben. Damit ist aber unvermeidbar auch die Gefahr gegeben, daß die dadurch geschaffenen Möglichkeiten im negativen, und im Fall der Rüstungstechnik sogar im eindeutig zerstörerischen Sinne genutzt werden. Anders als in früheren Epochen erfordert die durch die moderne Wissenschaft und Technik in menschliche Hände gegebene Macht einen Grad von Selbstbeherrschung, dem die Menschheit vielleicht nicht gewachsen ist; darin liegt das eigentliche Dilemma unserer gegenwärtigen Situation.

Auch die unter Ausnutzung naturwissenschaftlicher und ingenieurwissenschaftlicher Erkenntnisse hergestellten technischen Systeme lassen sich im Rahmen der Naturgesetze für beliebige Zwecke einsetzen. Als Objekte der materiellen Welt stehen technische Artefakte im Prinzip für jede physisch mögliche Anwendung offen. So kann z. B. eine Atombombe als Kriegswaffe genutzt werden oder beim Kanalbau Verwendung finden. Technische Maßnahmen und Hilfsmittel können dazu dienen, durch forcierte Leistungsanforderungen und mechanische Tätigkeit den Menschen zu einem bloßen Element des Mensch-Maschine-Systems zu degradieren; sie können aber auch zur Humanisierung des Arbeitsplatzes oder im Sinne des Umweltschutzes eingesetzt werden. Die inhaltlich nicht festgelegte instrumentelle Funktion sichert den technischen Mitteln eine *methodologische Neutralität* im Sinne einer Verwendbarkeit für beliebige Zielsetzungen.

Diese allgemeine Feststellung bedarf jedoch in dreifacher Hinsicht der Korrektur und Ergänzung: *sehr wichtig !*

(1) Technische Prozesse und Objekte sind durchaus nicht immer *faktisch neutral*. Beispielsweise wird sich für perfektionierte Kriegswaffen keineswegs in jedem Fall eine friedliche Nutzungsmöglichkeit finden lassen. Die universelle Verwendbarkeit eines technischen Systems steht in umgekehrtem Verhältnis zum Grad seiner Spezialisierung; je stärker es auf eine ganz bestimmte Aufgabenstellung hin angelegt ist, um so weniger kommt es für eine andere Anwendung in Frage. Während z. B. ein Hammer relativ vielseitig verwendbar ist, sind moderne technische Geräte und Apparaturen in der Regel auf einen ganz bestimmten Verwendungszweck zugeschnitten, den sie dann auch sehr wirkungsvoll erfüllen. Die methodologische Neutralität betrifft also zunächst immer nur die allgemeine Feststellung, daß technische Mittel eingesetzt werden können, um beliebige, frei gewählte Ziele zu erreichen.

Im Gegensatz zu dieser generellen Wahlfreiheit, die innerhalb des Gesamtzusammenhangs der jeweils gegebenen technischen Handlungsmöglichkeiten eine Entscheidung für oder gegen eine bestimmte Zwecksetzung offenläßt, ist nach der Festlegung auf ein bestimmtes Ziel und der Konstruktion eines konkreten technischen Systems im allgemeinen kein großer Spielraum mehr für dessen Anwendung gegeben. Sobald einmal eine bestimmte Art von Technik vorliegt, ,verlangt' sie nach einer entsprechenden Nutzung, damit sich der jeweils investierte Aufwand auch tatsächlich auszahlt. Gerade bei größeren technischen Projekten resultiert daraus ein erhebliches Beharrungsvermögen, weil der einmal eingeschlagene Weg nicht mehr ohne nachteilige Folgen verlassen werden kann. Auf diese Weise ergeben sich dann aus früher getroffenen technischen Entscheidungen ganz bestimmte ,Sachzwänge', die in die Zukunft fortwirken.

Auch von den tatsächlich eintretenden, sinnlich faßbaren Konsequenzen her gesehen, ist das technische Handeln keineswegs neutral. Über die Verwirklichung der eigentlich erstrebten Ziele hinaus hat die Herstellung und Anwendung technischer Systeme immer auch bestimmte Nebenwirkungen zur Folge, die allerdings häufig ignoriert werden, weil die Aufmerksamkeit nur den jeweils intendierten Ergebnissen gilt. Doch die Technik ist keine für sich allein bestehende, von physischen Prozessen und vom individuellen und sozialen Lebensvollzug losgelöste Instanz, die gleichsam aus einer anderen Dimension stammt und als disponibles Mittel eingesetzt werden kann, das nur die gewünschten Resultate zur Folge hat. Dieser Zusammenhang hat an sich immer bestanden. Er ist jedoch erst neuerdings durch die Ökologiekrise und die Verknappung der Rohstoff- und Energiereserven ins allgemeine Bewußtsein getreten.

Alles technische Handeln wird mit Hilfe bestimmter Artefakte (Instrumente, Geräte, Maschinen) ausgeführt. Dazu müssen vorher Rohstoffe gefördert und transportiert, Geräte für den Herstellungsprozeß bereitgestellt und schließlich die erforderlichen Systeme in konkreter Gestalt realisiert werden. All diese Schritte stehen nur in indirektem Zusammenhang mit der eigentlichen Funktion, die z. B. im Fall von Transportsystemen in der Ortsveränderung besteht. Doch schon diese vorbereitenden Aktionen beruhen auf einer Umgestaltung der materiellen Welt. Hinzu kommt die Einwirkung auf die Umgebung, die dann bei der eigentlichen Anwendung auftritt; bei Transportsystemen sind hier etwa die entstehenden Abgase zu nennen. Je komplizierter das technische System ist, um so mehr sind darüber hinaus noch entsprechende Zusatzeinrichtungen, wie etwa Straßen, Flugplätze und Reparaturwerkstätten, erforderlich. Aus alledem wird deutlich, daß beispielsweise ein Automobil oder ein Flugzeug durchaus nicht nur ein neutrales Mittel darstellt, dessen einzige praktische Konsequenz darin besteht, eine bequeme und schnelle Fortbewegung zu ermöglichen.

(2) Neben den konkreten Auswirkungen, die sich aus dem materiell-gegenständlichen Charakter technischer Artefakte ergeben, hat das technische Handeln auch eine bestimmte emotionale und intellektuelle Prägung zur Folge. Deshalb kann auch von einer *psychologischen Neutralität* der Technik keine Rede sein. Als integrierender Bestandteil des konkreten Lebensvollzugs bestimmt die Technik zwangsläufig auch das Denken und Empfinden. Im Stadium der Handwerkstechnik blieb dieser Einfluß gleichwohl eingeordnet in anderweitig vorgegebene kulturelle und soziale Bezüge. Mit der Industriellen Revolution hat sich diese Situation von Grund auf gewandelt: Wo alles Handeln darauf gerichtet ist, in möglichst kurzer Zeit mit möglichst geringem Aufwand eine möglichst hohe Ausbeute zu erzielen, und dies Prinzip dank technischer Hilfsmittel und wissenschaftlicher Methoden zu immer größeren ‚Erfolgen‘ führt, muß die perfektionierte Mittelsuche schließlich zur allgemeinen Norm werden.

In einer Welt, die durch routinemäßige Abläufe bestimmt ist, wird der technische Denkstil, der auf Planung, Vereinheitlichung und reibungsloses Funktionieren abgestellt ist, auch zum Maßstab für das Selbstverständnis des Menschen und der Gesellschaft. Damit ist zugleich die Gefahr gegeben, daß dies so überaus effiziente und immanent gesehen auch durchaus ‚vernünftige‘ technische Handeln zum Selbstzweck wird, bei dem die jeweils erstrebten Ziele ganz aus dem Blickfeld kommen, um derentwillen doch eigentlich alle Anstrengungen unternommen werden. Im Grenzfall bestimmen dann nicht mehr die Ziele die anzuwendenden Mittel, sondern die vorhandenen technischen Mittel entscheiden über die zu verwirklichenden Ziele.

(3) Schließlich wäre es auch verfehlt, wenn man den technischen Mitteln darüber hinaus eine allgemeine *soziale Neutralität* zusprechen wollte. Als Naturwesen ist der Mensch in seinem konkreten Handeln zwangsläufig auf eine bestimmte Art von Technik angewiesen, mit deren Hilfe er sich eine ‚zweite Natur' schafft, die dann Grundlage und Substrat seiner physischen Aktionen bildet. Die technischen Bedingungen können deshalb nicht ohne Einfluß auf die jeweiligen wirtschaftlichen, sozialen, politischen und kulturellen Verhältnisse bleiben. So gibt es denn auch in der Tat praktisch keinen Lebensbereich, in dem nicht ein direkter oder indirekter Einfluß der Technik nachweisbar wäre.

Dabei stehen die mit Muskelkraft betriebenen Werkzeuge in der Handwerkstechnik noch unter der unmittelbaren physischen Kontrolle des Menschen. Sie lassen sich deshalb auch relativ leicht für Ziele einsetzen, die von ‚außen' an die Technik herangetragen werden. Im Gegensatz dazu bilden die hochspezialisierten, komplexen Systeme der modernen Technik einen in sich geschlossenen Bereich, der seinen eigenen Gesetzen unterliegt und nur dann die gewünschten Resultate liefert, wenn der Mensch bereit ist, sich der immanenten Logik der technischen Abläufe unterzuordnen. Weit über die neutrale Bereitstellung von Mitteln hinaus hat die vom Menschen losgelöste, in Form von Geräten, Apparaten und Maschinen konkretisierte technische Umwelt damit den Charakter einer selbständigen Macht angenommen, die das Gesicht der Gegenwart prägt.

5. Hypothetische Imperative

Naturwissenschaftliche Forschungsergebnisse und ingenieurwissenschaftliche Erkenntnisse betreffen die gesetzmäßigen Verknüpfungen, denen die Prozesse der physischen Welt unterliegen. Die durch geeignete experimentelle Untersuchungen ermittelten und meist in mathematischer Form ausgedrückten Beziehungen haben dabei trotz der unterschiedlichen theoretischen bzw. praktischen Zielsetzung beider Disziplinen grundsätzlich dieselbe Funktion: Sie geben an, welche Resultate sich jeweils bei vorgegebenen Bedingungen einstellen. Falls diese Bedingungen ohne Zutun des Menschen auftreten, kann die Kenntnis der einschlägigen Gesetze dazu benutzt werden, um bestimmte Naturereignisse vorherzusagen. So läßt sich z. B. bei bekannter Ausgangslage der Gestirne der Zeitpunkt einer künftigen Sonnenfinsternis im voraus berechnen. Andererseits kann aber auch – und dieser Fall betrifft die Ingenieurwissenschaften – durch geeignete Maßnahmen ein bestimmter Ausgangszustand herbeigeführt werden, der dann ein technisch nutzbares Resultat zur Folge hat. Charakteristisch dafür ist etwa die Zündung eines Gasgemisches, das den Kolben in einem entsprechend konstruierten Explosionsmotor in Bewegung setzt.

Die Naturwissenschaften und die Ingenieurwissenschaften liefern also immer Konditional- oder Bedingungssätze, die den Zusammenhang zwischen bestimmten, empirisch aufweisbaren Phänomenen in Raum und Zeit zum Gegenstand haben. Diese Darstellung tatsächlich beobachteter oder unter entsprechenden Bedingungen zu erwartender Verknüpfungen hat stets den Charakter einer Beschreibung, denn es werden jeweils Beziehungen zwischen aktuell vorliegenden oder potentiell eintretenden konkreten Sachverhalten geschildert. Daß hier grundsätzlich nur eine Deskription in Frage kommt, ergibt sich zwangsläufig aus dem empirischen Ansatz, für den als Untersuchungsgegenstand von vornherein nur in der physischen Welt tatsächlich auftretende und sinnlich nachprüfbare Phänomene zugelassen sind, deren Zusammenhang dann im einzelnen untersucht wird.

Dennoch haben die Ingenieurwissenschaften in gewissem Sinn auch normativen Charakter, denn sie liefern ja gerade Handlungsvorschriften, die besagen, wie zu verfahren ist, wenn Prozesse und Phänomene herbeigeführt werden sollen, die von sich aus in der Natur nicht vorliegen. Doch diese

Eigenschaft ist keineswegs eine Besonderheit der ingenieurwissenschaftlichen Disziplinen; sie gilt im Prinzip für alle
empirischen Wissenschaften, deren Ergebnisse sich in Kondi-
tionalaussagen formulieren lassen: Wenn bekannt ist, aus
welchen Voraussetzungen bestimmte erwünschte Folgen resultieren, braucht man nur diese Voraussetzungen herbeizuführen,
ren, um dadurch das angestrebte Resultat zu erzielen.

Bei Kenntnis der gesetzmäßigen Zusammenhänge ist es
also immer möglich, durch entsprechende Maßnahmen einen
vorgesehenen Endzustand herbeizuführen. Von der Verfahrensweise her gesehen handelt es sich dabei lediglich um eine
andere Wendung der experimentellen Methode. Während
dort die Aufgabenstellung darin besteht, zu erforschen, welche bisher unbekannten Wirkungen aus bekannten, vorgegebenen Ursachen resultieren, wird nunmehr die Kenntnis dieses Zusammenhangs ausgenutzt, um auf dem Umweg über
diese Ursachen die jeweils gewünschten Wirkungen zu erzielen. In den Naturwissenschaften besteht also das Ziel darin,
durch geeignete experimentelle Untersuchungen *neue* Zusammenhänge aufzudecken; im Gegensatz dazu werden in den
Ingenieurwissenschaften aufgrund *bereits bekannter* Verknüpfungen technisch nutzbare Ergebnisse geschaffen. Auf
diesen Unterschied zwischen theoretischer Forschung und
praktischer Anwendung ist es denn auch zurückzuführen, daß
man sich bei technischen Projekten nur auf bewährte Theorien stützt, während man innerhalb der naturwissenschaftlichen Forschung bemüht ist, gerade Voraussagen aus bisher
ungesicherten heuristischen Hypothesen zu untersuchen (vgl.
J. Agassi *3.1* u. M. Bunge *3.3*, 121–150).

Der hier geschilderte Zusammenhang betrifft nicht nur die
einzelnen Teilschritte, aus denen technische Maßnahmen bestehen, sondern auch den Einsatz von ganzen technischen
Systemen, deren Funktionsweise ja immer auf physischen
Prozessen beruht, die durch entsprechende universelle Kon-
ditionalaussagen beschrieben werden können. Für sich allein
genommen liefern die Ingenieurwissenschaften also nur *hypothetische Imperative*. Sie besagen, *wie* zu verfahren ist, wenn
unter wohldefinierten Umständen ein bestimmtes Ziel er-

reicht werden soll. Doch sie können ihrer Natur nach keine Auskunft darüber geben, *was* jeweils mit Hilfe der vorhandenen technischen Ressourcen erreicht werden soll. Der Schritt vom Wissen zum Tun, d. h. von der Kenntnis der Konsequenzen, die bei einer bestimmten Vorgehensweise zu erwarten sind, zu einer konkreten, positiven Handlungsanweisung ist sachlich nur begründet, wenn darüber hinaus auch das Ziel vorgegeben ist, das jeweils verwirklicht werden soll.

Dieser Zusammenhang ist für das Verständnis allen technischen Handelns von grundsätzlicher Bedeutung. Er hat zur Folge, daß in keinem Falle irgendwelche wie auch immer gearteten Umstände allein kraft ihres faktischen Vorhandenseins schon eine bestimmte Handlungsweise notwendig machen. So kann insbesondere aus der Existenz einer technischen Handlungsmöglichkeit nicht zwingend gefolgert werden, daß sie auch tatsächlich genutzt werden müßte. Erst wenn das *deskriptive* Wissen über vorhandene bzw. zu erwartende Phänomene der physischen Welt *und* gleichzeitig eine vom Menschen aufgestellte *normative Zielsetzung,* die einen zu erstrebenden Sachverhalt zum Ausdruck bringt, vorliegen, ergibt sich der Zwang zu einer bestimmten Art des technischen Handelns: In diesem Fall steht der jeweils Agierende dann aber auch unter der „praktischen Notwendigkeit", all das zu tun, was erforderlich ist, um das gewählte Ziel zu verwirklichen (G. H. v. Wright *3.10,* 67 f.).

Wie v. Wright ferner feststellt, führt die *subjektiv* getroffene Entscheidung für ein bestimmtes Ziel auf Grund der *objektiv* gegebenen Umstände und technischen Aktionsmöglichkeiten zu einer Handlung, die „zugleich aus eigenem Willen erfolgt und determiniert" ist (48). Dabei bildet der jeweilige Wunsch bzw. die betreffende Zielsetzung das dynamische, bewegende Element, durch das überhaupt eine Aktion in Gang kommt, deren konkreter Vollzug dann durch die Information über die einschlägigen (kausalen) Verknüpfungen in einer ganz bestimmten Weise gesteuert und kanalisiert wird. Diesen Zusammenhang könnte man so deuten, daß derjenige, der ein Ziel erreichen will, auch die Mittel wollen muß, die zu seiner Verwirklichung erforderlich sind (vgl. 48–52). Gerade in bezug auf das technische Handeln sind dabei jedoch drei Einschränkungen zu machen:

(1) Wer ein bestimmtes Ziel erstrebt, muß die Mittel, die zu seiner Verwirklichung führen, nur dann akzeptieren, wenn es keinen *anderen* Weg gibt, um dasselbe Resultat zu erzielen. Erst wenn dieser Fall ausgeschlossen ist, liegt tatsächlich ein Zwang vor. Vom ingenieurwissenschaftlichen Standpunkt aus gibt es jedoch bei technischen Problemen im allgemeinen verschiedene Möglichkeiten, um ein vorgegebenes Ziel zu erreichen. Deshalb besteht die Aufgabe nicht darin, daß man die *allein* in Frage kommende Vorgehensweise ermittelt, die dann im Verlauf eines Konstruktions- und Entwicklungsprozesses im einzelnen präzisiert und auf das vorgegebene Problem zugeschnitten wird. Die Überlegung muß vielmehr schon vorher, bei der Auswahl zwischen den *verschiedenen* in Frage kommenden Lösungsmöglichkeiten ansetzen. So gibt es z. B. in der Transport- oder in der Energietechnik jeweils unterschiedliche Wege, um eine bestimmte Aufgabenstellung zu bewältigen. Die vom Ingenieur zu leistende Mitteloptimierung beginnt dann bereits bei diesem Auswahlverfahren, das der eigentlichen Konstruktionsarbeit vorausgeht.

Für eine *alternative Technik* (Alternativtechnologie) bestehen deshalb immer zwei verschiedene Ansatzpunkte: Es können einmal unter Beibehaltung der Ziele andere *Mittel* eingesetzt werden, um diese Ziele zu erreichen. Zum andern kann man aber auch völlig neue *Ziele* festlegen, die mit Hilfe der vorhandenen technischen Ressourcen zu verwirklichen sind. Der erste Fall ist beispielsweise gegeben, wenn man den Individualverkehr aufrechterhalten will, aber die Automobile vom Explosionsmotor auf Elektroantrieb umstellt. Im zweiten Fall würde man dagegen die Zielsetzung ,Individualverkehr' aufgeben und statt dessen öffentliche Verkehrsmittel einsetzen. – Dabei bezieht sich die jeweilige Alternative immer nur auf die Art und Weise, *wie* physische Abläufe für menschliche Zwecke genutzt werden. In bezug auf die immanente Struktur der jeweiligen materiellen Prozesse gibt es dagegen keine Alternative; sie sind durch die Gesetzmäßigkeiten der materiellen Welt festgelegt und invariant gegen-

über der Art ihrer Indienstnahme: Es gibt keine umweltfreundliche Physik, sondern nur eine umweltfreundliche
Technik.

(2) Es kann ferner die Situation eintreten, daß jemand ein
bestimmtes Ziel an sich durchaus für erstrebenswert hält; falls
der erforderliche *Aufwand* ein bestimmtes Maß überschreitet,
wird er trotzdem auf seine Verwirklichung verzichten. In
einem solchen Fall ist also derjenige, der das Ziel will, nicht
unbedingt genötigt, auch die zugehörigen Mittel zu wollen.
Tatsächlich findet denn auch bei technischen Handlungen
ebenso wie im Alltagsleben anhand der Leistungen oder Anstrengungen, die notwendig sind, um ein bestimmtes Ziel zu
erreichen, immer eine Selektion der Zielsetzungen statt.

In der Regel wird dabei das Spannungsverhältnis zwischen
dem Gewünschten und dem tatsächlich Erreichbaren auf ein
erträgliches Maß reduziert, indem *die Zielsetzungen den jeweiligen Möglichkeiten angepaßt werden*. Es wäre jedoch verfehlt, hier eine völlige Angleichung zwischen den erstrebten
Zielen und den vorhandenen Mitteln zu fordern, denn dies
würde bedeuten, daß ein ‚Ziel‘ erst dann ins Auge gefaßt
werden kann, wenn bereits alle Mittel für seine Erfüllung zur
Verfügung stehen. Im Verlauf der technischen Entwicklung
sind denn auch häufig gerade aufgrund ‚überschießender‘
Zielsetzungen Projekte festgelegt worden, für die dann erst
im nachhinein aufgrund eines entsprechenden Forschungs-
und Entwicklungsprozesses die konkreten Mittel erarbeitet
werden mußten. Bekannte Beispiele dafür sind die Planung
von Raumfahrtprogrammen oder neuen Waffensystemen.
Trotz aller Fehlprognosen wird an derartigen Projekten
doch deutlich, daß bei systematischem Einsatz aller Ressourcen heute die technische Entwicklung weithin kalkulierbar ist.

(3) Schließlich ist auch die Möglichkeit in Betracht zu ziehen, daß ein Ziel zwar von dem unmittelbar erforderlichen
Aufwand an Mitteln her gesehen durchaus als erstrebenswert
gilt, aber angesichts der unvermeidbaren *Nebenwirkungen
oder Sekundärfolgen* trotzdem aufgegeben werden muß. Dieser Fall ist insbesondere dann gegeben, wenn technische Prozesse bestimmte unerwünschte Einwirkungen auf die Umwelt

wie Lärm, Luftverschmutzung, Verunreinigung des Wassers oder die Emission von Schadstoffen zur Folge haben. In dieser Situation muß durch irgendeine Form der Güterabwägung darüber entschieden werden, ob jeweils der tatsächlich erzielte Nutzen oder die negativen, schädlichen Auswirkungen höher zu veranschlagen sind. Da bei modernen technischen Verfahren die Eingriffe in den eingespielten Gleichgewichtszustand der Naturabläufe an Umfang und Intensität immer mehr zunehmen, wachsen auch die entsprechenden Nebenwirkungen ständig an, so daß eine Selbstbeschränkung in der Anwendung der technischen Mittel immer notwendiger wird.

Die Feststellung, daß erst aus der Verbindung von Wissen *und* Zielsetzung ein subjektiv notwendiger Handlungszwang resultiert, ist an sich ohne weiteres einleuchtend. Ebenso wie in anderen Lebensbereichen ist auch in der Technik die bloße *Kenntnis* der Konsequenzen, die sich aus einer bestimmten Aktion ergeben, keinesfalls hinreichend, um die Notwendigkeit eines entsprechenden Vorgehens zu begründen. Gerade im Fall der hochspezialisierten modernen Technik existieren jedoch durch die bisherigen Maßnahmen vielfältige und weitreichende Vorgaben, die z. B. in Form von Produktions-, Transport- und Versorgungseinrichtungen den jeweiligen Handlungsspielraum von vornherein einengen und damit eine bestimmte Handlungsweise mehr oder weniger erzwingen. Hinzu kommt der Umstand, daß bestimmte Ziele, wie etwa die Entlastung von physischer Arbeit, die Erhöhung der Ausbeute technischer Verfahren oder die Bereitstellung von immer leistungsfähigeren technischen Systemen als so selbstverständlich gelten, daß sie gar nicht mehr ausdrücklich thematisiert und in Frage gestellt werden.

In dieser Situation kann die *Reflexion auf die Zielsetzungen,* die bei einer bestimmten Art des technischen Handelns ausdrücklich oder stillschweigend verfolgt werden, eine *Aufklärungsfunktion* haben: Sie vermag einmal deutlich zu machen, welche Vorgaben man jeweils als schlechthin unabänderlich hinnimmt, obwohl im Prinzip doch immer eine Möglichkeit zu ihrer (schrittweisen) Abänderung besteht; und sie kann ferner durch ausdrückliche Formulierung und Diskussion der Zielsetzungen, die sonst nur intuitiv oder implizit vorausgesetzt werden, aufzeigen, welche Absichten man überhaupt mit einer bestimmten Art des technischen Handelns verfolgt.

Die summarische Redeweise, die besagt, daß die vorhandenen technischen Mittel über die jeweils zu verwirklichenden Ziele entscheiden, läßt sich so auf ihren wahren Kern reduzieren. Dabei wird der hier aufgezeigte, durch die Natur des zweckrationalen technischen Handelns bestimmte, grundsätzliche Zusammenhang keineswegs durch eine davon abweichende Praxis widerlegt. Auch wo tatsächlich unreflektiert von den jeweils vorhandenen Ressourcen und den durch die Forschungs- und Entwicklungsarbeit bereitgestellten technischen Handlungsmöglichkeiten Gebrauch gemacht wird, nur weil sie eben vorhanden sind, ist doch immer eine bestimmte Zielsetzung aufweisbar, von der man sich bei dem betreffenden Handeln leiten läßt.

6. Technischer Fortschritt

Während Wünsche und Bedürfnisse praktisch unbegrenzt entwickelt werden können, sind die Möglichkeiten zu ihrer Erfüllung stets beschränkt. Die Knappheit der Ressourcen zwingt deshalb zu haushälterischem, ökonomischem Wirtschaften: Mittel, die für einen bestimmten Zweck aufgebraucht werden, kommen für andere Zwecke nicht mehr in Frage. Um möglichst viele Bedürfnisse erfüllen zu können, ist man deshalb bestrebt, die jeweiligen Ziele mit möglichst geringem Aufwand zu erreichen. Das „Vernunftprinzip" der Technik (v. Gottl-Ottlilienfeld 2.1, 211) fordert demgemäß, daß stets derjenige Weg gewählt wird, der bei möglichst geringem Aufwand eine möglichst hohe Ausbeute liefert.

Wenn man von diesem Verständnis ausgeht, ist zwangsläufig festgelegt, was jeweils als ein ‚besseres' technisches Verfahren zu gelten hat: Ein technischer Fortschritt liegt immer dann vor, wenn entweder dieselben Leistungen mit geringerem Aufwand erzielt werden können, oder wenn es gelingt, mit demselben Aufwand höhere Leistungen zu erreichen. In diesem Sinne wird denn auch häufig der Wirkungsgrad oder die Effektivität eines technischen Systems als Gradmesser für den technischen Fortschritt betrachtet. Dieser Fortschritt kann im einzelnen darin bestehen, daß völlig neue Systeme konstruiert werden, oder daß es gelingt, bereits bestehende Verfahren zu verbessern. Solche Verbesserungen führen dann je nach der Lage des Falls zu einer Steigerung der Lebensdauer, der Zuverlässigkeit, der Empfindlichkeit, der Genauigkeit, der Geschwindigkeit der Funktionserfüllung sowie zu einer schnelleren und/oder billigeren Herstellung.

Alle technischen Neuerungen beruhen darauf, daß in den jeweiligen technischen Systemen entsprechende Prozesse herbeigeführt und in geeigneter Weise kombiniert werden, so daß sie die erwünschten, nutzbaren Resultate liefern. Dabei lassen sich die Naturabläufe im Rahmen ihrer immanenten Gesetzmäßigkeiten dazu benutzen, um beliebige technische Abläufe zu verwirklichen. Diese Neuerungen stellen zunächst nur eine Abweichung von der bisherigen Praxis dar, die bei neutraler Beurteilung als bloße Änderung einzustufen ist. Damit ein neues Verfahren tatsächlich als technischer Fortschritt gewertet werden kann, müssen darüber hinaus noch ganz bestimmte *Wertungskriterien* herangezogen werden, kraft deren dann der jeweiligen Neuerung der Charakter einer Verbesserung (oder ggf. Verschlechterung) zugesprochen wird.

So gibt es denn auch eine Fülle von Erfindungen und Neuerungen, die auf vorher unbekannten technischen Prinzipien beruhen und trotzdem nicht zur Anwendung kommen, weil ihre praktische Nutzung nicht als wünschenswert betrachtet wird. Unabhängig von der Frage nach der direkten, praktischen Anwendung kann ein neues Verfahren aber doch insofern einen Fortschritt darstellen, als dadurch der Stand des technischen Wissens und Könnens vergrößert wird. Die Redeweise von einem technischen Fortschritt, d. h. von einem positiv zu bewertenden Wandel im Zusammenhang mit der Technik, bedarf also der Differenzierung, wobei mindestens die drei folgenden Gesichtspunkte zu unterscheiden sind:

(1) Ein *ingenieurwissenschaftlicher* Fortschritt liegt immer

dann vor, wenn es gelingt, den Bereich des technischen Wissens und Könnens zu vergrößern. Das maßgebliche Kriterium besteht dabei in der Ausweitung der Aktionsmöglichkeiten, durch die Naturprozesse für menschliche Zwecke eingesetzt werden können: Alle Neuerungen und Erfindungen, auch wenn sie zunächst nicht zur praktischen Anwendung kommen, tragen im Prinzip doch dazu bei, das Arsenal der technischen Handlungsmöglichkeiten zu erweitern. Dieser ingenieurwissenschaftliche Fortschritt ist die notwendige, aber keineswegs hinreichende Vorbedingung für die Realisierung der entsprechenden technischen Verfahren und Systeme. Er schafft im Hinblick auf den technischen Wissensstand die *Voraussetzungen* für die Konstruktion von Artefakten, die in Ausbeute und Leistungsfähigkeit den bisherigen Stand übertreffen.

(2) Der *realisierte* technische Fortschritt kommt zustande, indem aufgrund eines weitgehend durch ökonomische Mechanismen vermittelten Auswahlprozesses ein bestimmter Anteil des ingenieurwissenschaftlichen Fortschritts verwirklicht wird. Dabei ist in neuerer Zeit die Tendenz unverkennbar, möglichst alles, was vom Stand des Wissens und Könnens her machbar ist, auch wirklich in die Tat umzusetzen. Den Maßstab bildet hierbei nicht wie in den Ingenieurwissenschaften das Ausmaß der bloßen Naturbeherrschung, sondern der Grad, in dem die einschlägigen physischen Prozesse von dem erforderlichen Aufwand an Arbeit und Material her gesehen in *effizienter, ökonomischer Weise* für menschliche Zwecke nutzbar gemacht werden können. Deshalb kann z. B. ein Verfahren, das ingenieurwissenschaftlich im Bezug auf die Energieausbeute durchaus vorteilhaft ist, trotzdem aus ökonomischen Gründen, etwa wegen zu teurer Rohstoffe oder einer zu aufwendigen Konstruktion, verworfen werden. Während vom ingenieurwissenschaftlichen Standpunkt aus allein die physischen Prozesse und technischen Abläufe interessieren, findet hier eine – explizite oder implizite – Kosten- und Nutzenabwägung statt, wobei der erforderliche Aufwand zu der Leistung des betreffenden technischen Systems in Beziehung gesetzt wird. Die einschlägigen wirtschaftlichen Prozesse ste-

hen dabei letzten Endes immer nur im Dienste dieses allgemeinen Selektionsverfahrens, in dem über die Wünschbarkeit und damit auch über den ‚fortschrittlichen‘ Charakter der in Frage kommenden technischen Neuerungen befunden wird.

(3) Das heute vielfach anzutreffende Unbehagen an der Technik deutet darauf hin, daß die tatsächlichen Veränderungen hier keineswegs immer zu einer echten Verbesserung führen müssen. Neben der faktisch vorliegenden Technikentwicklung ist deshalb als weitere Größe noch der im *Idealfall* erstrebenswerte Wandel der Technik in Betracht zu ziehen, der im eigentlichen, positiven Sinne einen Fortschritt darstellen würde. Unabhängig davon, wie die inhaltliche Konkretisierung eines solchen normativen Fortschrittsbegriffs aussehen mag, kann sie doch immer nur auf einen Vergleich des erstrebten, späteren mit dem vorhergehenden, früheren Zustand beruhen. Hier ist also ebenfalls eine Abwägung erforderlich, wie sie im Prinzip auch bei dem unter (2) dargestellten Ausleseprozeß erfolgt. Eine Kritik der tatsächlich praktizierten Entscheidungsverfahren würde also darin bestehen, daß man die derzeit maßgeblichen *Kriterien* in Frage stellt, die wesentlich auf kurzfristige Ziele, auf ein quantitatives Wachstum und auf die physischen Leistungen der Technisierung ausgerichtet sind, während die langfristigen kulturellen und sozialen Auswirkungen ebenso wie die Folgen für die Bewohnbarkeit der Erde kaum in Betracht gezogen werden. Ein angemessenes Verständnis dieser Problematik läßt sich jedoch nur gewinnen, wenn man den *historischen* Prozeß ins Auge faßt, der zu der gegenwärtigen Situation geführt hat.

IV. Der Weg zur modernen Technik

1. Die soziokulturelle Betrachtungsweise

Der Ingenieur und der naturwissenschaftlich orientierte Technikhistoriker sehen in technischen Prozessen und Systemen in sich abgeschlossene Objekte, die allein im Hinblick auf ihre Konstruktionsprinzipien und ihren Wirkungsmechanismus zu untersuchen sind. Die Menschen, durch deren Handlungen die technischen Artefakte zustande kommen, die Motive, von denen sie sich dabei leiten lassen, und erst recht die Rückwirkungen der Technik auf das soziale, kulturelle und geistige Leben werden dabei nicht näher in Betracht gezogen. Diese abstrahierende und zugleich vergegenständlichende Sichtweise ist fruchtbar und sogar unerläßlich, wenn es darum geht, die spezifisch technische Seite und die methodologischen Prinzipien der jeweiligen Aktionen deutlich zu machen.

So wichtig eine solche Analyse für die Erforschung der immanent technischen Fragen ist, so wenig wird damit das eigentliche Problem der Technik ausgeschöpft. Dies zeigt sich besonders deutlich in der unpersönlichen Redeweise der Natur und Ingenieurwissenschaften, die technische Phänomene wie objektiv existierende Gegebenheiten sprachlich in der dritten Person abhandeln (P. Ducassé *1.12, 27*), obwohl sie nur durch menschliche Aktionen zustande kommen. Deshalb müssen dann die jeweiligen Zielsetzungen, die überhaupt erst zu technischen Maßnahmen führen, und die Rückwirkungen der Technik auf den Menschen von ‚außen' als externe Variable an das vermeintlich objektive technische Geschehen herangetragen werden. In Wirklichkeit ist das komplexe Phänomen Technik aber immer *gleichzeitig* Indienstnahme der Naturkräfte und soziokultureller Prozeß. Je nachdem, wie man die Akzente hier setzt, ist also eine ‚technozentrische‘ oder eine ‚soziozentrische‘ Betrachtungsweise möglich. Insgesamt gesehen muß dabei das Gewicht eindeutig auf seiten der sozialen und kulturellen Voraussetzungen und Folgen der Technisierung liegen, durch die alles ingenieurwissenschaftliche Handeln erst seinen Stellenwert erhält.

Sobald man die Wechselbeziehung von Mensch und Technik näher ins Auge faßt, wird deutlich, daß der Mensch nicht nur Schöpfer, sondern gleichzeitig auch Geschöpf der Technik ist. Hier liegt ein wechselseitiges Bedingungsverhältnis vor, das in der Abstraktion und zum Zweck der analytischen Differenzierung in zwei Komponenten aufgespalten werden kann: (1) Die Erzeugung der Technik durch den Menschen und (2) die Formung des Menschen durch die (von ihm selbst hervorgebrachte) Technik. Nur unter Berücksichtigung dieser *beiden* Momente, die sich nur begrifflich, aber nicht der Sache nach voneinander trennen lassen, ist eine ausgewogene Beurteilung möglich. Dabei schafft sich einerseits der Mensch als das „noch *nicht festgestellte Tier*“ (Nietzsche 4.22 II, 623) durch technisches Handeln und technische Artefakte je aufs neue und in historisch wechselnder Gestalt seine konkrete Umwelt. Und andererseits wirkt der Vollzug dieses technischen Handelns und das Leben in der so geschaffenen ‚zweiten Natur‘ wiederum als prägende Kraft auf den Menschen zurück, wobei eine der wesentlichen Fragen darin besteht, wie dieser Einfluß gegenüber anderen sozialen, kulturellen und geistigen Faktoren abzugrenzen ist.

2. Die historische Determination

Die physischen Prozesse, die in technischen Systemen ablaufen, und die methodischen Prinzipien, nach denen sie herbeigeführt und für menschliche Zwecke nutzbar gemacht werden, sind durch die Struktur der materiellen Welt bestimmt. Die immer gleichen Naturgesetze sichern den physischen Abläufen einen ‚überhistorischen' Charakter; trotz des unterschiedlichen *subjektiven* Wissensstandes ist die *objektive* Struktur der Naturprozesse dem zeitlichen Wandel enthoben. Für die sozialen und kulturellen Prozesse, die in konkreten historischen Situationen auftreten, lassen sich keine vergleichbaren allgemeingültigen Gesetze angeben. Im Gegensatz zu den physischen Abläufen, die anhand wiederholbarer Experimente in isolierter Form untersucht werden können, besteht das historische Geschehen aus einmaligen Ereignissen, die stets in einen umfassenderen Zusammenhang eingeordnet sind.

Die Chance, für die *historische* Entwicklung der Technik über eine summarische Beschreibung oder erzählende Darstellung hinaus zu universellen Aussagen zu kommen, ist von der Natur der Sache her geringer als im Fall methodologischer Untersuchungen. Trotzdem kann man auch hier auf eine Strukturanalyse nicht verzichten, wenn die von sich aus stumme Vergangenheit gedanklich erfaßt werden soll. Erst durch ein bestimmtes Begriffssystem, geeignete Unterscheidungskriterien für Wichtiges und Belangloses und ein allgemeines theoretisches Konzept lassen sich die überlieferten Quellen, die zunächst nur eine willkürliche Ansammlung von historischen Daten darstellen, zu einem geschlossenen Bild zusammenfassen. Je nachdem, von welchem theoretischen Ansatz man dabei ausgeht, wird sich auch eine unterschiedliche Darstellung und Deutung der technischen Entwicklung ergeben (Hübner *1.15*, 14), wobei aber gleichwohl durch den Untersuchungsgegenstand ein gemeinsamer Bezugspunkt gegeben ist, der es im Prinzip gestattet, die verschiedenen Konzeptionen auf ihren Sachgehalt hin zu vergleichen.

Die Geschichte kennt die verschiedensten Hochkulturen mit erstaunlicher handwerklicher und künstlerischer Perfektion. Die industrielle Technik, die heute das Schicksal der gesamten Menschheit bestimmt, ist jedoch ausschließlich in einer ganz bestimmten Epoche der europäischen Geschichte entstanden und hat sich von hier aus über die ganze Welt verbreitet. Damit stellt sich insbesondere die Frage, ob die spezifischen Konstellationen der abendländischen Geschichte *unausweichlich* zur Technik in ihrer modernen Form führen

mußten. Eine solche quasiteleologische Interpretation, bei
der alle einschlägigen vorhergehenden Ereignisse als Vor-
stufen eines zwangsläufig zur Technisierung hindrängenden
Prozesses gedeutet werden, läßt sich zwar *im nachhinein* immer konstruieren; doch der Wahrheitsgehalt einer solchen
These ist empirisch nicht nachweisbar.

Dies wird deutlich, wenn man statt der Verknüpfung zwischen vergangenen Ereignissen die Verbindung zwischen einer
vorliegenden Situation und den zukünftigen Verhältnissen
ins Auge faßt. So läßt sich z. B. die Frage, zu welchen Ergebnissen der gegenwärtige Stand der Technisierung notwendigerweise führen muß, keineswegs eindeutig beantworten;
denn augenblicklich sind sowohl verstärkte Ausbreitungsten-
denzen als auch Gegenkräfte zur Technik erkennbar. Ein
analoger Einwand ergibt sich aus der Tatsache, daß während
des Mittelalters in China und in den arabischen Ländern ein
technischer Stand herrschte, der mit dem europäischen durchaus vergleichbar war, wobei sich aber keineswegs mit Sicherheit voraussehen ließ, daß die europäische Technik schließlich
zur Industriellen Revolution führen würde. Die Unbestimmt-
heit der künftigen Entwicklung, die in diesen Beispielen zum
Ausdruck kommt, ist offensichtlich nicht durch den unzulänglichen subjektiven Wissensstand bedingt, sondern in der objektiven Offenheit des historischen Geschehens begründet.

Wenn es auch bei historischen Untersuchungen nicht möglich ist, die *Folgen* anzugeben, zu denen ein vorgegebenes Ereignis zwangsläufig führen wird, so lassen sich doch immer
die *Bedingungen* aufzeigen, die vorhanden sein müssen, damit ein bestimmter Geschichtsverlauf überhaupt eintreten
kann. So ist es z. B. möglich, aus der Tatsache, daß zwischen
1760 und 1840 in Europa die Industrielle Revolution statt-
gefunden hat, auf die sachlich unerläßlichen ideellen, physischen und sozialen Voraussetzungen zu schließen, ohne die
dieses Ereignis in der faktisch eingetretenen Form gar nicht
möglich gewesen wäre (vgl. v. Wright *3.10*, 61–70).

Die Voraussetzungen, die schließlich die industrielle Technik *ermöglicht* haben, lassen sich also durch einen Rückblick
auf den tatsächlichen historischen Werdegang aufzeigen. Aber

man kann nicht beweisen, daß diese Vorbedingungen auch unausweichlich zu dem jeweiligen Resultat führen mußten. In diesem Sinne werden in den späteren Abschnitten dieses Kapitels die sozialökonomischen, die technischen und die geistigen Voraussetzungen für das Entstehen der modernen Technik untersucht. Das Fehlen einer strengen Determination für historische Prozesse schließt jedoch keineswegs aus, daß innerhalb geschichtlicher Situationen jeweils mehr oder weniger ausgeprägte Zeitströmungen und Tendenzen wirksam sind, die aller Voraussicht nach in der überschaubaren Zukunft zu bestimmten Ergebnissen führen werden. Derartige Trends legen jedoch keinen zwangsläufigen Geschichtsverlauf fest und liefern deshalb auch keine Möglichkeit zu sicheren Vorhersagen.

Die Entwicklung, die schließlich zur industriellen Technik geführt hat, stellt trotz ihrer vielfältigen Verästelungen ein in sich geschlossenes Phänomen dar, das nicht in isolierte Aspekte aufgespalten werden kann. Deshalb sind denn auch alle Konzeptionen zum Scheitern verurteilt, die darauf hinauslaufen, das komplexe Geschehen, dem die moderne Technik ihr Entstehen verdankt, durch eine ,Ein-Faktor-Theorie' zu erklären (vgl. Lenk-Ropohl *1.20*, 112). Trotzdem ist man aus methodischen Gründen gezwungen, hier gewisse begriffliche Differenzierungen einzuführen und das Gesamtproblem in größere, in sich zusammenhängende Phänomenbereiche aufzugliedern. Nur dadurch wird eine systematische Analyse möglich, die Einblick in die Struktur des andernfalls nur in amorpher Form faßbaren Gesamtgeschehens gibt.

3. Magisches und technisches Denken

Die zentrale Bedeutung der Technik für die Moderne, die schon rein äußerlich in der Redeweise vom ,technischen Zeitalter' zum Ausdruck kommt, versperrt leicht den Blick dafür, daß es technisches Handeln gegeben hat, solange die Menschheit existiert. Um sein Dasein zu sichern, war der Mensch zu allen Zeiten auf zweckmäßige Verfahren und entsprechende Werkzeuge angewiesen. Die Aufgaben, um die es dabei ging, haben sich im Verlauf der historischen Entwicklung grundsätzlich nicht geändert, wenn sie auch aufgrund neuer technischer Möglichkeiten und den entsprechend gestiegenen Bedürfnissen vielfältiger geworden sind und heute durch hochkomplizierte, leistungsfähige – und dementsprechend auch störanfällige – Apparaturen gelöst werden. Die Grundbedürfnisse, die aus der biologischen Verfassung des Menschen resultieren, sind historisch invariant: Um in einer weithin feindlichen Umgebung überleben zu können, ist er auf Nahrung, Kleidung und Unterkunft angewiesen; er muß sich fortbewegen, mit anderen Menschen in Kommunikation treten, Feinde abwehren und im Krankheitsfall die Gesundheit wiederherstellen. Unter diesem Gesichtspunkt ist die Einführung von Pfeil und Bogen als Jagd- oder Kriegswaffe ebenso wichtig wie die Erfindung des Schießpulvers, die Entdeckung des Rades oder das Züchten von Pferden genauso folgenreich wie die Erfindung von Automobilen oder Flugzeugen, und der Bau von Lehmhütten stellt eine ebenso bedeutsame Neuerung dar wie die Konstruktion von Wolkenkratzern.

Charakteristisch für alle technischen Verfahren ist von Anfang an die *Distanzierung* von den konkreten Gegebenheiten. Im Gegensatz zu den Tieren, die sich immer an den unmittelbar vorliegenden Möglichkeiten ihrer Umgebung orientieren, gibt sich der Mensch nicht mit dem Vorhandenen zufrieden. Er nimmt gleichsam Abstand von der gegebenen Situation und ist darauf bedacht, sie schöpferisch umzugestalten. Dabei werden die jeweiligen Zielsetzungen nicht direkt, sondern immer auf einem Umweg erreicht. An die Stelle der unmittelbaren Bedürfnisbefriedigung treten u. U. sehr komplizierte und langwierige technische Maßnahmen (Bereitstellung von Arbeitsmaterial, Herstellung von Geräten und Hilfseinrichtungen), die dann erst im Endergebnis das erstrebte Resultat liefern. Durch das technische Handeln „negiert" der Mensch die vorgefundene Natur, indem er sie bewußt und zielstrebig im Sinne seiner Vorstellungen und Wünsche zu einer „Übernatur" umgestaltet (Ortega y Gasset *1.25*, 25 f.).

84

Eine Vorform des technischen Handelns stellen die *magischen* Verfahrensweisen dar. Die zentrale Figur ist dabei der Schmied, weil ihm allein die Geheimnisse der für die prähistorische Entwicklung ausschlaggebenden Metallverarbeitung vertraut sind. Sein Tun ist von magischen Praktiken, Riten und Symbolen begleitet, die durchweg ambivalenten Charakter haben: Sie zeigen, daß man in der Gewinnung und Verarbeitung des Eisens den ersten Schritt in eine neue und gefährdete Dimension des menschlichen Handelns sah, das als freventlicher Eingriff in die göttliche Naturordnung und zugleich als Verheißung einer höheren Kulturstufe empfunden wurde (M. Eliade *4.8*, 28–39). Der ‚Weisheit des Mythos' war also die Doppeldeutigkeit der Technik, die gerade in unserer hochtechnisierten Welt unübersehbar in Erscheinung tritt, schon immer geläufig. So wird zum Beispiel Hephaistos, der Gott der Schmiede, wegen seines Könnens bewundert, doch sein Tun gilt gleichzeitig auch als arglistig und verhängnisvoll; und das Scheitern der technischen Hybris findet in den mythischen Gestalten des Ikarus und des Prometheus seinen symbolischen Ausdruck.

Aufschlußreich ist die Strukturähnlichkeit zwischen magischem und technischem Handeln. So sieht Ellul in den magischen Praktiken eine Frühform der technischen Verfahren, weil in beiden Fällen die Aufgabe darin besteht, ein vorgegebenes Ziel möglichst zuverlässig und ohne großen Aufwand zu erreichen. Wenn die magischen Handlungen nicht den gewünschten Erfolg hatten und z. B. der ersehnte Regen ausblieb, war man weit eher geneigt, dem jeweiligen Magier die Schuld zu geben als dem angewandten Verfahren. Ellul meint, daß auch der Grund für die Bewunderung der modernen Technik in der tief verwurzelten Verehrung des Menschen für die erstaunlichen und rätselhaften Leistungen seines eigenen Tuns zu suchen ist (*5.4*, 24–27).

Trotz der äußeren Gleichartigkeit bestehen jedoch tiefgreifende Unterschiede zwischen Magie und Technik, die bereits E. Cassirer herausgearbeitet hat. Wie er aufzeigt, sind hier jeweils das Handeln des Menschen, sein Verhältnis zur Natur und der Möglichkeitsspielraum für seine Aktivitäten von

Grund auf verschieden. In den magischen Praktiken wird das erstrebte Geschehen als Wunschbild gedanklich vorweggenommen und durch Wort- und Bildzauber vergegenwärtigt. Je präziser die magische Vorwegnahme erfolgt, um so eher wird diesem Verständnis nach die jeweilige Handlung (Kriegszug, Jagd- oder Fischfang) gelingen, weil sich die wirklichen Abläufe diesem konzentrierten Bann nicht entziehen können. Schon das magische Denken kennt also eine bestimmte Ordnung der Naturprozesse, die aber ganz und gar anthropomorph und animistisch aufgefaßt werden. Damit löst sich der Mensch von den unmittelbar vorliegenden Gegebenheiten. Er entwirft von sich aus das Bild des erstrebten zukünftigen Geschehens und macht den ersten Schritt zu einer bewußten, planmäßigen Weltgestaltung.

Dabei fehlt jedoch die sachlich-nüchterne Distanz zu den Naturprozessen, die für das moderne wissenschaftliche und technische Weltverständnis charakteristisch ist. Der magischen Identifizierung von Ich und Welt entsprechend, gelten die Naturabläufe nicht als vom Menschen unabhängige, selbständige Phänomene, die ihren eigenen spezifischen Gesetzen unterliegen und eben dadurch die Möglichkeiten und Grenzen der menschlichen Einflußnahme festlegen. Dagegen wird in der modernen Naturwissenschaft und Technik das Gefüge der Naturabläufe bewußt auf die ihm immanenten Strukturgesetze hin untersucht, und erst das Wissen von dieser gesetzmäßigen Ordnung, die sich von den magischen Vorstellungen grundsätzlich unterscheidet, macht dann eine systematische Indienstnahme der Naturkräfte möglich (Cassirer *1.9*, 31–34). – Das technisch-wissenschaftliche Naturverständnis ist also gleichzeitig bescheidener und anspruchsvoller als die magische Naturauffassung: Man akzeptiert von vornherein die für die Magie nicht existierenden Grenzen der menschlichen Einflußmöglichkeit; *innerhalb* dieser Schranken, die durch eine systematische Forschung immer weiter hinausgeschoben werden, findet dann aber eine totale und allumfassende Indienstnahme und Umgestaltung der Natur statt, wie sie dem magisch-animistischen Denken völlig fernliegt.

Cassirer lehnt das magische Weltbild, bei dem der Natur

„das eigene Wünschen und Wähnen bloß untergeschoben wird", als subjektiv und unwissenschaftlich ab *(1.9,* 34). In der Tat wird heute niemand mehr bereit sein, wissenschaftliche oder technische Probleme durch magische Praktiken zu lösen. Doch dieser irreversible Aufklärungsprozeß hat seinen Preis. Wir haben gelernt, die Natur nicht mehr als einen beseelten und geheiligten Kosmos zu betrachten, in den auch der Mensch eingeordnet ist, sondern als eine uns gegenüberstehende, neutrale Ansammlung von Materie, mit der im Rahmen der Naturgesetze nach Belieben verfahren werden kann. Das Ergebnis ist die moderne Technik, die zugleich mit ihren unverkennbar positiven Leistungen auch die Möglichkeit für einen apokalyptischen Atomkrieg und für die Zerstörung der natürlichen Umwelt geschaffen hat. Damit stellt sich die Frage, ob die radikale Emanzipation des Menschen von der Natur wirklich in jeder Hinsicht einen Fortschritt bedeutet.

Hübner hat darauf hingewiesen, daß mythische und wissenschaftliche Erfahrung inkommensurabel sind. Weil beide auf einem umfassenden apriorischen Entwurf der Welterfahrung beruhen, fehlt es an einer verbindlichen Bezugsinstanz, die hier über wahr oder falsch entscheiden könnte *(4.13).* Fest steht allerdings, daß man sich in Europa schon vor Jahrtausenden auf den Weg der Vernunft und der Wissenschaftlichkeit begeben hat, der – gerade auch durch die Vermittlung von Naturwissenschaft und Technik – zur Norm für die gesamte Menschheit geworden ist. Die *äußere* Überlegenheit des wissenschaftlichen Weltverständnisses, das zu den imponierenden Leistungen der modernen Technik geführt hat, ist unverkennbar. Weil die ganze Tatkraft auf die instrumentelle Effizienz in der Naturbeherrschung gerichtet ist, wird den *inneren* menschlichen Problemen jedoch zwangsläufig weniger Aufmerksamkeit gewidmet. Im Gegensatz zu den eindeutigen wissenschaftlich-technischen Leistungen ist hier insgesamt gesehen eher eine Verarmung festzustellen.

Angesichts der drohenden Zerstörung des ökologischen Gleichgewichts und der beschränkten Vorräte an mineralischen Rohstoffen und fossiler Energie wird denn auch heute gelegentlich die Rückkehr zu einem ‚brüderlichen' und geheiligten Naturverständnis gefordert. Eine solche Auffassung, die z. B. für Franz von Assisi charakteristisch war und auch in der Romantik noch anklingt, würde jedoch einen grundsätzlichen Wandel des rationalen und aufgeklärten modernen Bewußtseins voraussetzen. Doch der eingetretene Versachlichungsprozeß läßt sich nicht einfach rückgängig machen. Nachdem das Verhältnis zur Natur nicht mehr durch eine spontane affektive Beziehung, sondern durch den rationalen Kalkül bestimmt ist, kann auch die heute unerläßlich gewordene Selbstbeschränkung des technischen Handelns nur aus der bewußten Überlegung und nicht mehr aus dem unmittelbaren Erleben stammen. Es bleibt nur der Weg nach vorn, der den Bereich der Ratio ganz ausschöpft und eben dadurch zu einem geläuterten Naturverständnis führt. In diesem Sinne hat H. v. Kleist formuliert, wir müßten „wieder von dem Baum der Erkenntnis essen, um in den Stand der Unschuld zurückzufallen"; darin sieht er „das letzte Kapitel von der Geschichte der Welt" (*5.19*, 831).

4. Sozioökonomische Bedingungen

Die Eigenart der modernen Technik wird deutlich, wenn man der Entwicklung nachgeht, die zu dem heutigen Zustand geführt hat. Eine solche historische Analyse kann gleichzeitig auch zu einem besseren Urteil über die Einflußmöglichkeiten auf den künftigen Technisierungsprozeß beitragen. Dabei liefert die historische Rückschau zunächst immer nur Aufschluß über die *zeitliche Koinzidenz* von bestimmten Ereignissen. Darüber hinausgehende Aussagen über die *kausalen Abhängigkeitsverhältnisse* setzen die zusätzliche Kenntnis der einschlägigen Wirkungsmechanismen voraus, die in der Regel gar nicht empirisch nachweisbar sind und nur hypothetisch angenommen werden können. Für die Technikentwicklung wird diese Problematik insbesondere dann relevant, wenn die Bedeutung der Ideal- und Realfaktoren für das Entstehen der modernen Technik geklärt werden soll.

Unabhängig davon, wie die Frage nach den ‚letzten' Ursachen der Technisierung zu beantworten ist, lassen sich jedoch immer bestimmte soziale und ökonomische *Vorbedingungen* aufweisen, ohne die ein entsprechendes technisches Handeln nicht möglich ist. Alle technischen Aktionen, die über elementare, individuelle Maßnahmen hinausgehen, sind ihrer Natur nach *gesellschaftlicher* Art. Ihre Ausführung und ihre Wirkungen betreffen nicht nur einen einzelnen, sondern immer eine ganze Gruppe von Individuen und im Grenzfall die Gesellschaft insgesamt. Die Herstellung (Produktion), die Verteilung (Distribution) und der Verbrauch (Konsum) technischer Güter werden durch ökonomische Austauschprozesse vermittelt und jeweils durch verschiedene Handlungsträger vollzogen. Dabei läßt sich eine Steigerung der Effizienz und damit auch der Komplexität der technischen Systeme nur durch ein entsprechend hohes Maß an Arbeitsteilung erreichen. Die Folge ist, daß auch innerhalb der einzelnen Aktionsschritte eine steigende Zahl von Individuen sehr spezielle Aufgaben übernimmt. Mit zunehmendem Technisierungsgrad tritt deshalb in der beruflichen und der privaten Sphäre eine immer engere Verflechtung zwischen den technischen Prozessen und dem sozialen Geschehen ein.

Dabei ist eine doppelte Abhängigkeit festzustellen: Einerseits können technische Neuerungen zum Anlaß für soziale Veränderungen werden. Bekannte Beispiele hierfür bilden die Entstehung des Industrieproletariats in der Frühzeit der Industrialisierung oder die Serienproduktion und die technische Rationalisierung, die in den Industrienationen eine einheitliche Massenzivilisation ermöglicht haben. Andererseits ist aber auch die technische Entwicklung an die jeweiligen sozialen Gegebenheiten gebunden. Denn in einer bestimmten Epoche lassen sich die vom Stand des Wissens und Könnens her grundsätzlich möglichen technischen Neuerungen nur insoweit realisieren, wie die erforderlichen sozialen und ökonomischen Strukturen vorhanden sind bzw. im Hinblick auf die jeweiligen technischen ‚Erfordernisse' hergestellt werden können. Diese wechselnde Verknüpfung erlaubt es, in zusammenfassender Redeweise von einem ‚soziotechnischen' System zu sprechen, das in wesentlichen Merkmalen durch die Art der jeweils angewandten Technik bestimmt ist.

Für den hier eintretenden historischen Wandel werden unterschiedliche Triebkräfte verantwortlich gemacht. In der Nachfolge von K. Marx sehen marxistische Theoretiker im Prozeß der Produktion materieller Güter die eigentliche dynamische Kraft, die entsprechende soziale Veränderungen erzwingt. Die heuristische Fruchtbarkeit dieser Betrachtungsweise ist unbestritten. Marx hat im 19. Jahrhundert in hellsichtiger Vorausschau die Bedeutung der technischen Entwicklung für das moderne wirtschaftliche und soziale Geschehen ebenso erkannt wie die Dynamik der kapitalistischen Produktionsweise. Nicht haltbar ist dagegen die schematische Festlegung auf die vier historischen Entwicklungsstadien der Sklavenhaltergesellschaft, des Feudalismus, des Kapitalismus und des Kommunismus sowie die ausschließliche Deutung der Sozialgeschichte als einer Geschichte von Klassenkämpfen. Diese Thesen werden denn auch von den Vertretern des Neomarxismus in verschiedener Weise abgeschwächt oder sogar völlig fallengelassen (vgl. H. Fleischer *4.9*). Im orthodoxen Marxismus der Länder des Ostblocks ist dagegen die Entwicklung der Technik, die einen Überfluß an materiellen Gütern herbeiführen soll, zur entscheidenden Bezugsgröße und zur staatlich propagierten Norm geworden, die W. I. Lenin auf die prägnante Formel gebracht hat: „Kommunismus ist Sowjetmacht plus Elektrifizierung des ganzen Landes" (*5.24*, 414).

Für W. Sombart ist der industrielle Kapitalismus das Werk bedeutender Unternehmerpersönlichkeiten und nicht das Resultat „einer ‚kollektivistischen', gleichsam vegetativen Entstehensweise" (*4.27*, 836). Während die Dorfgemeinschaft oder die Zünfte ihre Entstehung anonymen, organischen Wachstumsprozessen verdanken, beruht der Kapitalismus auf rationalen, wohlüberlegten und weitschauenden Planungen, die immer die schöpferische Tat einzelner Unternehmerpersönlichkeiten sind. Die umstürzlerischen Neuerungen dieser wagemutigen Männer brechen völlig mit den überkommenen

Traditionen der bäuerlichen Wirtschaftsführung oder der gewerblichen und kommerziellen Handwerker: Nicht mehr das „Bedarfsdeckungsprinzip" entscheidet, sondern die auf Expansion und Profit gerichtete Berechnung (836 f.). – Die Deutung von Marx und die von Sombart müssen einander jedoch nicht unbedingt widersprechen; sie sind vereinbar, wenn man sie als abstrakte und kollektive bzw. als konkrete und individuelle Erklärung des sozioökonomischen Wandels auffaßt.

In seiner These von der Schlüsselrolle des Unternehmers, wie ihn z. B. W. v. Siemens verkörpert, der zugleich wirtschaftlich und technisch schöpferisch ist, bezieht sich Sombart auf das vorwärtsdrängende, auf ständige Veränderung und Ausdehnung gerichtete Streben der kapitalistischen Wirtschaftsordnung. Heute ist allerdings in den westlichen Industrienationen an die Stelle des risikofreudigen Unternehmers weitgehend der funktional beliebig einsetzbare Manager getreten, der sich vom Typ her bemerkenswerterweise von dem Funktionär planwirtschaftlicher Systeme kaum noch unterscheidet, da beide in erster Linie mit routinemäßiger, anonymer Büro- und Kommissionsarbeit beschäftigt sind. Die ökonomische Dynamik ist in der privatkapitalistischen Marktwirtschaft ebenso wie in der staatskapitalistischen Planwirtschaft heute nicht mehr in erster Linie an aktive, schöpferische Individuen gebunden, sondern in dem Mechanismus von wissenschaftlich-technischem Fortschritt und Wirtschaftswachstum weitgehend institutionell vorgegeben.

Die Funktion des Unternehmers wird nach J. A. Schumpeter in Zukunft zunehmend an Bedeutung verlieren, weil technische Neuerungen als Auftragsarbeit von Spezialisten geliefert werden und genaue ökonomische Vorausberechnungen die „Romantik des geschäftlichen Abenteuers" und die „geniale Erleuchtung" überflüssig machen. Ferner ist es heute nicht mehr nötig, den Widerstand von Produzenten und Konsumenten gegenüber neuartigen Produkten zu überwinden, weil technische Neuerungen weithin ohne Prüfung als Verbesserungen empfunden werden – selbst dann, wenn sie etwa im Hinblick auf die Zuverlässigkeit oder die Lebensdauer tatsächlich einen Rückschritt bedeuten (5.35, 215 f.).

B. F. Hoselitz zeigt anhand der Entwicklung Japans und der Maori auf Neuseeland, daß ökonomischer Wandel nicht allein auf der Wechselbeziehung zwischen Klassenstruktur und Produktionsweise oder auf der „sozialen Abweichung" aktiver Unternehmerpersönlichkeiten beruhen muß, sondern auch durch eine neue gesellschaftliche Elite zustande kommen kann. Dabei werden die überkommenen Sozialstrukturen im wesentlichen unverändert beibehalten, aber von der neuen Führungsschicht im Sinne veränderter Wertvorstellungen uminterpretiert. Hoselitz sieht in dieser Art des ökonomischen Wandels eine Möglichkeit, wie Entwicklungsländer einen wirtschaftlich und technisch befriedigenden Stand erreichen können, ohne die sozialen Verhältnisse in den Industrienationen kopieren zu müssen (4.12, 48–53).

Die Ursprünge des für die industrielle Technik charakteristischen, bewußt kalkulierenden Wirtschaftens lassen sich zurückverfolgen bis auf die europäischen Städte des Mittelalters. Mit ihren Kaufleuten und Zunfthandwerkern und der genossenschaftlich organisierten *Bürgergemeinde,* die sich rechtlich scharf von der sie umgebenden *Agrargesellschaft* abhebt, unterscheiden sich diese mittelalterlichen Gemeinwesen grundsätzlich von den Städten anderer Kulturen, in denen man eine solche Trennung nicht kennt. Durch die Auseinandersetzung zwischen der Kirche und den verschiedenen Staatsgebilden findet im Hochmittelalter ferner auch eine Trennung der weltlichen von der religiösen Sphäre statt. Dieser Prozeß der Differenzierung und Säkularisierung hat die Voraussetzung für die Idee des souveränen Staates und des modernen Repräsentativsystems geschaffen und die Freisetzung eines rein innerweltlich orientierten Arbeitsethos ermöglicht, das dann für die wirtschaftliche und technische Entwicklung im kapitalistischen Wirtschaftssystem bestimmend wird. Dabei kann der mittelalterliche Handels- und Finanzkapitalismus mit seinem Sinn für exakte Planung und Berechnung als Wegbereiter des späteren Industriekapitalismus betrachtet werden (O. Brunner 4.4, 91–101).

An den Ereignissen, die in der Folgezeit zur Technisierung beigetragen haben, sind die einzelnen europäischen Nationen in unterschiedlicher Weise beteiligt: Die Entdeckungsfahrten, die zum Aufbau der Kolonialreiche, zum Überseehandel und damit zur Kapitalanhäufung führten, sind eine Leistung der Spanier und Portugiesen. Die Erschließung neuer Energiequellen und mechanischer Produktionsverfahren in der Industriellen Revolution beginnt in England in der Mitte des 18. Jahrhunderts und erfaßt dann der Reihe nach die übrigen europäischen Länder. Etwa gleichzeitig damit kommt in der Französischen Revolution die Idee der repräsentativen Demokratie zum Durchbruch, die dann zur allgemein anerkannten politischen Normvorstellung wird.

Man kann ohne Übertreibung sagen, daß die Gegenwart wesentlich durch zwei Prinzipien bestimmt wird: Durch die Idee der *Demokratie* mit ihrem Ideal der Gleichheit und der Volkssouveränität und durch die aus der Verbindung von experimentell-mathematischer Naturwissenschaft und industrieller Produktion hervorgegangene moderne *Technik,* wobei heute jedoch allgemein die Tendenz besteht, im Konfliktfalle den technisch-ökonomischen ,Sachzwängen' den Vorrang gegenüber den individuellen Freiheitsrechten einzuräumen. Der Zusammenhang von industrieller Technik und Gleichheitsidee ist unverkennbar: Beide gehen auf denselben intellektuellen Ursprung zurück, denn die demokratischen Ideale beruhen ebenso wie die Idee der systematischen Naturerkenntnis und ihrer rationellen technischen Anwendung auf dem versachlichten, innerweltlichen Vernunftdenken, das in der Aufklärung kulminiert. In praktischer Hinsicht bildet die Egalisierung von Einkommen und Geschmack die Voraussetzung für die Massenproduktion, ohne die eine leistungsfähige industrielle Technik nicht denkbar wäre; und die moderne Technik schafft ihrerseits die Möglichkeit, das Gleichheitsideal in materieller Hinsicht weitgehend zu verwirklichen.

Das eigentliche Stimulans der kapitalistischen Wirtschaft kann man mit Schumpeter in einem dynamischen Prozeß der „schöpferischen Zerstörung" sehen, durch den beständig alte Strukturen zerstört und neue geschaffen werden. Dabei handelt es sich jeweils um neue Konsumgüter, neue Produktions- und Transportmethoden, neue Märkte oder neue Formen der industriellen Organisation (5.35, 137 f.). Während für die westlichen Industrienationen der im Marktmechanismus verankerte Konkurrenzkampf und das Gewinnstreben als Ursache für diesen beständigen Entwicklungs- und Erneuerungsprozeß namhaft gemacht werden können, entfällt eine solche Begründung für das System der kommunistischen Planwirtschaft. Gleichwohl ist Schumpeters Beschreibung der Dynamik der industriellen Technik in ihren Grundzügen auch auf diese Staaten anwendbar. Darin wird deutlich, daß die moderne industrielle Technik, die durch die kapitalistische Wirtschaftsform in Gang gesetzt wurde, nunmehr in weltweitem Maßstab ein vom Wirtschaftssystem weitgehend unabhängiges ‚Eigenleben' entfaltet, das allein mit ökonomischen Kategorien nicht mehr zureichend erfaßt werden kann.

5. Technische Grundlagen

Vom Menschen als dem agierenden *Subjekt* her gesehen ist das technische Handeln immer an entsprechende soziale Strukturen und ökonomische Prozesse gebunden. Im Bezug auf die physische Welt, als dem bearbeiteten *Objekt,* finden diese Voraussetzungen ihr Gegenstück in dem jeweiligen Stand der technischen Ressourcen, denn die technische Nutzung der Naturkräfte ist nur insoweit möglich, wie die erforderlichen materiellen Hilfsmittel (Rohstoffe, Werkzeuge, Energie) und der notwendige ideelle Erkenntnisstand (handwerkliche Erfahrungsregeln und/oder wissenschaftliche Erkenntnisse) vorhanden sind.

Schon in der Antike waren Getriebekonstruktionen bekannt; dennoch ist die mechanische Technik kaum ausgebaut. Die zahlreichen spielerischen Apparaturen des Mechanikers Heron von Alexandria aus dem ersten nachchristlichen Jahrhundert haben neben der Benutzung für kultische Zwecke, beispielsweise als Weihwasserautomat oder Tempeltüröffner, keinerlei praktische Bedeutung erlangt. Sie kommen erst in der Renaissance- und Barockzeit beim Bau von Kunstuhren, Instrumenten und den bewegten Fontänenfiguren fürst-

licher Gärten wieder zur Geltung (F. Klemm *4.16*, 21–29).
Bereits im ersten Jahrhundert v. Chr. wird die menschliche
Arbeitskraft beim Kornmahlen durch Wasserräder ersetzt.
Doch erst über ein Jahrtausend später finden Wassermühlen
auch für andere Zwecke (Sägewerke, Walzvorrichtungen,
Schmiedehämmer) Verwendung. Im 13. Jahrhundert sind
dann überall in Europa auch Windmühlen anzutreffen. Neben dem Schießpulver war im europäischen Spätmittelalter
im Prinzip auch schon die Raketentechnik bekannt. Die in
der Renaissancezeit auftretenden tastenden Ansätze, kom-
primierten Wasserdampf oder Druckluft als Kraftquelle auszunutzen, können als Vorläufer für die Versuche zum Bau
von Dampfmaschinen im 17. Jahrhundert gedeutet werden
(L. White jr. *4.30*, 72–86).

Ein unerläßliches Konstruktionselement zur Ausnutzung
von Drehbewegungen in der Maschinentechnik ist die Kurbel.
Sie ist in Europa zum ersten Mal um 800 n. Chr. an Schleif-
steinen festzustellen. Erst sechs Jahrhunderte später, d. h. um
1400, wird sie darüber hinaus zum Spannen von Armbrüsten
und zum Garnaufwinden benutzt und tritt dann sehr bald
auch als Brustleier für Bohrer, als gekröpfte Welle sowie in
Verbindung mit Pleuelstangen und Schwunggewichten in Erscheinung (White *4.30*, 91–94).

Den Grund für die zunächst erstaunlich langsame Ausbreitung der Kurbel, die dann aber gegen Ende des Mittelalters
eine vielfältige Verbreitung findet, sieht White in dem Übergang von einem organisch-menschlichen zu einem anorganisch-mechanischen Bewegungsablauf: Weil die durch mechanische Vorrichtungen herbeigeführte gleichmäßige Drehbewe-
gung in der Natur nicht vorkommt und dem spontanen mo-
torischen Verhalten (z. B. von Kindern) widerspricht, be-
durfte es einer langen Entwicklungszeit, bis sie sich allgemein
durchsetzen konnte (94 f.).

An diesem Beispiel wird deutlich, daß es völlig verfehlt
wäre, die historische Entwicklung der Technik durch eine
bloße Rückprojektion unserer an technischen Neuerungen
und mechanischen Abläufen orientierten gegenwärtigen Einstellung zu erklären. Die Art und Weise, wie von den je-

weils gegebenen technischen Handlungsmöglichkeiten Gebrauch gemacht wird, ist nicht durch überzeitlich gültige anthropologische Wesensmerkmale bestimmt, die zum Ausschöpfen aller technischen Aktionsmöglichkeiten führen, sondern durch die konkreten historischen Vorstellungen von der Natur des Menschen und der Welt, die u. U. in einer für uns kaum mehr nachvollziehbaren Weise ‚naheliegende' technische Neuerungen ausschließen. Nur so ist es zu erklären, daß scheinbar einfache und für uns ohne weiteres einleuchtende technische Innovationen wie das Rad, der Pflug, der Steigbügel, die verschiedenen Formen der Mühlen oder die Kurbel so lange Zeit zu ihrer Entstehung brauchten und nur allmählich allgemeine Verbreitung fanden. So erwähnt beispielsweise A. Rüstow, daß der zweirädrige Ochsenkarren mit massiven Scheibenrädern, die starr auf einer unter dem Kasten drehbaren Achse sitzen, seit mehr als fünf Jahrtausenden in technisch unveränderter Form bis in die Gegenwart hinein in Anatolien in Gebrauch ist (*4.25*, 58 f.).

Weitere mechanische Erfindungen des Spätmittelalters sind das Pendel (als Regler für periodische Bewegungen), das Pedal (zum Antrieb von Webstühlen, Drehbänken und Spinnrädern) sowie das Spinnrad mit Kurbel, Pleuelstange, Schwungrad und Kraftübertragung durch Riemen. Besonders bemerkenswert sind jedoch die durch Gewichte und – bei kleinerer Ausführung – durch Federkraft getriebenen mechanischen Uhren. Ihr komplizierter Getriebemechanismus und die mannigfachen astronomischen Darstellungen und reichgeschmückten Figuren entsprachen dem neuen, der Mechanik zugewandten Zeitgeist und erregten deshalb allgemeine Bewunderung. Insgesamt gesehen sind, wie White feststellt, in Europa gegen Ende des 15. Jahrhunderts mehr Maschinen zur Krafterzeugung im Gebrauch und mehr Kenntnisse zur Gewinnung, Übertragung und Nutzung mechanischer Energie vorhanden als jemals zuvor in der Geschichte. White meint sogar, daß im Bezug auf grundsätzliche technische Neuerungen in den vier Jahrhunderten nach Leonardo da Vinci weniger geleistet wurde als während des Mittelalters; seiner Ansicht nach wird bis zur Entdeckung der Elektrizität im wesentlichen nur das ausgebaut und verfeinert, was in den vier Jahrhunderten vor Leonardo an grundsätzlichen Prinzipien entdeckt wurde (*4.30*, 96–104). – Unabhängig davon, ob man dieser Auffassung zustimmt und die ersten vagen Entwürfe und tastenden Ansätze höher bewertet als die Weiterentwicklung und die konkrete, praktisch nutzbare Ausführung, zeigen die geschilderten Beispiele, daß die moderne mechanische Technik weithin auf den geschilderten mittelalterlichen Vorläufern beruht und ohne sie kaum denkbar wäre.

Trotz dieser Neuerungen und des allgemeinen Interesses an technischen Erfindungen, das dann im 16. und 17. Jahrhundert auch in einer entsprechenden Literatur und in mannigfachen Vorschlägen für neue Erfindungen zum Ausdruck kommt, ist doch ein grundsätzlicher Unterschied gegenüber unserem heutigen Technikverständnis festzustellen: Die Natur wird als ein beseelter Organismus verstanden, der von Dämonen und rätselhaften magischen Kräften belebt ist. Deshalb gilt denn auch das Erfinden als ein geheimnisvoller Vorgang, der mehr auf himmlischer Eingebung als auf nüchternen empirischen Untersuchungen und sachlichen Überlegungen beruht. Dementsprechend sind selbst noch im 17. und 18. Jahrhundert die vielfältigen und zum Teil phantastischen technischen Erfindungen weit mehr das Werk von Außenseitern als von Fachleuten. Darin, daß Erfindungen ohne detaillierte Fachkenntnisse möglich waren, zeigt sich ferner, wie nahe die damalige Technik der unmittelbaren Alltagserfahrung stand. Im Gegenstand dazu ist die heutige verwissenschaftlichte Technik ganz zur Domäne der Experten geworden.

Dies gilt unbeschadet der Tatsache, daß mit G. Galilei die Epoche der versachlichten, mathematisch experimentellen Naturforschung begann. Doch das überkommene, animistische Naturverständnis, das im magischen Denken, in der Alchimie und in den Hexenprozessen seinen Ausdruck findet, wirkte lange nach und konnte nur im Verlauf eines langandauernden Prozesses durch die aufkommenden empiristischen und rationalistischen Strömungen abgebaut werden. Dabei blieb die in der Auseinandersetzung mit der Naturphilosophie entstandene mathematisch-astronomische Naturwissenschaft zunächst ohne direkten praktischen Einfluß auf die weiterhin im Sinne der überkommenen Handwerkstradition betriebene Technik. Die vorwiegenden Themen in der technischen Literatur der damaligen Zeit sind die Alchimie, der Bergbau, die Seefahrt (Nautik) sowie die Feuerwerkskunst und die Artillerie (Sombart *4.27, 463–475*).

Die Handwerkstechnik beruht auf tradierten Fertigkeiten und überkommenen Erfahrungsregeln, die sich im Verlaufe einer langen Entwicklung herausgebildet haben und ihre praktische Wirksamkeit je aufs neue beweisen. Dabei lautet die maßgebliche Fragestellung: *Wie* ist vorzugehen, um das erstrebte Ziel zu erreichen? Das jeweilige Verfahren wird nur als Mittel für einen vorgegebenen Zweck betrachtet, aber darüber hinaus nicht zum Gegenstand selbständiger theoretischer Untersuchungen gemacht. Im Gegensatz dazu fragt man im wissenschaftlichen Denken nach den Gründen dafür, *warum* eine bestimmte Maßnahme gerade diese und keine andere Wirkung zur Folge hat. Das traditionsorientierte, pragmatische Verständnis des technischen Handelns läßt also seiner Natur nach gar keine schnellen und grundlegenden Neuerungen zu: Dafür fehlen sowohl der subjektiv-psychologische Interessenhorizont als auch die objektiv-methodischen Voraussetzungen.

Die sachliche Vorbedingung wäre eine systematische Analyse, die dann anhand einer geeigneten Variation der relevanten Einflußgrößen Aufschluß über die Struktur des jeweiligen Verfahrens gibt und damit eine Verbesserung ermöglicht. So hat denn auch erst die moderne erfahrungswissenschaftliche Betrachtungsweise, die jede Tradition in Frage stellt und in praktischer und theoretischer Hinsicht keine überkommenen Autoritäten mehr anerkennt, die intellektuellen Voraussetzungen für die industrielle Produktion und die stürmische Veränderung der Technik geschaffen.

Auch durch äußere Umstände war die handwerkliche Technik auf langandauernde, konstante Verhältnisse hin angelegt. Der Handwerker, der seine Materialien zum großen Teil aus der nahegelegenen ländlichen Umgebung bezog, konnte angesichts der festgefügten und ständisch gegliederten Gesellschaft auf eine stereotype Nachfrage rechnen. Entsprechende Organisationen (Gilden, Zünfte, Innungen) regelten durch strenge Vorschriften die handwerkliche Praxis und sicherten durch Zulassungsbeschränkungen zu den Handwerksberufen den genügenden Absatz, wobei in der Regel der Käufer den Produzenten aufsuchen mußte. In der Zeit der Handwerkstechnik fehlte also die direkte und grundsätzliche Konkurrenz, die das wirtschaftliche Stimulans der kapitalistischen Produktionsweise bildet (Sombart *4.27*, 204–211).

6. Die Industrielle Revolution

Obwohl die Industrielle Revolution in *England* einsetzte und sich dann von dort aus auf die übrigen europäischen Länder ausbreitete, hatte während dieser Zeit *Frankreich* in der ingenieurwissenschaftlichen Theorie eindeutig die Führungsrolle. Fast alle theoretischen Arbeiten dieser Epoche über Kraftmaschinen, Bauwesen, Festigkeitslehre, Strömungslehre und Konstruktionsverfahren kamen aus Frankreich; doch sie blieben zunächst ohne Einfluß auf die technische Praxis (P. Mathias *4.18*, 66). Die technischen Fortschritte, die die Industrielle Revolution ermöglichten, sind nicht das Resultat theoretischer Überlegungen und *deduktiver* Ableitungen aus allgemeinen Prinzipien, sondern das Ergebnis *praktischer* Versuche und *induktiver* Verallgemeinerungen. Eines der wenigen Gegenbeispiele für die praktische Anwendung wissenschaftlicher Erkenntnisse bildet die von Huygens entwickelte mathematische Theorie des physikalischen Pendels, die dann bei der Uhrenkonstruktion Verwendung fand (M. Daumas *4.6*, XI). Die Leistungen der industriellen Technik beruhten zunächst nur auf handwerklichem Können und systematischem Experimentieren, das aber stets auf die unmittelbare praktische Anwendung ausgerichtet war. Die vorwiegend mechanischen und astronomischen naturwissenschaftlichen Untersuchungen hatten vorerst keinen *direkten* Einfluß auf die technische Entwicklung. Sie wurden jedoch in zweifacher Weise *indirekt* wirksam.

Erstens durch die *exakten Messungen,* die zum Zwecke mathematischer Berechnungen z. B. bei der Landvermessung, zur Positionsbestimmung in der Schiffahrt oder bei astronomischen Beobachtungen erforderlich waren. Die Herstellung und Handhabung der dazu benötigten Präzisionsinstrumente stellte hohe Anforderungen an das praktische Können und theoretische Wissen der Instrumentenbauer und Uhrmacher, die gleichzeitig über handwerkliche Fertigkeiten und mathematische Kenntnisse verfügen mußten. Wie A. R. Hall hervorhebt, verdanken wir diesen Instrumentenbauern die grundsätzliche Erkenntnis, daß eine Maschine genauer arbeiten kann als die menschliche Hand (*4.10,* 338).

Ein indirekter Einfluß besteht ferner in dem wissenschaftsorientierten *intellektuellen Klima,* das im Zuge des allgemeinen Strebens der Zeit auf empirisch begründete und praktisch anwendbare Erkenntnisse ausgerichtet war. Dabei wurden durch systematisches Sammeln, Klassifizieren, Bezeichnen und Publizieren von Beobachtungsdaten die Voraussetzungen für die Formulierung von exakten mathematischen Theorien geschaffen. Der Geist der Epoche war auf die planmäßige Überprüfung von Beobachtungen und die kritische Analyse begrifflicher Konstruktionen gerichtet; auch die zahlreichen neu gegründeten Akademien und wissenschaftlichen Gesellschaften sollten zur Lösung praktischer Aufgaben und zur Verbesserung technischer Verfahren beitragen. Obwohl die technischen Neuerungen nicht aus übergeordneten Theorien abgeleitet wurden, sind sie keineswegs das Resultat zufälligen und gedankenlosen Probierens. Das Verfahren von Versuch und Irrtum *(trial and error),* durch das während der Industriellen Revolution die Arbeits- und Kraftmaschinen bis zur Anwendungsreife entwickelt wurden, war also trotz der praktischen Zielsetzung gleichwohl indirekt und im weiteren Sinne vom wissenschaftlichen Geist getragen.

Kennzeichnend für die erste Phase der Industrialisierung sind also weder spontane Neuerfindungen noch die technische Anwendung naturwissenschaftlicher Forschungsergebnisse, sondern systematische Detailverbesserungen und die Weiterentwicklung bereits vorhandener Ansätze (Daumas *4.6,*

XVII). In dem darauffolgenden beschleunigten Industrialisierungsprozeß wird der Zeitraum zwischen der Konzeption einer technischen Neuerung und ihrer tatsächlichen praktischen Anwendung immer weiter verkürzt. Erst seit der zweiten Hälfte des 19. Jahrhunderts wird dabei die technische Praxis in nennenswertem Umfang durch die systematische Umsetzung naturwissenschaftlicher Erkenntnisse charakterisiert, die dann in der Folgezeit die technische Entwicklung in zunehmendem Maße bestimmt.

Insgesamt gesehen ist die Industrielle Revolution durch die Perfektionierung schon vorher bekannter Verfahrensweisen und deren wirtschaftliche Nutzung in großem Stil gekennzeichnet. So erweist sich denn auch in der historischen Retrospektive der Übergang von der manuellen Handwerksarbeit zum arbeitsteiligen mechanisierten Großbetrieb in technischer Hinsicht als Teil eines relativ kontinuierlichen Entwicklungsprozesses, der bereits in früheren Stadien angelegt ist und sich dann bis in die Gegenwart hinein in beschleunigtem Rhythmus fortsetzt. Beispielsweise ist die Arbeitsteilung schon in den vorindustriellen Gewerbebetrieben (Manufakturen) zu finden, und in den Wind- und Wassermühlen wurde schon lange vor der Industrialisierung die menschliche Muskelkraft durch andere Energiequellen ersetzt. Wegen der weitverbreiteten und vielfältigen Verwendung von Mühlen in der Periode vor der Industrialisierung spricht Sombart sogar vom „klassischen *Zeitalter der Mühle*" (*4.27*, 485).

In der theoretischen Konzeption und in der praktischen Handhabung stellt die industrielle Technik also keinen völlig abrupten Neubeginn dar; sie ist der erste Schritt auf einem Weg, der durch die bisherige Entwicklung vorbereitet und nahegelegt wurde. Doch die Auswirkungen dieser Weichenstellung, die dann im weiteren Verlauf der Technisierung voll zur Geltung kommen, sind schließlich für die gesamte Menschheit bestimmend geworden. Unter diesem Gesichtspunkt wäre es also zutreffender, von einer *permanenten* technisch-industriellen Revolution zu sprechen, die mit der Frühindustrialisierung einsetzt und in der Folgezeit in verschiedenen Schüben (chemische Technik, Elektrotechnik, Computertechnik,

Automatisierung, Kerntechnik) weiterwirkt. Wenn man jedoch statt des Ursprungs die *Folgen* ins Auge faßt und den Umbruch berücksichtigt, der durch die Einführung der industriellen Produktionsweise in den verschiedenen Lebensbereichen eingeleitet wurde, ist die Kennzeichnung dieser ersten Phase als ,Industrielle Revolution' keineswegs zu hoch gegriffen.

Im Gegensatz zu den relativ isolierten und in sich abgeschlossenen handwerklichen Verfahrensweisen ist dabei von Anfang an eine wechselseitige Ergänzung der verschiedenen Erfindungen festzustellen, die der technischen Entwicklung eine immanente Dynamik verleiht. So wurde z. B. durch die Eisenerzeugung (Hochöfen) und die Eisenverarbeitung (Walzwerke, Drehbänke, Werkzeugmaschinen) der Bau von Brükken und Hochbauten möglich, die bei der Verwendung von Holz als Werkstoff niemals realisierbar gewesen wären. Ebenso ist die Dampfmaschine – und später der Elektromotor und der Verbrennungsmotor – ohne das Konstruktionselement Eisen nicht denkbar. Durch diese Kraftmaschinen konnten dann neue Energiequellen (Kohle, Erdöl) genutzt werden, die in Verbindung mit entsprechenden Arbeitsmaschinen die industrielle Produktionsweise ermöglichten. Damit wurden gleichzeitig die Voraussetzungen für ein verbessertes Verkehrswesen (Eisenbahn, Dampfschiff) geschaffen, das seinerseits zur fortschreitenden Industrialisierung beigetragen hat (vgl. Diesel *5.3*, 83).

7. Ingenieur- und Naturwissenschaften

Die konkrete Ausrichtung des technischen Handelns war früher – ebenso wie heute – weitgehend durch wirtschaftliche Zielsetzungen bestimmt. Dementsprechend wurde das technische Wissen ursprünglich vielfach im Zusammenhang mit ökonomischen Fragestellungen abgehandelt. So begann die systematische Untersuchung technischer Verfahrensweisen in Deutschland mit J. Beckmanns „Anleitung zur Technologie". Diese 1777 in Göttingen erschienene Schrift gibt eine Zusammenstellung und Analyse der handwerklichen ‚Künste‘, die damals in Fabriken und Manufakturen zur Anwendung kamen. Beckmann war weder Ingenieur noch Naturwissenschaftler, sondern Professor der Ökonomie. Er repräsentierte die Verbindung von Technik, Verwaltungswissenschaft (Kameralistik) und ökonomischer Gewerbekunde, die in Deutschland erst im Verlauf des 19. Jahrhunderts im Zusammenhang mit der Gründung technischer Hochschulen zugunsten einer eigenständigen, Behandlung der ingenieurwissenschaftlichen Probleme aufgegeben wurde. Diese Entwicklung findet eine gewisse Parallele in Frankreich, wo sich die allgemeinen Ingenieurwissenschaften im Laufe der Zeit von der spezifischen Bindung an militärtechnische Aufgabenstellungen gelöst haben, die bei der Gründung der École Polytechnique noch im Vordergrund gestanden hatten (Rapp *4.23*).

Wissenschaftsmethodisch gesehen ist demnach der Aufschwung der Ingenieurwissenschaften, dem die gegenwärtige Technik ihre Leistungsfähigkeit verdankt, auf drei Ursachen zurückzuführen:

(1) Auf die *Verwissenschaftlichung im weiteren Sinne,* die darin besteht, daß anhand von (rudimentären) theoretischen Arbeitshypothesen und empirischen Untersuchungen systematisch geordnete und kritisch geprüfte Daten über die jeweiligen Verfahrensweisen gewonnen werden. Daß dadurch die Effizienz erheblich gesteigert werden kann, ist offenkundig. Im Gegensatz zum handwerklichen Wissen und Können, das wesentlich auf *mündlicher* Überlieferung und Einübung beruht und damit an die Person als Träger und Vermittler gebunden ist, werden dank der *schriftlichen* Ausformulierung die technischen Kenntnisse personenunabhängig und allgemein verfügbar.

(2) Ferner bildet die von anderen Untersuchungsgegenständen losgelöste, *selbständige* Behandlung technischer Fragen eine wesentliche Voraussetzung für die Entwicklung der Ingenieurwissenschaften. Durch diesen Kunstgriff wird die ganze Aufmerksamkeit ausschließlich auf die Struktur der angewandten Verfahren konzentriert, die dann den alleinigen Untersuchungsgegenstand bildet. Auf diese Weise lassen sich

die spezifisch *technischen* Probleme in ihrer besonderen Eigenart herausarbeiten und der jeweils günstigsten Lösung zuführen. Damit ist dann gleichzeitig auch die Möglichkeit gegeben, die verschiedenen Gebiete der Technik in ihrem Zusammenhang unter einheitlichen technikimmanenten Gesichtspunkten zu betrachten. Die damit eingeleitete Trennung der ingenieurwissenschaftlichen Theorie von den konkreten Fragen der praktischen Anwendung wird zwar heute vielfach beklagt. Doch die fachliche Spezialisierung ist der unvermeidbare Preis für die Perfektion des technischen Wissens. Arbeitsmethodisch kann dieser Nachteil im Prinzip durch interdisziplinäre Zusammenarbeit ausgeglichen werden. Für die Entscheidung über den Einsatz der vorhandenen technischen Mittel ergeben sich daraus jedoch schwerwiegende Probleme, weil angesichts der für den Laien nicht mehr überschaubaren komplexen Zusammenhänge den technischen Experten bei allen Entscheidungen zwangsläufig eine Schlüsselstellung zufällt.

Die entscheidende Wende der Entwicklung der Ingenieurwissenschaften besteht jedoch (3) in der Verbindung des technischen Wissens und Könnens mit der *mathematisch-naturwissenschaftlichen Methode*. Diese Verknüpfung ist zwar von beiden Seiten aus naheliegend, doch historisch gesehen hat sich die heute allgemein geläufige enge Wechselbeziehung zwischen Technik und Naturwissenschaften erst seit dem 19. Jahrhundert allgemein durchgesetzt. Daß hier tatsächlich eine wechselseitige Abhängigkeit besteht, ist von der Sache her unmittelbar einleuchtend: Im Gegensatz zu der qualitativ-teleologischen Betrachtungsweise der aristotelischen Physik, die ihre Erkenntnisse aus der passiven Beobachtung von spontanen Naturprozessen schöpft, beruht die neuzeitliche mathematisch-mechanische Naturwissenschaft in erster Linie auf Experimenten, d. h. auf geplanten Eingriffen in das Naturgeschehen. Um die benötigten (konstanten) Versuchsbedingungen zu schaffen und die auftretenden Ergebnisse in möglichst präziser Form feststellen zu können, sind dabei immer bestimmte Apparaturen und Instrumente erforderlich. Bei allen naturwissenschaftlichen Untersuchungen ist man also von Anfang an auf entsprechende technische Hilfsmittel angewiesen. Seitdem in unserer Zeit kosmische und mikrokosmische Dimensionen, die nur noch durch die Vermittlung von aufwendigen Apparaturen erfaßbar sind, zum Gegenstand der Forschung gemacht werden, tritt diese an sich schon immer vorhandene *Technisierung der Naturwissenschaften* augenfällig in Erscheinung.

Ferner können naturwissenschaftliche Forschungsergebnisse im Prinzip immer technisch genutzt werden. Alle technischen Maßnahmen bestehen ja darin, daß in der physischen Welt bestimmte Bedingungen hergestellt werden, die dann die eigentlich erwünschten Resultate zur Folge haben. Auf eben demselben Verfahren beruhen aber auch die naturwissenschaftlichen Experimente. Der Sache nach ist es belanglos, ob ein physikalischer oder chemischer Effekt im Forschungslaboratorium erzeugt wird, um eine bestimmte Theorie zu überprüfen, oder ob derselbe Effekt bei der technischen Anwendung dazu dienen soll, im großen Stil ein praktisch nutzbares Ergebnis zu erzielen. Der Unterschied besteht nur in der subjektiven Absicht, die jeweils dabei verfolgt wird; die Struktur der Naturprozesse ist in beiden Fällen dieselbe.

Dies bedeutet jedoch keineswegs, daß alle naturwissenschaftlichen Erkenntnisse schon ohne weiteres technisch nutzbar wären. Die Aufgabe des Ingenieurs besteht ja gerade darin, die zunächst nur in ihrer allgemeinen Struktur bekannten Prinzipien in praktisch verwertbarer Form in entsprechenden technischen Artefakten *zu realisieren,* wobei immer ganz bestimmte Bedingungen wie Betriebssicherheit, Wartungsfreundlichkeit oder konstante Leistung mit möglichst geringem Aufwand erreicht werden sollen. Außerdem kommen aus *wirtschaftlichen* Gründen nicht alle naturwissenschaftlichen Forschungsergebnisse für technische Anwendungen in Frage, weil entweder kein entsprechender Bedarf vorliegt und/oder das betreffende Verfahren unwirtschaftlich wäre. Charakteristisch für die gegenwärtige Situation ist jedoch die Tendenz, alle wichtigen naturwissenschaftlichen Forschungsergebnisse in möglichst kurzer Zeit in der einen oder anderen Form technisch nutzbar zu machen, indem das betreffende Verfahren durch systematische ingenieurtechnische Entwicklungsarbeit schließlich bis zur wirtschaftlich nutzbaren Anwendungsreife gebracht wird.

Das Gegenstück zur Technisierung der Naturwissenschaften bildet die *Verwissenschaftlichung* der Technik. Sie besteht *inhaltlich* in der geschilderten technischen Nutzung konkreter naturwissenschaftlicher Forschungsergebnisse. In *formaler* Hinsicht geht es dabei um die Anwendung quantitativer mathematischer Methoden und um die Formulierung umfassender Theorien, aus denen dann durch entsprechende Spezifikation die besonderen Merkmale des jeweiligen Einzelfalls abgeleitet werden können. Gewiß sind diesem Verfahren in der Technik enge Grenzen gesetzt, weil hier die primäre Aufgabe nicht darin besteht, einen Sachverhalt theoretisch zu *erklären,* sondern ein konkretes funktionsfähiges technisches Gebilde *herzustellen.* Im Gegensatz zu den naturwissenschaftlichen Entdeckungen, die im Aufweis ‚objektiver' Naturzusammenhänge bestehen, handelt es sich also im Fall der Technik darum, aufgrund subjektiv konzipierter Erfindungen geeignete materielle Gebilde zu konstruieren, wobei der Intuition, dem *know-how* und dem praktischen Können zwangsläufig eine erhebliche Bedeutung zukommen.

Selbstverständlich ist man auch bei naturwissenschaftlichen Untersuchungen auf schöpferische Einfälle angewiesen. Doch die Orientierungshilfe durch die mathematisch ausformulierte Theorie ist hier weit größer als im Fall der Technik, wo sich das erstrebte, funktionsfähige System vielfach nur unter Zuhilfenahme von Erfahrungsregeln und geschätzten Näherungswerten realisieren läßt. Dennoch ist die Anwendung mathematisch-naturwissenschaftlicher Methoden der einzige Weg, um eine systematische Leistungssteigerung technischer Verfahren zu erreichen. Insgesamt gesehen hat sich denn auch durch den exakten mathematisch-deduktiven Geist der modernen Naturwissenschaft und die Kenntnis der Naturgesetze die Auffassung von technischen Erfindungen grundsätzlich gewandelt. Sie gelten nicht mehr wie in der Renaissancezeit als das Ergebnis einer geheimnisvollen und spontanen höheren Eingebung. Welche Veränderung hier eingetreten ist, zeigt das Urteil von W. v. Siemens, einem der Begründer der

Elektrotechnik: „Nützliche und brauchbare Erfindungen [...]
sind das nicht gesuchte, sondern sich selbst aufdrängende Resultat reifer Erfahrungen und rastloser Arbeit auf dem sicheren Boden des Befragens der Natur durch das Experiment bei
Kenntnis ihrer Gesetze" (*4.19*, 812).

Während die aus der Naturphilosophie hervorgegangene
Naturwissenschaft seit der Wendung zur experimentellen Methode auf technische Hilfsmittel angewiesen ist, bedarf andererseits die aus der Handwerkstradition entstandene Technik
zu ihrer Leistungssteigerung der naturwissenschaftlichen Forschungsergebnisse und Methoden. Dieses in der Natur der
beiden Gebiete angelegte wechselseitige Ergänzungsverhältnis
ist jedoch erst in neuerer Zeit voll ausgeschöpft worden. Dabei hat die Entwicklung insbesondere dazu geführt, daß sich
auf dem Gebiet der Grundlagenforschung technische und naturwissenschaftliche Fragestellungen vielfach gar nicht mehr
unterscheiden lassen. Aufschlußreich ist der Werdegang, der
schließlich zu dieser Situation geführt hat. Der Ausdruck ‚In-
genieurwissenschaft (science des ingénieurs)‘ tritt zuerst um
1730 als Titel eines Handbuchs für Bauingenieure auf. Doch
selbst ein Jahrhundert später hat die mathematische Behandlung technischer Aufgabenstellungen kaum Eingang in die
Praxis gefunden (vgl. Rapp *4.23*, 20 f.). Die entscheidende
Anregung für theoretische, naturwissenschaftliche Forschun-
gen geht dabei oft von praktischen, technischen Fragestellungen aus. Ein bekanntes Beispiel dafür bietet das Entstehen
der Thermodynamik. In dem Bestreben, den Wirkungsgrad
von Wärmekraftmaschinen zu erhöhen, hat der Ingenieur S.
Carnot durch seine Untersuchungen über den idealen thermi-
schen Kreisprozeß den Anstoß zur Entwicklung dieser Disziplin gegeben, die sich dann zu einem eigenständigen Gebiet
der theoretischen Physik entwickelt hat.

Carnot ist ebenso wie die meisten führenden Ingenieure
seiner Zeit aus der 1795 in Paris gegründeten École Polytechnique hervorgegangen. An dieser Schule, die dann zum weltweiten Vorbild für alle Stätten der Ingenieurausbildung werden sollte, wurde zum ersten Mal eine einheitliche theoretische Grundausbildung für die zur ‚Polytechnik‘ zusammen-

gefaßten verschiedenen Teilgebiete der Technik vermittelt. Der Lehrplan umfaßte insbesondere Arithmetik, geometrische Konstruktionslehre und Mechanik, wobei ein ständiger Wechsel zwischen Vorlesungen und praktischen Übungen im Laboratorium erfolgte. Mit dieser Konzeption ist im Prinzip der Weg zur Verwissenschaftlichung der Technik beschritten: An die Stelle der isolierten und nur empirisch begründeten Erfahrungsregeln, die vorher für die technischen Verfahren charakteristisch waren, tritt nunmehr die umfassende theoretische Aufarbeitung anhand exakter mathematischer Methoden und naturwissenschaftlicher Forschungsergebnisse, die durch systematische experimentelle Untersuchungen abgesichert werden.

Hierbei ist ein wesentlicher Unterschied zu der oben erwähnten ökonomisch orientierten Technologie Beckmanns festzustellen: Diese hat konkrete *Gegenstandsbereiche*, nämlich das Handwerk und das Gewerbewesen, zum Bezugspunkt, die zunächst noch im Zusammenhang mit spezifisch wirtschaftlichen Fragestellungen untersucht werden. Die polytechnische Auffassung knüpft dagegen von vornherein an die mathematisch-naturwissenschaftliche *Methode* an, wobei das jeweilige technische Problem nur im Hinblick auf seinen abstrakten mathematischen Gehalt untersucht wird. Dieser methodenorientierte formale mathematische Ansatz, der ganz auf die systematische Erforschung und effiziente Nutzung aller technischen Möglichkeiten ausgerichtet ist, hat sich dann auch in der Folgezeit allgemein durchgesetzt und damit die Voraussetzungen für die stürmische Weiterentwicklung der Technik nach der ersten handwerklich-empirischen Phase der Industriellen Revolution geschaffen.

8. Geistige Voraussetzungen

Ein bestimmter Grad der Technisierung ist immer nur dann realisierbar, wenn die entsprechenden sozialen und ökonomischen Bedingungen und der erforderliche Stand des technischen Wissens und Könnens gegeben sind. Diese Vorbedingungen, die in den vorhergehenden Abschnitten diskutiert wurden, legen jeweils die Schranken der technischen Handlungsmöglichkeiten fest, doch sie führen nicht automatisch zu einer bestimmten Art von Technik; sie *gestatten* jeweils ein bestimmtes Ausmaß an technischem Handeln, ohne es zu *erzwingen*. Der kollektive Prozeß der technischen Umgestaltung der materiellen Welt kann stets nur im Rahmen dieser *äußeren Vorbedingungen* erfolgen. Solche Vorgaben legen jedoch nur einen bestimmten Spielraum fest, innerhalb dessen dann eine Wahl erforderlich wird: Weil der Mensch mehr ist als nur ein Naturwesen und teilhat am ‚Reich der Freiheit‘, *kann* und *muß* er sich (individuell und kollektiv) entscheiden, in welcher Weise die jeweils gegebene Handlungssituation genutzt werden soll. Dabei sind die *inneren Antriebe* für das Wahlverhalten stets durch entsprechende Motivationen, Interessen oder intellektuelle Beweggründe festgelegt.

Als das Wesen, das ‚ja‘ oder ‚nein‘ sagen kann, hat der Mensch auch im Umgang mit der Technik jeweils die Freiheit, eine faktisch mögliche Handlungsweise zu verwirklichen oder abzulehnen. Ein angemessenes Verständnis des Weges, der schließlich zur modernen Technik geführt hat, läßt sich also nur gewinnen, wenn man neben den sozialökonomischen und den technikimmanenten Vorbedingungen auch die geistigen Voraussetzungen der Technisierung ins Auge faßt. Selbst derjenige, der die geistige Einstellung, aus der die moderne Technik hervorgegangen ist, nicht als ein selbständiges Phänomen anerkennt und in ihr nur das zwangsläufige Resultat der jeweiligen ‚realen‘ oder ‚materiellen‘ Bedingungen sieht, muß doch gleichwohl anerkennen, daß sich derartige Voraussetzungen *tatsächlich* aufweisen lassen und von der Sache her *unerläßlich* sind, damit überhaupt eine bestimmte Art der Technik zustande kommen kann. Die Schwierigkeit einer materialistischen Technikdeutung besteht denn auch darin, den unselbständigen und abgeleiteten Charakter dieser Voraussetzungen zu erweisen.

Es ist jedoch von vornherein klar, daß hier keine völlig beliebige Wahlmöglichkeit gegeben ist: Der einzelne ist „jenseits von Wille, Wunsch und subjektiver Absicht" durch die allgemeinen Anschauungen und den „kategorialen Denkapparat" seiner Epoche bestimmt (Scheler *4.26*, 113). Dabei stehen diese allgemeinen intellektuellen Anschauungen stets in einer umfassenden (technik)historischen Kontinuität: Sie haben sich im Verlauf eines historischen Prozesses herausgebildet und bestimmen ihrerseits die weitere Entwicklung der Technik.

Im Rahmen der dadurch festgelegten Vorgaben ‚entscheidet' sich dann jede Epoche für ein bestimmtes Verhältnis zur Technik. Das Verständnis, das der Mensch von sich und der Welt hat und die daraus resultierenden konkreten (technischen) Intentionen führen dabei zu einem ganz bestimmten Umgang mit den jeweils gegebenen technischen Handlungsmöglichkeiten. Durch jede derartige ‚Wahl' wird der Spielraum für künftige Optionen eingeengt, ohne daß die weitere Entwicklung dadurch zwingend festgelegt wäre. Für die materiellen Bedingungen ist dies unmittelbar einsichtig, denn eine bestimmte Art des technischen Handelns ist immer an entsprechende Rohstoffe, Geräte und Werkzeuge gebunden. Doch auch bei den geistigen Auffassungen und insbesondere beim Stand des technischen Wissens und Könnens ist kein völlig abrupter Wandel, sondern immer nur eine allmähliche Entwicklung möglich. Die im einzelnen geschilderte Entfaltung der technischen Grundlagen zeigt denn auch, daß hier die intellektuellen Anschauungen, die technische Praxis und die (natur)wissenschaftliche Forschung in einem mannigfach verästelten und verschlungenen kontingenten Entwicklungsprozeß schließlich zu der gegenwärtigen Situation geführt haben.

Die besondere Eigenart der modernen wissenschaftlich betriebenen Technik wird deutlich, wenn man die intellektuellen Vorbedingungen für ihr Zustandekommen ins Auge faßt. Um eine übersichtliche Darstellung zu erreichen, soll dabei im folgenden der Nachdruck mehr auf dem *systematischen* Zusammenhang als auf der *historischen* Genesis liegen: In der Rückschau auf den Gesamtprozeß werden die von der Sache her unerläßlichen geistigen Voraussetzungen untersucht, die das Entstehen der modernen Technik ermöglicht haben. Im einzelnen kann man dabei acht verschiedene Punkte unterscheiden:

a) Wertschätzung der Arbeit

Alles technische Handeln beruht auf Eingriffen in das Naturgeschehen und damit auf physischer *Arbeit*. Deshalb kann sich
eine systematisch und in großem Stil betriebene Technik, auf
die dann auch entsprechende intellektuelle Anstrengungen verwandt werden, nur entfalten, wenn die manuelle Tätigkeit
grundsätzlich als wertvoll anerkannt wird. Ebendies war aber
in der Antike nicht der Fall. Den Griechen galt die durch die
biologischen Bedürfnisse des Leibes erzwungene körperliche
Arbeit als minderwertig, weil sie weder im Dienste der Politik
stand noch mit der für den Menschen als *animal rationale*
charakteristischen theoretischen Einsicht verbunden war. Sie
wurde deshalb den Sklaven und sozial niedrigstehenden, un-
gebildeten Handwerkern (den ‚Banausen') überlassen. Diese
Einstellung dürfte der Grund dafür sein, warum trotz hoher
intellektueller Leistungen im klassischen Griechenland keine
großangelegten Versuche zur Technisierung unternommen
wurden. In Fortwirkung des antiken Erbes hat sich die Höher-
bewertung der theoretischen Erkenntnis und die Geringschät-
zung der praktisch-technischen Tätigkeit vielfach bis in unsere
Zeit erhalten: So wurde den technischen Hochschulen erst
1899 gegen den heftigen Widerstand der Universitäten das
Promotionsrecht verliehen und damit ihr wissenschaftlicher
Charakter anerkannt.

Durch das Christentum erfuhr dann die Bewertung der körperlichen Arbeit einen allmählichen Wandel. Zwar gilt die
Arbeit im Alten Testament als Fluch und das Neue Testament
fordert primär innere Einkehr und nicht äußere Aktivität.
Doch schon in den Ordensregeln der mittelalterlichen Klöster
wird vielfach die regelmäßige Handarbeit vorgeschrieben.
L. Mumford meint sogar, daß gerade das asketische Lebensideal der Mönche und ihre Konzentration auf eine überpersön-
liche Aufgabe die sachbezogene Einstellung vorbereitet haben,
die für die Technik und Naturwissenschaft der Moderne charakteristisch sind (*4.21*, 34). In der Reformation erfährt dann
die Arbeit und die Ausübung der beruflichen Pflichten eine
eindeutige Aufwertung. So ist insbesondere in der Prädesti-

111

nationslehre Calvins die rastlose Tätigkeit und der berufliche Erfolg ein Zeichen des echten Glaubens und der göttlichen Erwählung.

Mit der Abschaffung des Mönchtums wurde im protestantischen Bereich das Berufsleben zum Feld einer innerweltlichen christlichen Askese. Nach M. Weber war diese von Unternehmern und Arbeitern in gleicher Weise geforderte und religiös begründete ‚asketische‘ Arbeitshaltung eine der Voraussetzungen für das Entstehen des modernen Kapitalismus (*4.29*, 195 bis 201). In protestantischen Gebieten ist denn auch im allgemeinen ein stärkeres Streben nach beruflichem Aufstieg und eine größere wirtschaftliche Aktivität festzustellen als in katholischen. Selbst nach dem Verlust der religiösen Fundierung wirkt diese ethische Einstellung zur Arbeit und zum Beruf noch weithin fort. Das Kennzeichen unserer gegenwärtigen westlichen ‚Anspruchsgesellschaft‘ besteht allerdings gerade in einer Abkehr von diesem Leistungsdenken, während im östlichen Teil Deutschlands die asketische Tradition in säkularisierter bzw. uminterpretierter Form bewußt gepflegt wird. In der Tat ist das Funktionieren und die Produktivität einer rigiden technischen Arbeitswelt ohne diese Berufsauffassung nicht denkbar. Daß eine derartige Arbeitshaltung keineswegs selbstverständlich ist, zeigen u. a. die Schwierigkeiten in den Entwicklungsländern, wo es angesichts der spontanen Lebenseinstellung und dem ganz auf die augenblickliche Bedürfnisbefriedigung ausgerichteten Arbeitsverhalten kaum möglich ist, einen effizienten, technikorientierten Arbeitsstil einzuführen.

b) Rationelles Wirtschaften

Eine weitere Vorbedingung der modernen Technik ist das systematische *rationelle Wirtschaften*. Die disziplinierte und methodische Gestaltung des persönlichen Lebensstils und der ökonomischen Prozesse wird von Weber ebenfalls mit dem Geist der protestantischen Ethik in Zusammenhang gebracht: Die puritanisch-asketische Konzentration auf die berufliche Leistung verlangt nüchterne und stetige Arbeit und verbietet

Zeitvergeudung *(time is money!)* und überflüssiges Ausruhen. Genußsucht und Verschwendung sind verwerflich; nur praktische und nützliche Dinge gelten als erstrebenswert *(4.29,* 163–192).

Im Zuge seiner Lehre vom irdischen Erfolg als Maßstab der Gnadenwahl hat Calvin dann 1545 ausdrücklich das Zinsnehmen als legitim erklärt. Zwar gab es auch schon vorher Geldverleiher (Wucherer); doch ihr Verhalten galt allgemein als unmoralisch. Erst durch die Autorität des Reformators wurde auch das Streben nach Gewinn und Erwerb als eine Form der beruflichen Bewährung anerkannt, die mit dem Gebot der Brüderlichkeit durchaus zu vereinbaren sei (Hoselitz *4.12,* 40). An die Stelle des für agrarische Strukturen charakteristischen *Traditionalismus,* der auf die Bewahrung überkommener Verhältnisse ausgerichtet ist, tritt damit der ökonomische *Rationalismus* der städtischen Lebensweise mit ihren bewußt und zweckhaft kalkulierten Normen (179). Im Zuge der protestantischen „Gesinnung, welche *berufsmäßig* systematisch und rational legitimen Gewinn [...] erstrebt", werden dann auch die entsprechenden Organisationsformen, wie der rechnerische Kalkül der Buchführung und die zweckmäßige Gestaltung des Betriebes allgemein eingeführt (Weber *4.29,* 49).

c) Technischer Schaffensdrang

Vergleicht man innere Einstellung und äußeren Lebensablauf zur Zeit des Mittelalters und in der Neuzeit, so ist – trotz aller stetigen Übergänge – ein grundsätzlicher Wandel unverkennbar: Ebenso wie die vorhergehenden Epochen ist das Mittelalter im Prinzip durch ein statisches, auf Beharrung ausgerichtetes Selbstverständnis des einzelnen und der Gesellschaft geprägt. Die festgefügte ständische Ordnung, das religiös bestimmte geschlossene Weltbild und die feudal-ländliche bzw. handwerksmäßig-städtische Bedarfsdeckungswirtschaft sind primär auf Erhaltung des organisch gewachsenen traditionellen Bestandes und nicht auf Veränderung ausgerichtet. Im Gegensatz dazu wird die Moderne in allen Bereichen durch einen beständig gesteigerten aktiven Schaffensdrang bestimmt, der schließlich dazu führt, daß ‚Veränderung‘ schlechthin als Selbstwert gilt. Das diesseitsorientierte schöpferische Lebensgefühl der Renaissance fließt dabei ebenso mit ein wie die Abkehr von überkommenen Autoritäten und die Besinnung auf die autonome Vernunft. Ohne einen solchen Impuls und die daraus resultierende Bereitschaft zur grundsätzlichen Umgestaltung aller Verhältnisse wäre denn auch das Entwicklungstempo der industriellen Technik nicht denkbar. Wie Sombart feststellt, ist dieser neuzeitliche Geist durch ein „Unendlichkeitsstreben" gekennzeichnet, das beständig neue Ziele setzt und keine natürlichen Grenzen anerkennt (*4.27*, 327 f.).

Diese aktive Einstellung steht in zwangsläufigem Gegensatz zu einer kontemplativen Lebensauffassung, die auf Verinnerlichung oder besinnlichen Genuß gerichtet ist. Weil die rastlose Aktivität die Freude am Erreichten unmöglich macht, fällt es denn auch heute oft schwer, die Errungenschaften der Technik, die doch eigentlich ein ‚besseres‘ Leben ermöglichen sollten, sinnvoll zu nutzen: ein schlagendes Beispiel dafür bietet die Redeweise vom ‚Freizeitproblem‘.

In der Tat macht eine weitgespannte historische Rückschau deutlich, daß der gegenwärtig forcierte ‚Wille zur Technik‘ keineswegs eine überzeitliche anthropologische Konstante darstellt. So wird in einer Erzählung aus dem dritten Jahrhundert v. Chr. aus China berichtet, daß ein alter Gärtner in jahrelanger Arbeit einen Steig in einen Felsen geschlagen hatte und täglich das Wasser aus einer Quelle die Stufen herauftrug; die Arbeitserleichterung durch einen Ziehbrunnen lehnte er mit den Worten ab: „Ich kenne diese Erfindung wohl, aber ich würde mich schämen, sie anzuwenden" (Rüstow *4.25*, 63). Ein ähnlicher Geist spricht aus der Antwort, die ein orientalischer Kadi einem europäischen Forscher im 19. Jahrhundert auf seine Bitte um Informationen über die Stadt Mossul erteilte: „Was du von mir verlangst, ist zugleich unnütz und schädlich. [...] Wenn du meinst, daß diese gelehrten Dinge dich besser gemacht, als ich bin, so sei mir doppelt willkommen, ich aber danke Gott, daß ich danach nicht forsche, was ich nicht zu wissen brauche, du bist in Dingen unterrichtet, die mir gleichgültig sind, und was du gesehen hast, ich verachte es.

114

Wird dir ein umfassenderes Wissen einen zweiten Magen schaffen und deine Augen, die überall hin sich senken, alles durchstöbern, werden sie dir ein Paradies aufspüren?" (zit. lt. P. Mennicken *4.20*, 152). Das unbedingte Festhalten an der überkommenen Tradition und die Achtung vor einer geheiligten Naturordnung, die aus diesen Beispielen sprechen, sind uns heute völlig fremd. Gerade an diesem Gegensatz wird jedoch deutlich, daß die jetzige Einstellung, bei der man sich scheuen würde, eine technische Neuerung nicht anzuwenden, das Resultat einer ganz bestimmten geistesgeschichtlichen Entwicklung darstellt.

So weist denn auch Hall darauf hin, daß im Stadium der Handwerkstechnik sehr viele Menschen tagtäglich mit technischen Geräten (Webstuhl, Mühle, Pflug, Pferdegeschirr) umgingen und gleichwohl über viele Jahrhunderte hinweg nicht die geringsten technischen Neuerungen vorgenommen wurden, obwohl dazu – aus unserer Sicht – gar kein besonderer Scharfsinn notwendig gewesen wäre. Erst als Maschinen und kompliziertere technische Verfahren eingeführt wurden, mit denen nur relativ wenige direkt befaßt waren, und Erfindungen zunehmend speziellere Kenntnisse erforderten, setzte der Prozeß der stürmischen technischen Entwicklung ein (*4.11*, 128). Dies zeigt, daß der Wille zum technischen Fortschritt eine ganz bestimmte Einstellung voraussetzt, die nur in einem entsprechenden geistigen Klima gedeihen kann. Die besonderen intellektuellen Voraussetzungen für die in Europa beginnende großangelegte technische Umgestaltung der Welt haben denn auch in der abendländischen Kultur- und Geistesgeschichte ihren Ursprung.

d) Vernunftdenken und Aufklärung

Eine entscheidende intellektuelle Vorbedingung für die systematisch durchrationalisierte moderne Technik ist ferner das *Vernunftdenken*, das sich im Verlauf der europäischen Geistesgeschichte herausgebildet hat und zum Vehikel für den aktiven technischen Schaffensdrang geworden ist. In der Frontstellung gegen ein naives Alltagswissen und gegen ungeprüfte tradierte religiöse oder wissenschaftliche Autoritäten kommt diese Haltung insbesondere in der *Aufklärung* mit ihrem Ideal der allgemeingültigen, logisch-schlüssigen und selbstgeprüften Erkenntnis zur Geltung. Dieses sachbezogene Denken, das nur auf die objektive intellektuelle Einsicht um ihrer selbst willen ausgerichtet ist und von der persönlichen Stellungnahme ebenso wie vom konkreten Lebens- und Geschichtszusammenhang abstrahiert, kulminiert in der Idee der ‚Wertfreiheit‘ der Wissenschaft.

Für die auf diese Weise hochstilisierte unparteiisch-asketische Einstellung bildet im *theoretischen* Bereich die Objektivität und Allgemeingültigkeit der wissenschaftlichen Erkenntnis das oberste Ziel. Auf das *praktische* Handeln angewandt bietet ebendieser Denkstil die Möglichkeit zur ‚optimalen‘ Lösung technischer Aufgaben, die ja ihrer Natur nach ‚wertfrei‘, unpersönlich und austauschbar sind und genau den Kriterien des versachlichten Denkens entsprechen. Die nüchtern-prosaische – und gerade deshalb so erfolgreiche und effiziente – Konzentration auf die technische Verfahrensweise hat jedoch zwangsläufig zur Folge, daß die intellektuelle Energie ganz auf unpersönliche und damit ‚unmenschliche‘ Fragen gelenkt wird. So ist denn auch die Flucht in irrationale Zeitströmungen und in ein vielfach unreflektiertes und rein emotional bestimmtes Engagement als Reaktion auf die kalte Anonymität der modernen technisch-wissenschaftlichen Welt zu verstehen.

Die Ursprünge des Vernunftdenkens liegen in der griechischen Antike. Bei einem sehr summarischen Überblick könnte man sogar die gesamte europäische Geistesgeschichte als einen fortlaufenden, bis in die Gegenwart andauernden Aufklärungsprozeß betrachten. Dennoch ist diese Entwicklung keineswegs gradlinig und ohne Umbrüche verlaufen. Einen entscheidenden Einschnitt bildet dabei der Übergang vom Mittelalter zur Neuzeit, der in der Regel als Prozeß der Säkularisierung, d. h. als Emanzipation von kirchlicher Bevormundung und als Hinwendung zur diesseitigen Welt gedeutet wird. Dabei sind allerdings gewisse Einschränkungen anzubringen. So hat gerade die mittelalterliche Kirche in ihrer

Verfassung, in ihrer Rechtsstruktur und vor allem in der scholastischen Philosophie wesentliche Elemente der Rationalität verwirklicht (Brunner *4.4*, 91). Ähnlich wie in der marxistischen Theorie die kapitalistische Produktionsweise im Sinne der von Hegel übernommenen Geschichtsteleologie als notwendige Übergangsstufe auf dem Weg zum Kommunismus erscheint, könnte man demnach die rationalistischen Tendenzen des kirchlich geprägten Mittelalters als Voraussetzung für das säkularisierte Denken der Aufklärungszeit betrachten.

Gegenüber einer solchen Auffassung, bei der die Moderne nur vor der Folie des Mittelalters erscheint, macht jedoch H. Blumenberg die „Legitimität der Neuzeit" geltend. Für ihn ist die neuzeitliche Wissenschaft ein Instrument zur *Selbstbehauptung* der Vernunft, die ihrerseits keiner zusätzlichen Rechtfertigung bedarf, und in der industrialisierten Technik sieht er „die der Inhumanität der Natur begegnende Selbstbehauptung des Menschen" (*4.3*, 265). Folgt man dagegen Arendt, so ist die von der Technik bestimmte Moderne gerade dadurch gekennzeichnet, daß die Vernunft im Sinne einer ursprünglich gegebenen und sich selbst offenbarenden kontemplativen Wahrheitserkenntnis *verlorengeht* und ersetzt wird durch eine leerlaufende aktive (technische) Betriebsamkeit, die sich nur noch auf abstrakte mathematische Theorien und das Ideal der physischen Reproduzierbarkeit konzentriert (*4.1*, 244–297).

In diesen beiden kontroversen Positionen kommt der *ambivalente* Charakter der modernen Technik zum Ausdruck: Sie hat die Voraussetzungen für ein von der Not und den Zwängen der biologischen Existenz weitgehend befreites Dasein geschaffen und kann deshalb verstanden werden als Aneignung der Natur durch den autonomen, sich selbst bestimmenden Menschen. Dieser Technisierungsprozeß hat aber gleichzeitig auch neue Zwänge und Gefährdungen für die kulturelle und geistige Existenz und sogar für das physische Überleben der Menschheit gebracht. Entscheidend für die Beurteilung ist dabei der zugrunde gelegte Vernunftbegriff: Als Ausdruck der aktiven, vernunftbestimmten Autonomie und

117

der daraus resultierenden Umgestaltung der Natur für menschliche Zwecke stellt die moderne Technik eine positive Errungenschaft dar. Doch neben ihrer Funktion für die aktive, rationale Bewältigung von Problemen kann man die Vernunft auch als Instanz für die kontemplative Reflexion und die Sinnerfüllung der persönlichen Existenz in Anspruch nehmen. Dieser Maßstab führt dann zwangsläufig zu einem negativeren Urteil über die moderne Technik.

e) Die Verdinglichung der Natur

Die heutige Technik verdankt ihre Leistungsfähigkeit der systematischen und planvollen Indienstnahme von Naturprozessen. Nach dem gegenwärtigen Verständnis gilt die physische Welt als ein beliebig manipulierbares Objekt: Dem technischen Handeln ist – abgesehen vom Stand der materiellen und der ideellen Ressourcen – nur durch die Gesetzmäßigkeit der jeweiligen physischen Prozesse eine definitive Grenze gesetzt. Wie die Kultur- und Geistesgeschichte zeigt, ist diese Einstellung jedoch keineswegs selbstverständlich. Sie hat sich erst im Verlauf einer ‚Entheiligung‘ und ‚Entzauberung‘ der Natur herausgebildet, die schließlich nicht mehr als ein beseelter und verehrungswürdiger Kosmos, sondern nur noch als eine (zufällig) vorhandene und beliebig nutzbare Ansammlung von lebloser Materie gilt. Damit erweist sich die *Verdinglichung* der Natur als eine weitere Voraussetzung für die systematische Umgestaltung der Natur durch die moderne Technik.

Um ein grundsätzlich anderes Naturverständnis aufzuweisen, dem der physische Kosmos als eine unantastbare organische Ganzheit erscheint, in die auch der Mensch als Teil der Natur eingeordnet ist, muß man nicht auf das magische Denken oder auf die Vorstellungen der Alchimisten zurückgreifen. Gegenüber einer rein ‚materiellen‘, versachlichten Naturauffassung wurden auch religiöse Vorbehalte geltend gemacht. Das ist besonders deutlich bei F. Bacon zu erkennen, der – seiner Zeit weit vorauseilend – die Idee einer mit wissenschaftlichen Methoden betriebenen Technik propagierte. Er

118

konnte seine Vorstellungen nur rechtfertigen, indem er ausdrücklich auf den gottgewollten und moralisch unbedenklichen Charakter einer systematisch perfektionierten Naturforschung hinwies, die keineswegs mit der Hybris des Sündenfalls gleichzusetzen sei (*4.2 IV*, 20). Und die Autoren der ‚Maschinen-Bücher' des 16. bis 18. Jahrhunderts beriefen sich durchweg auf die Vorstellungen und Leitbilder der biblisch-christlichen Tradition, um die positive Bedeutung der *ars mechanica* herausstellen zu können. In diesem Prozeß der vermeintlichen Angleichung der Technik an das Christentum ist jedoch die biblische Überlieferung zunehmend im Sinne der Technik uminterpretiert worden: „Die Arbeit schafft das Paradies, das Wunder soll möglichst natürlich sein." Aufgrund dieser Umdeutung und Assimilation konnte sich das technische Denken dann in der Folgezeit ohne großen Widerstand allgemein durchsetzen (A. Stöcklein *4.28*, 111 f.).

In weitgehend säkularisierter Form ist ein organisches, ganzheitliches Naturverständnis noch für die Romantik oder – jeweils in abgewandelter Form – auch für Goethe oder A. v. Humboldt bestimmend. Mit den Erfolgen der Industriellen Revolution und der naturwissenschaftlichen Forschung im 19. Jahrhundert entschwindet diese Naturauffassung schließlich aus dem allgemeinen Bewußtsein; nur in der ästhetischen Erfahrung, im Freizeitwert der Naturbegegnung und in der Forderung nach einer unbeschädigten Umwelt wird ihr heute noch eine rudimentäre Berechtigung zugebilligt. Die historisch vollzogene Abwendung von einem organisch-ganzheitlichen Verständnis bedeutet offensichtlich nicht nur einen *Fortschritt* an mathematisch-naturwissenschaftlicher Erkenntnis und einen *Gewinn* an technischen Handlungsmöglichkeiten, sondern gleichzeitig auch einen Verlust an unmittelbar einsichtiger und in sich geschlossener Naturerfahrung (Arendt *4.1*, 246–258). Darin zeigt sich einmal mehr, daß die Leistungen der modernen Technik ihren *Preis* haben: Sie sind nur zu verwirklichen, wenn die physische Welt als beliebig verfügbares Arsenal für die naturgesetzlich möglichen technischen Anwendungen betrachtet wird. Ästhetische, ethische und existentielle Gesichtspunkte, die durch die versachlichte, naturwissenschaftlichtechnische Betrachtungsweise von vornherein ausgeschlossen sind, müssen nun als ‚fremde' Kriterien zusätzlich an die Natur herangetragen werden.

f) Die mechanische Naturauffassung

Eine weitere Voraussetzung für die neuzeitliche Technik bildet die *mechanische Naturauffassung* (vgl. E. J. Dijksterhuis *4.7*). Diese Konzeption ist bereits in den Ideen der antiken Atomisten angedeutet, doch erst beim Übergang vom Mittelalter zur Neuzeit wird sie zum allgemein anerkannten Prinzip für die Beschreibung von Naturprozessen. Für Menschen, die nicht von vornherein mit mechanischen Apparaturen vertraut sind, ist die Vorstellung von der Natur als einem riesigen mechanischen Gebilde keineswegs selbstverständlich oder auch nur einleuchtend. So können denn auch Kinder trotz ihrer Erfahrungen in einer technisierten Umwelt die mechanische Denkweise immer nur nach einer langjährigen Schulung erfassen. Dagegen liegt das an biologischen Wachstumsprozessen und zielgerichteten menschlichen Handlungen orientierte teleologische Weltbild des Aristoteles der elementaren Naturerfahrung viel näher; es ist denn auch bis zum Beginn der Neuzeit für das naturphilosophische bzw. naturwissenschaftliche Denken bestimmend gewesen. Im Rahmen dieses finalen Naturverständnisses wird in durchaus naheliegender Weise unterschieden zwischen den natürlichen, von sich aus eintretenden Prozessen und den künstlich vom Menschen durch technische Hilfsmittel erzwungenen Abläufen. Durch die mechanische Denkweise wird diese teleologische Naturauffassung in drei wesentlichen Punkten abgeändert: (1) Das Orientierungsmodell sind nicht mehr die natürlichen, spontan in der Natur auftretenden biologischen Vorgänge, sondern die *künstlich* durch Menschenhand unter Benutzung entsprechender Apparaturen und Instrumente erzeugten *mechanischen* Prozesse. (2) Das begriffliche Arsenal für die Beschreibung und Analyse aller Naturphänomene wird nicht mehr aus den ‚höheren' und komplexeren organischen Prozessen gewonnen, sondern den ‚*niederen*' und einfacheren *anorgani-*

schen Abläufen entlehnt. (3) An die Stelle der synthetischen, auf das Endresultat des jeweiligen Prozesses abgestellten teleologischen Betrachtungsweise tritt die *analytische* Untersuchung des *funktionalen* Zusammenhangs zwischen räumlich und zeitlich unmittelbar aufeinander folgenden Zuständen.

Das mechanische Naturverständnis, auf dem die Naturwissenschaften und die Technik der Neuzeit beruhen, geht auf handgreifliche Erfahrungen *und* theoretische Überlegungen zurück. Vorläufer für beide Elemente lassen sich schon im Spätmittelalter aufweisen. Die theoretische Konzeption beruht insbesondere auf der physikalischen Impetustheorie und den Ansätzen zu einer quantitativen mathematischen Beschreibung von Naturprozessen im Rahmen der Scholastik (Dijksterhuis *4.7*, 211–225). Die empirische Grundlage für das mechanische Denken stammt vor allem aus den kunstvollen Uhrenkonstruktionen des Spätmittelalters. Im 14. Jahrhundert hat N. Oresme als erster das Weltall als ein riesiges mechanisches Uhrwerk gedeutet, das von Gott geschaffen und in Betrieb gesetzt worden sei, so daß sich alle Räder in bestmöglicher Übereinstimmung bewegen (White *4.30*, 101). Von R. Descartes stammt dann die bis heute wirksam gebliebene Ausformulierung und philosophische Begründung des mechanischen Weltbildes (vgl. A. Baruzzi *1.5*). Im Verein mit dem mathematischen Formalismus bildet die mechanische Naturauffassung das Fundament der von Galilei vorbereiteten und von J. Newton aufgestellten klassischen Mechanik, die zur Grundlage für alle weiterführenden naturwissenschaftlichen Theorien geworden ist. Die gemeinsame Fundierung in der mechanischen Naturauffassung bildet denn auch den Ermöglichungsgrad für die erst in der Gegenwart voll zur Geltung gekommene Wechselbeziehung zwischen Technik und Naturwissenschaften.

In früheren Epochen war das technische Handeln weitgehend in die organisch-biologische Sphäre eingeordnet (Jagd, Fischfang, Ackerbau, Viehzucht, Reit- und Lasttiere). Die moderne Technik verdankt dagegen ihre Leistungsfähigkeit dem Kunstgriff, daß man sich weitgehend von diesen Bindungen gelöst hat und statt dessen die erwünschten technischen Resultate mit Hilfe entsprechender Artefakte durch künstlich herbeigeführte anorganisch-mechanische Prozesse erzielt. Gemessen an der biologischen Evolution, die von einfachen anorganischen Strukturen zu komplexeren organischen Gebilden führt, beruht die moderne Technik also auf einer Art Regression: Man greift auf die primitiveren und leichter zu handhabenden Prozesse des entwicklungsgeschichtlich früheren anorganischen Stadiums zurück. Die systematische Entfaltung dieser für den Menschen als biologisches Wesen eigentlich ‚unnatürlichen' anorganisch-mechanischen Verfahrensweise hat es dann ermöglicht, die nutzbaren Leistungen der organischen Technik bei weitem zu übertreffen.

g) Die mathematische Methode

Die Leistungsfähigkeit der modernen Technik hat ferner die Anwendung *mathematischer Methoden* zur Voraussetzung. Um die Abmessungen technischer Systeme und den Umfang der einschlägigen physikalischen und chemischen Prozesse festlegen zu können, muß man immer entsprechende Berechnungen anstellen, die dann – zumindest näherungsweise – die technisch optimale Lösung liefern. Die exakte quantitative Beschreibung technischer Abläufe ist historisch und systematisch eng mit der mechanischen Naturauffassung verknüpft, aber keineswegs mit ihr identisch: So können einerseits einfache mechanische Apparate auch ohne mathematische Berechnungen, allein auf Grund qualitativer Vorstellungen und des überlieferten handwerklichen Erfahrungswissens, gebaut werden. Und andererseits zeigt die Geschichte der Mathematik, daß sich abstrakte Kalküle wegen ihres formalen, logischen Aufbaus weitgehend unabhängig von konkreten Anwendungsproblemen entwickeln lassen. Insgesamt gesehen ist jedoch in der Neuzeit die enge Verbindung und wechselseitige Steigerung von mechanischem Naturverständnis und mathematischer Methode unverkennbar.

Für die Entwicklung der Technik ist das mathematische Denken in dreifacher Hinsicht bedeutsam geworden: (1) Die theoretische Idee der *quantitativen Exaktheit,* die ihr empirisches Gegenstück in der genauen Messung von Beobachtungsgrößen findet, ermöglicht einen zahlenmäßigen Vergleich zwischen konkurrierenden Verfahrensweisen und schafft damit die Voraussetzung für den technisch optimalen Einsatz der vorhandenen Ressourcen. (2) Die Konzeption der *funktionalen Abhängigkeit,* bei der im einfachsten Fall die Veränderung einer Größe während der definierten Variation einer anderen Größe dargestellt wird, liefert ein begriffliches Instrumentarium für die isolierte Untersuchung der jeweils interessierenden, spezifischen Zusammenhänge. Dieser mathematische Ansatz erlaubt es, daß man sich ausschließlich auf die Beziehung zwischen den relevanten Parametern konzentriert und dadurch die jeweiligen technischen Möglichkeiten voll ausschöpft. (3) Das Operieren mit *abstrakten Variablen* bietet einen Ausgangspunkt für die begriffliche und konkrete Isolierung einzelner technischer Elemente, Prozesse und Phänomene, die je nach Wunsch auf die verschiedenste Weise *kombiniert* werden können, wodurch dann immer neue Möglichkeiten des technischen Handelns entstehen.

h) Experimentelle Untersuchungen

Die mechanische Naturauffassung und die mathematische Methode stellen jedoch nur theoretische Konzeptionen dar, die für sich allein genommen noch keine praktische Anwendbarkeit verbürgen. Sie bedürfen stets der empirischen Rückbindung an die konkreten Gegebenheiten, damit sichergestellt ist, daß die jeweiligen theoretischen Ansätze auch tatsächlich reale Phänomene der materiellen Welt beschreiben. Methodisch gesehen beruht denn auch der Aufschwung der Technik und der Naturwissenschaften auf der *Kombination* der mathematisch-mechanischen Theorie mit systematisch durchgeführten *experimentellen Untersuchungen.* Das eigentliche Novum bilden dabei die aktiven Eingriffe in das Naturgeschehen, die seit der Neuzeit an die Stelle der vorher üblichen passiven Beobachtung treten. Erst die zielgerichtete ‚Befragung‘ der Natur anhand geeigneter Experimente – die ihrerseits an entsprechende technische Hilfsmittel gebunden sind – hat die systematische Indienstnahme der physischen Welt durch den Menschen ermöglicht.

Diese aktive, zugreifende Einstellung ist ihrerseits eine spezifische Ausformung der unter Punkt e) genannten Verdinglichung der Natur, die ja bei allen Experimenten als ein beliebig verfügbares Objekt betrachtet wird. Die Geisteshaltung, die diesem Vorgehen zugrunde liegt, ist im Prinzip bereits bei Bacon formuliert, der empirische Untersuchungen mit einem Gerichtsverfahren vergleicht, das der Menschheit durch göttliche Gnade und Vorsehung gewährt wird, damit sie ihr Recht über die Natur erlangen kann (*4.2 IV*, 263). In säkularisierter Form findet sich diese Metapher dann wieder bei I. Kant, der davon spricht, daß die Vernunft mit dem Experiment an die Natur herangehen müsse, „aber nicht in der Qualität eines Schülers, der sich alles vorsagen läßt, was der Lehrer will, sondern eines bestallten Richters, der die Zeugen nötigt, auf die Fragen zu antworten, die er ihnen vorlegt" (*4.14 II*, B XIII f.).

Technische Maßnahmen und experimentelle Untersuchungen sind eng miteinander verknüpft: In beiden Fällen geht es darum, daß Objekte hergestellt und Prozesse herbeigeführt werden, die zu technisch erwünschten bzw. wissenschaftlich interessierenden Resultaten führen. Deshalb kann man alle (geglückten oder mißlungenen) technischen Konstruktionen als Versuche betrachten, aus denen sich ganz bestimmte Erfahrungen ergeben. Doch erst mit Hilfe gezielter Experimente unter genau festgelegten Bedingungen wird es möglich, die jeweils interessierenden Zusammenhänge zu isolieren und dann im einzelnen zu untersuchen. So hat denn auch die Einführung spezieller ingenieurtechnischer Laboratorien im 19. Jahrhundert wesentlich zum technischen Fortschritt beigetragen, der seinerseits wiederum neue Möglichkeiten für experimentelle Untersuchungen geschaffen hat.

Der Weg, den die Menschheit mit den systematischen, theoriegeleiteten und mit technischen Hilfsmitteln durchgeführten Experimenten beschritten hat, liefert nicht nur die *willkommene* empirische Grundlage für naturwissenschaftliche Erkenntnisse und technische Handlungsmöglichkeiten.

Durch den nahezu unbegrenzten Spielraum für die Manipulation der physischen Welt, der dadurch eröffnet wird, ergeben sich gleichzeitig auch äußerst *bedrohliche* Perspektiven. Bei einer Fortsetzung des gegenwärtigen Trends, die durch die wissenschaftlich-technische Entwicklung geschaffenen Forschungsmöglichkeiten voll auszuschöpfen und das auf diese Weise gewonnene Wissen dann auch tatsächlich zur Anwendung zu bringen, rückt die Gefahr einer Selbstzerstörung der Menschheit durch perfektionierte Superwaffen oder molekularbiologische Manipulationen immer näher. Da die physische Welt – abgesehen von den ihr immanenten Strukturgesetzen, die durch die modernen Forschungsmethoden immer genauer erfaßt werden – dem erkennenden und handelnden Zugriff keine Schranken entgegensetzt, muß sich die Menschheit im Umgang mit der Natur schließlich selbst bestimmte Beschränkungen auferlegen, wenn hier eine Katastrophe vermieden werden soll.

9. Komplexe Zusammenhänge

Die geschilderten historischen Wechselbeziehungen und systematischen Abhängigkeitsverhältnisse zwischen den sozial-ökonomischen, technikimmanenten und intellektuellen Vorbedingungen der modernen Technik haben deutlich gemacht, daß die komplexe und vielfältig verschlungene Entwicklung durch ein lineares Schema oder ein monokausales Erklärungsprinzip nicht zureichend erfaßt werden kann. So stellt insbesondere die vollständige Zurückführung des geschichtlichen Prozesses auf Idealfaktoren (theoretische Interessen, Wertorientierungen und weltanschauliche Voraussetzungen) oder auf Realfaktoren (technisch-materielle Arbeitsprozesse und sozialökonomische Verhältnisse) eine unangemessene Verkürzung des tatsächlichen Geschehens dar.

In beiden Fällen wird übersehen, daß sowohl die geistig-weltanschauliche Ausrichtung als auch die konkreten, materiellen Lebensverhältnisse jeweils in einer *historischen Kontinuität* stehen, die innerhalb gewisser Grenzen einen Wandel erlaubt – sonst gäbe es keinerlei Veränderung –, wobei aber die dadurch bestimmten Vorgaben ihrerseits in einem Prozeß der wechselseitigen Beeinflussung von Ideal- und Realfaktoren zustande gekommen sind. Wie die vorliegende Literatur zeigt, ist es möglich – und im Sinne der fachwissenschaftlichen Arbeitsteilung auch durchaus legitim –, jeweils eine sozialökonomische, eine ingenieurtechnische und eine geistes- und wissenschaftsgeschichtliche Technikgeschichte zu schreiben. Das Bild einer hermetisch in sich abgeschlossenen Entwicklung, das auf diese Weise entsteht, beruht darauf, daß der Zusammenhang zwischen den einzelnen Bereichen ausgeblendet wird. Man beschränkt sich nur auf die gerade thematisierte Betrachtungsweise und bleibt dabei gleichsam blind gegenüber allen sonstigen Bestimmungsgrößen. Daß hier gewisse Abhängigkeiten vorliegen, läßt sich kaum bestreiten. Die eigentliche Schwierigkeit, die immer einen erheblichen Deutungsspielraum offenläßt, besteht darin, das in den historischen Daten zunächst immer nur feststellbare *gleichzeitige* Auftreten bestimmter Phänomene tatsächlich als Resultat einer echten *Wechselwirkung* bzw. als Ergebnis des *kausalen Hervorbringens* der einen Seite durch die andere zu erweisen. Schon durch eine einfache handlungstheoretische Analyse läßt sich zeigen, daß hier stets mehrere Faktoren gleichzeitig relevant sind: Jede technische Aktion wird von einem individuellen oder kollektiven *Handlungssubjekt* ausgeführt, das in einer konkreten, durch sozialökonomische, ingenieurwissenschaftliche und intellektuell-weltanschauliche Vorgaben geprägten *Situation* mit einer bestimmten Absicht oder *Zielsetzung* handelt. Dabei kann der ‚ideelle‘ Plan nicht unabhängig von den ‚materiellen‘ sozioökonomischen und technikimmanenten Vorgaben gewählt werden. Andererseits schreiben die Verhältnisse für sich allein genommen noch keine bestimmte Handlungsweise vor; erst aufgrund einer *Bewertung* der vorliegenden Gegebenheiten ergibt sich eine konkrete Zielsetzung. Durch die vorausgehende historische Entwicklung ist also immer ein Handlungsspielraum vorgegeben, innerhalb dessen die Entscheidung über den Umgang mit den gegebenen technischen Möglichkeiten getroffen wird.

126

Die Vorstellung von individuellen oder gesellschaftlichen Bedürfnissen, die eine ganz bestimmte Handlungsweise erforderlich machen, kann hier nicht zur Klärung beitragen. Denn das Verlangen, einen wahrgenommenen Spannungszustand auszugleichen oder einem empfundenen Mangel abzuhelfen, ist in seiner konkreten inhaltlichen Bestimmung nicht naturwüchsig vorgegeben. Es vermag sich – abgesehen von elementaren biologischen Reflexen – immer nur vor dem Hintergrund einer spezifischen Wert- oder Präferenzordnung einzustellen, durch die aus der Menge der realisierbaren Zustände jeweils *ganz bestimmte* als erstrebenswert bzw. als zu vermeidend ausgezeichnet werden. Unter diesem Gesichtspunkt ist in der kulturhistorischen Relativität der Wertsysteme – und nicht in den sozioökonomischen Verhältnissen, deren Zustandekommen ebenfalls von entsprechenden Wertorientierungen abhängig ist – der eigentliche Grund für die unterschiedliche Entwicklung der Technik in den verschiedenen Hochkulturen zu suchen.

Daraus folgt jedoch nicht, daß die moderne Technik das Resultat eines völlig willkürlichen und gleichsam freischwebenden Wertwandels ist. Wie die Skizze des historischen Entwicklungsgangs zeigt, weist der Prozeß, der schließlich zur gegenwärtigen Situation geführt hat, in seinen verschiedenen Etappen durchaus eine immanente Logik auf, die seit der Renaissance und insbesondere seit der Industriellen Revolution durch eine wechselseitige Abhängigkeit zwischen den technischen Gegebenheiten und den jeweiligen Wertvorstellungen gekennzeichnet ist. So sind denn auch die heute in den Industrienationen weithin selbstverständlichen Bedürfnisse nach technischem Komfort erst durch die technische Entwicklung ,erzeugt' bzw. aktualisiert worden. K. Boulding meint, daß es sich hier um das Problem von Ei und Henne handelt, weil in der Regel gar nicht eindeutig feststellbar ist, ob jeweils neue Werte zu einer neuen Technik führen oder eine neue Technik ihrerseits neue Werte zur Folge hat (5.2, 347). Diese an der gegenwärtigen, technikbestimmten Situation abgelesene These wird verständlich, wenn man bedenkt, daß die jeweiligen Wertvorstellungen ihrerseits von der (durch die Technik geprägten) konkreten Lebenswelt und von den jeweiligen (technischen) Handlungsmöglichkeiten abhängen. Dennoch liegt hier keine eindeutige Determination vor. Trotz der jeweils vorliegenden Trends ist immer eine Umwertung und damit auch eine veränderte Einstellung möglich, bei der nicht mehr blind und ohne Rücksicht auf die kommenden Generationen von den technischen Möglichkeiten Gebrauch gemacht wird.

10. Naturtrieb und Gestaltungswille

Doch der Aufweis komplexer historischer Abhängigkeitsbeziehungen entspricht nicht dem Bedürfnis nach einer einheitlichen und übersichtlichen Deutung des Werdegangs der modernen Technik. Es fehlt denn auch nicht an Versuchen, in einer gewissen Distanz zu den unmittelbaren Gegebenheiten im Rahmen einer abstrakten Betrachtungsweise ein grundlegendes Prinzip namhaft zu machen, das ‚hinter' dem konkreten Geschehen wirksam ist. Derartige Ansätze beruhen offensichtlich auf der Erwartung, daß auf diese Weise dann doch möglich wird, eine allgemein und grundsätzlich gehaltene monokausale Erklärung zu finden. In diesem Zusammenhang ist festzustellen, daß in der Literatur vielfach nicht klar unterschieden wird zwischen der *arbeitsmethodischen* Beschränkung auf einen einzigen Aspekt, der dann näher untersucht wird, und dem weitergehenden Anspruch, mit diesem einen Gesichtspunkt auch bereits eine *erschöpfende* Erklärung des Gesamtphänomens zu geben. Zum Zweck einer summarischen Übersicht lassen sich dabei zwei Grundpositionen unterscheiden, die man etwa als die praktisch-naturalistische und die theoretisch-kulturelle Technikdeutung bezeichnen kann.

Die *praktisch-naturalistische Deutung* Gehlens geht aus von der biologischen Verfassung des Menschen als eines durch fehlende Instinktfixierung und unzulängliche natürliche Ausstattung gekennzeichneten „Mängelwesens", das einer weithin feindlichen Umwelt „organisch mittellos" gegenübersteht

128

und deswegen auf die Herstellung von Werkzeugen und das vorausschauende, planvolle und spezialisierte (technische) Handeln verwiesen ist, durch das die vorgefundenen Naturbedingungen den menschlichen Erfordernissen angepaßt werden (*5.9*, 46–48). Technische Eingriffe in das Naturgeschehen und die Herstellung von Artefakten sind also keine willkürlichen Maßnahmen, die sich auf das Verstandesdenken oder auf Nützlichkeitserwägungen reduzieren lassen. Sie sind vielmehr unabdingbare Voraussetzungen für die „Entlastung" vom physischen Lebensdruck; der Mensch ist seiner Natur nach immer auf technisches Handeln angewiesen (94).

Eine zentrale Rolle kommt dabei nach Gehlen den überschaubaren, sich ständig wiederholenden und automatisch ablaufenden Prozessen zu. Sie tragen dem Bedürfnis nach Umweltstabilität Rechnung und bieten einen Ersatz für die fehlenden Instinkte. Die Faszination, die von reibungslos funktionierenden mechanischen Abläufen (Uhren, Motoren) ausgeht, beruht auf einer inneren Affinität zur Technik, die ganz unabhängig von der konkreten Leistung des jeweiligen Gerätes ist. So hat man sich jahrhundertelang um die Konstruktion eines ohne äußere Kraftzufuhr beständig funktionierenden *perpetuum mobile* bemüht, ohne dabei praktische Absichten zu verfolgen. Der in der menschlichen Natur angelegte triebhafte Prozeß der Mechanisierung beruht auf geschlossenen „Handlungskreisen", d. h. auf Aktionsprozessen, die durch Rückmeldung des jeweils erzielten Erfolges bzw. Mißerfolges kontrolliert werden und schließlich in gewohnheitsmäßig vollzogene automatische Bewegungen übergehen, die den Menschen von der Aufgabe entlasten, Handlungssituationen je aufs neue bewältigen zu müssen (*5.8*, 15–18). Zusammenfassend kommt Gehlen zu dem Ergebnis, daß „die Technik seit ihren Anfängen triebhafte, unbewußte, vitale Bestimmungsgründe hat: Die konstitutionell menschlichen Merkmale des Handlungskreises und des Entlastungsprinzips stehen als Determinanten hinter der gesamten technischen Entwicklung" (19).

Die eigentliche Leistung von Gehlens anthropologischem Ansatz besteht darin, daß er gegenüber einem rein geistigintellektuellen Verständnis die nichtrationalen Antriebe für das technische Handeln ins Blickfeld bringt. Problematisch ist dagegen der Vollständigkeitsanspruch dieser Erklärung. Die Entlastung des Menschen von physischer Arbeit durch einfache mechanisierte Prozesse mag tatsächlich einem innersten triebhaften Bedürfnis entsprechen. Doch vom Organersatz durch Werkzeuggebrauch und vom Vollzug elementarer eingeschliffener, reflexartiger Handlungen ist es ein weiter Weg bis zu den hochkomplexen Systemen der modernen Technik. Dabei findet die Faszination durch funktionierende und überschaubare mechanische Abläufe ihr Gegenstück in der Frustration, die von undurchschauten technischen Prozessen ausgeht. Und die rigorosen Zwänge monotoner und gleichförmiger mechanischer Abläufe stehen durchaus im Gegensatz zu den flexiblen Zeitrhythmen der organischen Natur, denen der Mensch als biologisches Wesen unterworfen ist.

So kann der gegenwärtige Drang zur radikalen technischen Umgestaltung der Welt wohl in seinen ersten Ansätzen, nicht aber in der heute konkret vorliegenden Form als Resultat eines Naturtriebs gedeutet werden. Wenn man mit Gehlen die historisch wirksam gewordene Aneignung der physischen Umwelt auf ein konstitutionelles Triebbedürfnis zurückführen will, müßte man neben dem positiven (oder zumindest neutralen) Antrieb zur Entlastung angesichts des Raubbaus an der Natur und den mannigfachen Formen technikbedingter Entfremdung auch einen negativen, zerstörerischen Trieb zum technischen Handeln postulieren. Dabei würde man dann etwa zu einer Konzeption wie der von L. Klages gelangen, der im „Geist als Widersacher der Seele" (4.15) das technikbegründende Prinzip sieht. Der Ausrichtung seiner Anthropologie entsprechend liegt die Stärke von Gehlens Untersuchungen in dem Aufweis, warum die Menschheit *überhaupt* den Weg der Technisierung eingeschlagen hat. Seine These erklärt den Faustkeil eher als die Atombombe; sie zeigt die Ursprünge des technischen Handelns auf, nicht aber dessen historische Verlaufsstruktur und zunehmende Eigendynamik.

Durch Gehlens Zentralbegriff der Entlastung wird der Prozeß der zunehmenden Technisierung zwar äußerlich zutreffend als ‚Delegation‘ von Arbeit an technische Artefakte beschrieben. Die Beweggründe für diese besondere Art des Umgangs mit der materiellen Welt können jedoch schwerlich in einer allgemeinmenschlichen Naturausstattung liegen, denn dann hätte sich die Technisierung überall gleichförmig vollziehen müssen. Für die frühen, vorgeschichtlichen Phasen ist dies auch weithin der Fall. Doch schon bei der Entwicklung zur Handwerkstechnik treten erhebliche Differenzierungen auf, und die moderne Technik stellt innerhalb des übergreifenden Gesamtzusammenhangs ein Phänomen *sui generis* dar, das nur durch spezielle Ursachen erklärt werden kann.

Gehlens These von der ‚Entlastung‘ bietet hier keine befriedigende Erklärung, denn dabei wird vorausgesetzt, daß eine biologisch bedingte *Belastung* vorliegt, die auf eine Befreiung durch die Technik hindrängt. Eine solche naturhafte Notsituation liegt aber gerade im Fall der modernen Technik *nicht* vor. Gewiß stellt der Bau von Überschallflugzeugen, Kernreaktoren oder Farbfernsehgeräten immer auch eine Entlastung von bestimmten physischen Leistungen dar; doch diese technischen Hilfsmittel dienen nicht dazu, eine tatsächlich vorhandene bedrohliche Lage abzuwenden. Sobald das biologische Überleben gesichert ist, bedarf es einer übervitalen, *kulturellen* Leistung, um einen gegebenen Zustand überhaupt als veränderungsbedürftig zu empfinden und weitergehende ‚Bedürfnisse‘ zu entwickeln. So würde zwar *heute*, da Auto, Eisenbahn oder Flugzeug zur Verfügung stehen, jeder eine längere und beschwerliche Reise zu Pferd oder mit der Postkutsche als Zumutung empfinden, aber Goethe konnte bei seiner italienischen Reise solche Transportmittel ebensowenig vermissen, wie wir heute die technischen Neuerungen der Zukunft entbehren. Eine umfassende Analyse, die der konkreten Entwicklung der Technik gerecht werden soll, muß deshalb neben den triebhaften Bestimmungsgründen auch die intellektuellen Voraussetzungen des jeweiligen technischen Handelns berücksichtigen.

Biologische Antriebe und kulturelle Faktoren müssen denn

auch keineswegs als einander ausschließende Determinanten des Technisierungsprozesses aufgefaßt werden. Der tatsächlichen Sachlage dürfte eine Konzeption angemessener sein, die hier ein Ergänzungsverhältnis sieht. So könnte man etwa davon ausgehen, daß der nach Gehlen stets vorhandene Antriebsüberschuß des Menschen sich im Verlauf der historischen Entwicklung in zunehmendem Maße auf technische Handlungen konzentriert. Seit dem Beginn der Neuzeit, und insbesondere seit der Industriellen Revolution, wird dabei durch rationelles Wirtschaften und die Anwendung (natur)wissenschaftlicher Methoden die Effizienz der hergestellten Artefakte und der angewandten Verfahren in einer früher ungeahnten Weise gesteigert. Im Verein mit der immanenten Akkumulationsstruktur des technischen Handelns führt dieser Prozeß zu einer beständigen ‚Selbststeigerung' der Technik. Diesem Ansatz zufolge wird also der naturhafte Trieb zum technischen Handeln aufgrund der spezifischen kulturellen Bedingungen, die sich im Verlauf der europäischen Geschichte herausgebildet haben, in ganz bestimmter Weise weiterentwickelt, wobei die beständige Steigerung der dadurch geschaffenen technischen Möglichkeiten und die Dynamik der wachsenden Bedürfnisse dann in der Folgezeit zu einer explosionsartigen Technikentwicklung führen.

Arendt weist denn auch darauf hin, daß die „praktischen Instinkte des Menschen es nie zu einer nennenswerten Technisierung des Lebens gebracht hätten" (*4.1*, 282). Sie sieht den Ursprung der modernen Technik nicht in der Vervollkommnung des Werkzeuggebrauchs, sondern in dem Streben nach *theoretischer* Erkenntnis im Rahmen der von Galilei begründeten experimentellen naturwissenschaftlichen Forschung. Unabhängig von den wissenschafts- und technikhistorischen Details ist dies insofern zutreffend, als der gegenwärtige Stand der Technik undenkbar wäre ohne die Ergebnisse der zweckfreien, auf rein theoretische Einsicht ausgerichteten naturwissenschaftlichen Untersuchungen, die dann im Prinzip immer auch eine praktische Nutzung zulassen. Doch die so erschlossenen Handlungsmöglichkeiten, die heute durch eine spezifisch praxisorientierte Technikforschung ergänzt werden, führen nur insoweit zur Anwendung, wie tatsächlich eine entsprechende Bereitschaft zur Technik vorhanden ist. An dieser Stelle kommt also das spontane, willensmäßige Element des technischen Handelns zur Geltung.

Dagegen ließe sich einwenden, daß hier eigentlich gar keine Wahlmöglichkeit existiert, weil die technische Entwicklung ganz durch die jeweiligen *wirtschaftlichen* Gegebenheiten bestimmt ist. Bei einer solchen Konzeption – die z. B. von Marx (*4.17 IV–VI*) und v. Gottl-Ottlilienfeld (*2.1*) vertreten wird – übernimmt dann die Befriedigung der materiellen Bedürfnisse im ökonomischen Prozeß die Funktion der Letztbegründung, die Gehlen der biologischen Konstitution des Menschen zugewiesen hat. Doch ebenso wie die individuellanthropologische Deutung kann auch die sozial-ökonomische Erklärung für sich allein genommen nicht befriedigen. Beide Fassungen reduzieren die technische Entwicklung auf einen naturwüchsigen Prozeß, für dessen Verlauf den kulturellen Wertorientierungen und den theoretisch-wissenschaftlichen Leistungen nur die Funktion eines unselbständigen Zwischengliedes zugewiesen wird. Gegenüber einer solchen naturalistischen Technikdeutung hebt M. Schröter das „Moment des Schöpferischen, Eigenständigen, Sich-selbst-erfüllenden und Sinnhaften technischer Tätigkeit" hervor, das z. B. in der Schaffensfreude und im technischen Spieltrieb zum Ausdruck kommt. Ferner betont er, daß etwa beim Bau von Kult- und Grabstätten die Technik von Anfang an auch im Dienst der Kulturgestaltung gestanden hat (*1.26*, 25).

Für ein umfassenderes Technikverständnis plädiert auch Cassirer. Er weist darauf hin, daß die Technik bei einer methodologischen Analyse nur in den gegenständlichen Kategorien der Naturwissenschaften beschrieben wird. Bei dieser eingeengten Perspektive geht aber die Einsicht verloren, daß die Technik ebenso wie Sprache, Kunst, Religion, historische Überlieferung und Wissenschaft immer lebendiger Bestandteil der Kultur ist und damit auch an der „Totalität und Universalität" des Geisteslebens teilhat (*1.9*, 21). Das von allen äußeren Zwecksetzungen unabhängige eigentliche Wesen der Technik sieht Cassirer in einem allgemeinen Gestaltungswillen, der sich jeweils in konkreten Maßnahmen manifestiert. Ebenso wie die Sprache stellt auch die Technik keinen toten Gegenstand dar; sie ist immer nur faßbar als dynamische Kraft, die sich in der Funktion und der Ausrichtung des technischen Schaffensprozesses äußert (24).

Damit ist ein zentrales Problem der modernen Technik angesprochen: Eben weil das technische Handeln stets untrennbar mit dem kulturellen Leben der Gesellschaft verbunden ist, wächst angesichts der technisch geprägten äußeren Lebensumstände die Tendenz, auch die Denkformen und Anschauungen den technischen Gegebenheiten und ‚Sachzwängen' unterzuordnen. Je nach dem Bewertungsmaßstab, der hier angelegt wird, erscheint eine technikbestimmte Welt dann als verheißungsvolles Ziel und irdisches Paradies oder als bedrohlicher Verlust an Kultur und Menschlichkeit.

Die Spannweite der angeführten Konzeptionen entspricht der Komplexität des Phänomens ‚Technik': Der Zwang zur Umweltbewältigung und die entsprechenden naturhaft-biologischen Antriebe sind ebensowenig zu verkennen wie die Zugehörigkeit der höheren Formen des technischen Handelns zum Bereich des geistig-kulturellen Schaffens. Trotz vielfältiger Wandlungen und Einschnitte führt denn auch *insgesamt gesehen* eine kontinuierliche geschichtliche Entwicklungslinie von den elementarsten Techniken der ‚Primitiven' bis zu den komplexen Systemen der modernen Technik. Durch den Aufweis der vitalen Ursprünge des technischen Handelns in allgemeinmenschlichen Konstitutionsmerkmalen wird verständlich, daß der Mensch immer als *homo faber* auftritt. Aus der Zugehörigkeit der Technik zur Kultursphäre resultiert der *offene Horizont* des technischen Handelns, das ebenso wie alle anderen kulturellen Leistungen in mannigfach wechselnden Gestalten auftreten kann.

V. Die technisierte Welt

1. Natur und Artefakte

Im Gegensatz zu dem von menschlichen Eingriffen unberührten Naturgeschehen sind alle technischen Systeme und Prozesse ‚künstlich' erzeugte Artefakte; deshalb werden die Schöpfungen der Technik vielfach als ‚zweite Natur' der ersten, spontan existierenden Natur gegenübergestellt. Dennoch wäre es verfehlt, hier im strengen und umfassenden Sinne von einer Anti- oder Gegennatur zu sprechen. Bei näherem Zusehen zeigt sich nämlich, daß in diesem Zusammenhang mindestens drei Differenzierungen erforderlich sind:

(1) Alle technischen Projekte lassen sich immer nur insoweit realisieren, wie sie mit den Gesetzmäßigkeiten der physischen Welt übereinstimmen. Unabhängig davon, ob die einschlägigen Naturgesetze vollständig bekannt und explizit ausformuliert sind oder nur durch intuitive Erfahrungsregeln berücksichtigt werden, sind technische Maßnahmen stets an die immanenten physikalischen und chemischen Sachzusammenhänge gebunden. Hier gilt Bacons Formel „natura non nisi parendo vincitur": Das technische Handeln beruht auf dem Gehorsam gegenüber der Natur (4.2 *I*, 157). Eingriffe in das Naturgeschehen können nicht wie im Fall (historisch überlebter) sozialer Machtausübung bis zur vollständigen Zerstörung des Eigenwillens der Beherrschten getrieben werden, die dann schließlich nur noch ein willfähriges Manipulationsobjekt bilden. Der Kunstgriff des technischen Handelns besteht gerade darin, daß man – im Gegensatz zum magischen Denken – der Natur keine unrealistischen Ziele aufzwingt,

sondern sich möglichst genau ihren eigenen ‚unbeugsamen' Gesetzen anpaßt. Innerhalb des dadurch gewonnenen Spielraums hat man dann – unter Berücksichtigung der vorhandenen Ressourcen – völlige Freiheit, um die Naturprozesse im Sinne menschlicher Zwecksetzungen zu lenken. Alles, was bisher durch die Technik erzeugt wurde oder in Zukunft technisch hergestellt werden kann, befindet sich also in Übereinstimmung mit den Naturgesetzen und ist insofern keineswegs unnatürlich.

(2) Auch im Hinblick auf die konkrete physische Gestaltung der materiellen Welt stellt die moderne Technik durchaus kein singuläres Phänomen dar. Selbst anorganische Gebilde und Prozesse sind nicht amorph und formlos, sondern stets in sinnlich faßbarer Weise strukturiert. Und die belebte Natur ist auch ohne Zutun des Menschen durch Flora und Fauna zu einem in sich geschlossenen und vielfältig gegliederten Kosmos geformt und gestaltet. In diese eingespielten, ‚fließenden' organischen Gleichgewichtszustände hat der aufgrund seiner natürlichen Verfassung auf technisches Handeln angewiesene Mensch seit jeher eingegriffen und sie im Sinne seiner Zielsetzungen modifiziert. Gemessen an einer vom menschlichen Zugriff gänzlich unberührten Natur ist der Faustkeil ebenso unnatürlich wie ein Kernkraftwerk, denn beide beruhen auf menschlichen Eingriffen in die vorgefundene Umwelt. Wenn man den Menschen im Kontext der Evolution als biologisches Wesen betrachtet, sind seine technischen Erzeugisse sogar mit den im allgemeinen als ‚natürlich' geltenden Bauten von Tieren (Biberdämme, Termitenhügel, Vogelnester) vergleichbar.

(3) Schließlich ist zu bedenken, daß das Verständnis von dem natürlichen Zustand, auf den bei einer Bestimmung des künstlichen Charakters der Technik Bezug genommen wird, einem historischen Wandel unterliegt. Dies ist von der Sache her ohne weiteres einleuchtend, weil der Mensch immer als *homo faber* auftritt: Jede technische Neuerung knüpft dabei zwangsläufig an einen vorhergehenden Zustand an, der seinerseits schon durch ein bestimmtes Niveau des technischen Handelns gekennzeichnet ist; in dieser Perspektive er-

136

weist sich der erste Schritt zur Technik also zugleich als der erste Schritt zur Menschwerdung. Wie S. Moscovici hervorhebt, gilt denn auch zunächst die Tätigkeit des Bauern als natürlich, von der sich die ‚künstliche' Arbeit des Handwerkers unterscheidet. Im Verlauf der weiteren Entwicklung wird dann die Handwerkstätigkeit als selbstverständlich und natürlich betrachtet und der künstlichen Konstruktionsarbeit des Ingenieurs gegenübergestellt. Im Gegensatz zu solchen historischen Bewertungsschwellen sieht Moscovici in der Technikentwicklung einen durchgängigen Prozeß, für den keine schlechthin vorgegebenen, absoluten Maßstäbe existieren, da nach einer entsprechenden Gewöhnungszeit auch zunächst als unnatürlich empfundene Verhältnisse schließlich als natürliche Beziehung zwischen Mensch und Umwelt betrachtet werden. Jedes vom Menschen geschaffene technische Milieu ist deshalb letzten Endes ebenso natürlich wie irgendein anderes (*1.24,* 42).

Diese Argumentation hat durchaus eine gewisse Überzeugungskraft. Bei ihr wird jedoch übersehen, daß es für den Menschen als biologisches und kulturelles Wesen offensichtlich Grenzen für das Tempo der Anpassungsfähigkeit an die selbstgeschaffene technische Umwelt gibt, die nicht ohne weiteres überschritten werden können. Im praktischen Umgang mit der Technik hat die Menschheit eine erstaunliche Fähigkeit zur Anpassung an wechselnde Situationen bewiesen. Doch es bleibt die Frage offen, ob dann, wenn der technische Wandel in immer schnellerem Rhythmus erfolgt, die technisierte Welt wirklich vom individuellen Selbstverständnis und den sozialen Strukturen her bewältigt werden kann. Weil die Technisierung in den Industrienationen entstanden ist, trifft die Technik hier auf einen durch die kulturelle Tradition vorbereiteten natürlichen Nährboden und wird deshalb kaum als Fremdkörper empfunden. Für die Entwicklungsländer mit ihrem ganz anders gearteten historischen Werdegang stellt sich dagegen das Problem der Anpassung an eine schnell wechselnde technisierte Welt mit unverminderter Schärfe.

An dieser Stelle scheiden sich nun die Geister. So wird beispielsweise von Arendt (*4.1*), Ellul (*5.4*) und H. J. Meyer

(*1.22*) die moderne Technik im Namen eines Lebens- und Naturverständnisses abgelehnt, das wesentlich an den Traditionen der Handwerkstechnik und an einem naturnahen Lebensstil orientiert ist. S. Lem (*5.23*), Moscovici (*1.24*) und Ribeiro (*4.24*) plädieren dagegen für die völlige Offenheit des Technisierungsprozesses und sehen in optimistischer Technikbejahung unbegrenzte Möglichkeiten des Wandels und der menschlichen Anpassungsfähigkeit. Auch Gehlen neigt der letzteren Auffassung zu und weist darauf hin, daß die Menschheit im Laufe ihrer Entwicklung – beispielsweise beim Übergang zur Ackerbaukultur – ähnliche Epochenschwellen wie bei der Industrialisierung erfolgreich bewältigt hat (*5.8*).

Allein auf historische Tatsachenfeststellungen lassen sich derartige Thesen jedoch nicht gründen. Sie sind ihrer Natur nach wesentlich von hypothetischen und normativen Urteilen abhängig. Neben der unterschiedlichen Bewertung der gegenwärtigen Situation fließt hier immer auch eine Abschätzung der zukünftigen Entwicklung mit ein, die nur auf bestimmten Annahmen beruhen kann. Vor allem aber ist das Urteil über die Bedeutung der modernen Technik für das Schicksal der Menschheit entscheidend davon bestimmt, ob man die Essenz oder die eigentliche Natur des Menschen als ein für allemal festliegend und vorgegeben betrachtet oder ob man in ihr eine flexible Größe sieht, die sich jeweils als historisch kontingentes Resultat der vorhergehenden Entwicklung herausbildet. Es ist denn auch keineswegs ein Zufall, daß diejenigen Autoren, die der Technik kritisch bzw. ablehnend gegenüberstehen, sich mit ihrem Menschenbild an dem überkommenen kulturellen und geistigen europäischen Erbe orientieren, das sie durch die moderne Technik gefährdet sehen. Im Gegensatz dazu berufen sich Gehlen und Ribeiro mit ihren technikoptimistischen Thesen auf die anthropologische Entwicklung der Menschheit seit ihren ersten vorgeschichtlichen Anfängen, während Lem und Moscovici noch weiter ausholen und den Werdegang der Technik sogar in den Kontext der biologischen Evolution einordnen.

Aus dem Gesagten ergibt sich, daß der modernen Technik nicht schon deshalb ein künstlicher und unnatürlicher Cha-

138

rakter zugesprochen wird, weil überhaupt Eingriffe in das Naturgeschehen erfolgen, sondern deshalb, weil diese Eingriffe in einer ganz bestimmten Weise und in vorher nie gekanntem Umfang vorgenommen werden. Der entscheidende Schritt besteht darin, daß die ‚organische‘ Technik, die sich auf die einfachen Werkzeuge des Handwerkers und die von der Natur vorgegebenen Energiequellen (Wind, Wasser, tierische Arbeitskraft) stützt, in großem Stil durch eine mechanisierte, ‚anorganische‘ Technik ersetzt wird. Von wesentlicher Bedeutung ist dabei die systematische Anwendung von ständig wiederholten gleichförmigen Drehbewegungen, auf denen fast alle mechanischen Abläufe beruhen (Diesel *5.3*, 34). Durch die Erfindung des Drehbanksupports, der es gestattet, Metallteile mit hoher Genauigkeit rotationssymmetrisch zu bearbeiten, wurde dann ein eigenes Reich für die Konstruktion von Arbeitsmaschinen erschlossen, die nicht mehr die Handarbeit zum Vorbild haben oder gar versuchen, die Natur nachzuahmen (67 f.). Doch erst die Entwicklung von Kraftmaschinen (Dampfmaschinen, und später Verbrennungsmotoren und Elektromotoren), die ebenfalls auf mechanischen Konstruktionsprinzipien beruhen, hat die Benutzung der mechanisierten Werkzeuge in großem Stil ermöglicht und damit zur Industriellen Revolution geführt.

Das direkte technische Handeln in der Handwerksarbeit wird auf diese Weise ersetzt durch die vom Menschen losgelöste maschinelle Technik: An die Stelle des manuellen Werkzeuggebrauchs und der menschlichen Muskelkraft treten technische Systeme und Prozesse, durch deren Zusammenwirken dann das jeweils erwünschte Resultat zustandekommt. Während die Ausnutzung von Wind, Wasser und tierischer Arbeitskraft in der organischen Technik dem Rhythmus der Naturabläufe unterworfen bleibt und in der Handwerkstechnik eine überschaubare und unmittelbare Beziehung zum hergestellten Produkt besteht, beruht die anorganische, mechanisierte Technik von ihrer Anlage her auf gleichförmig ablaufenden, anonymen Prozessen. Wie Cassirer feststellt, hat dieser Übergang zwangsläufig einen Verlust an Naturnähe und unmittelbarer Sinnerfüllung zur Folge: „In dem

Augenblick, in dem sich der Mensch dem harten Gesetz der technischen Arbeit verschrieben hat, sinkt eine Fülle des unmittelbaren und unbefangenen Glücks, mit dem ihn das organische Dasein und die rein organische Tätigkeit beschenkte, für immer dahin" (*1.9*, 47).

Gleichgültig, ob man diesen Prozeß negativ bewertet und als Schwinden an menschlicher Substanz und unabdingbarer Lebensbedeutung beklagt oder ob man ihn als Befreiung vom Joch physischer Arbeit und als Aufbruch zu höheren Formen des Menschseins begrüßt: Der Verlust eines überschaubaren und unmittelbar sinnhaften Lebensstils durch die mechanisierte Technik ist von der Sache her unvermeidlich, wenn man die positiven Leistungen der modernen Technik in Anspruch nehmen will. Die technikbedingte Entfremdung ist der unabdingbare Preis für die physischen Erleichterungen und die gesteigerten Möglichkeiten zur Indienstnahme der materiellen Welt. Um die erhöhte Effizienz der mechanischen Verfahren tatsächlich ausnutzen zu können, ist man gezwungen, sich ihrer immanenten Logik zu unterwerfen.

Gewiß ist dabei immer ein bestimmter Handlungsspielraum gegeben. So kann man z. B. statt der rigorosen Unterwerfung unter gleichförmige, hochspezialisierte Arbeitsabläufe eine humanere, abwechslungsreichere Tätigkeit einführen. Anhand einer Güterabwägung ist dabei zu entscheiden, wie die technisch-ökonomische Effizienz und die Belange des unmittelbar an einem technischen Ablauf Tätigen gegeneinander abzugrenzen sind. Dabei eröffnet gerade auch der ingenieurtechnische Fortschritt neue Wege für eine humanere Technik. Doch diese Möglichkeiten sind grundsätzlich begrenzt durch die technisch-mechanischen Funktionsprinzipien. So kann man z. B. die Vorteile der Serienfertigung nur dann ausnutzen, wenn tatsächlich eine große Zahl gleichartiger Produkte hergestellt wird. Und ein kontinuierlich ablaufender technischer Prozeß läßt sich nur dann aufrechterhalten, wenn er stets mit derselben Aufmerksamkeit kontrolliert wird. Vor allem aber ist die ständig wachsende Komplexität technischer Systeme und Prozesse ohne eine entsprechende Spezialisierung und Arbeitsteilung undenkbar. Auch in diesem

Fall lassen sich die unerwünschten Folgen einer stark eingegrenzten monotonen Tätigkeit mildern, ohne daß sie grundsätzlich beseitigt werden könnten. Die hier am Beispiel der historisch frühesten und systematisch grundlegenden mechanischen Prozesse erläuterten Zusammenhänge gelten in entsprechender Abwandlung auch für alle anderen Bereiche der Technik.

In Analogie zu der durch die Einwirkung von Mikroben, Pflanzen und Tieren auf die anorganische Welt entstehenden Biosphäre könnte man die vom Menschen hervorgebrachte technische Umgebung als ‚Technosphäre‘ bezeichnen. Während sich die Technosphäre in früheren Epochen nahtlos in die Naturabläufe und die eingespielte Ordnung der Biosphäre einfügte, ist sie heute zu einer selbständigen Instanz geworden, die in zunehmendem Maße auch die Verhältnisse in der Biosphäre bestimmt. Die *dominierende Rolle* der Technosphäre mit ihren spezifischen, mechanisch-anorganischen Funktionszusammenhängen macht also den eigentlich künstlichen und unnatürlichen Charkter der modernen Technik aus. Neben der selbstverständlichen Einordnung des technischen Handelns in die spontanen Naturprozesse und ihre wechselnden Rhythmen geht mit der Dominanz der Technosphäre auch die unmittelbare, sinnfällige Anschaulichkeit des Naturgeschehens verloren. In der verdinglichten Naturauffassung des modernen Naturwissenschaftlers und Ingenieurs ist die physische Welt kein unmittelbar wahrnehmbarer und gestalteter Kosmos, sondern eine Ansammlung von Materie, deren Prozesse abstrakten, mathematisch formulierbaren Gesetzen unterliegen. Dabei liefert die Technik durch geeignete Instrumente und Apparaturen die experimentelle Grundlage für diese ‚Entsinnlichung‘ der Natur.

Dieses technisch vermittelte, abstrakte Naturverständnis bildet den Ausgangspunkt für die Umgestaltung der vorgefundenen ‚ersten‘ Natur in die ‚zweite‘ Natur der Technosphäre. Die auf diese Weise vom Menschen geschaffene technische Umwelt umgibt uns heute auf Schritt und Tritt, und man kann mit Heisenberg vermuten, daß sie in Zukunft ebenso untrennbar zum Menschen gehören wird „wie das

Schneckenhaus zur Schnecke oder das Netz zur Spinne" (*5.14*, 14).

Schon heute ist die äußere Lebenssituation in den Industrienationen ganz und gar durch die Technik geprägt. Nachdem die Bedrohung durch Epidemien, Hungersnöte und Naturgewalten dank technischer Hilfsmittel gebannt werden konnte, steht der Mensch nur noch der von ihm selbst geschaffenen Technik und damit in indirektem Sinne sich selbst gegenüber. Die Bedrohung geht nicht mehr von einer erbarmungslosen Natur aus, sondern nur noch von den konkurrierenden Absichten anderer Menschen bzw. von den eigenen hochgeschraubten Ansprüchen. Wenn man ferner bedenkt, daß auch das moderne Naturverständnis auf technischen Experimenten und mathematischer Theorienbildung beruht, läßt sich die gegenwärtige Situation dahingehend zusammenfassen, „daß *zum ersten Mal im Laufe der Geschichte der Mensch auf dieser Erde nur noch sich selbst gegenübersteht,* daß er keine anderen Partner oder Gegner mehr findet" (Heisenberg *5.14*, 17).

Dabei muß die effiziente Funktionserfüllung komplexer technischer Systeme durch einen hohen Spezialisierungsgrad erkauft werden. Im Gegensatz zu der relativ unspezialisierten Handwerkstechnik beruhen die hochgezüchteten Verfahren der modernen Technik auf dem komplexen Zusammenwirken verschiedener Teilsysteme, die jeweils eine ganz bestimmte Aufgabe zu erfüllen haben. Wenn ein Element versagt, fällt in der Regel das ganze System aus. So sind insbesondere die modernen Versorgungs-, Transport- und Kommunikationseinrichtungen in hohem Maße anfällig gegen Störungen durch technische Pannen, Naturkatastrophen oder Sabotageakte. Während der Mensch früher auf die Verhältnisse in der natürlichen Umwelt der Biosphäre angewiesen war, ist heute seine Abhängigkeit von dem reibungslosen Funktionieren des selbstgeschaffenen Milieus der Technosphäre nicht geringer geworden. Wenn in einem Atomkrieg alle technischen Hilfsmittel zerstört werden sollten, hätten die von der technischen Zivilisation unberührten Naturvölker die größte Überlebenschance.

2. Die kosmische Dimension

Dem gängigen Verständnis nach besteht zwischen Geschichte und Natur ein Ausschließungsverhältnis: Den vom Menschen (bewußt) hervorgebrachten mannigfach wechselnden, je einmaligen und unwiederholbaren historischen Ereignissen stehen die von Menschenhand unbeeinflußten, immer gleichbleibenden oder in kontinuierlichem Rhythmus wiederkehrenden Naturprozesse gegenüber. Dabei kann der Naturbegriff in zweifacher Weise verstanden werden: Erstens im *materialen* Sinne als Inbegriff der konkret gestalteten sinnlich faßbaren stofflichen Welt, die in ihrer phänomenalen Beschaffenheit während der Spanne eines Menschenlebens praktisch unverändert bleibt. Zweitens im *formalen*, abstrakten Sinne als Zusammenfassung der Naturgesetze, denen die konkreten Phänomene unterworfen sind; dieser strukturellen Determination der Naturprozesse wird in der Regel sogar eine überzeitliche Geltung zugesprochen.

Das Bild ändert sich jedoch, wenn man mit Moscovici die Entwicklung des Universums ins Auge faßt (*1.24*, 43 f.). Dann zeigt sich nämlich, daß die Natur ebenso eine Geschichte hat wie die Menschheit. Unter dem Gesichtspunkt dieser kosmischen Dimension wird das Ausschließungsverhältnis von Natur und Geschichte zunächst hinfällig, weil beide einem zeitlichen Wandel unterliegen. Die Vorgeschichte bis zum Einsetzen schriftlicher Quellen und erst recht die Spanne des eigentlichen historischen Geschehens erweisen sich dann als verschwindend kleiner Abschnitt eines weitgespannten Prozesses, der vom ,Beginn' des Universums über die Bildung von Galaxien und Planetensystemen und die Entstehung des Lebens auf der Erde im Verlauf der biologischen Evolution über die verschiedenen organischen Formen schließlich zum Menschen geführt hat. Die damit angesprochene Gleichartigkeit von Natur und Geschichte bezieht sich also auf die Abfolge von konkreten Veränderungen, wobei die unterschiedliche Verursachung durch spontane Naturprozesse bzw. menschliche Aktionen außer Betracht bleibt. (Auf die wichtige Frage, ob der Verlauf der Evolution im Gegensatz zu dem offenen historischen Geschehen durch die Naturgesetze vollständig festgelegt ist, kann hier nicht eingegangen werden.)

Die Analogie zwischen Natur und Geschichte läßt sich jedoch noch weitertreiben, wenn man die historische Entwicklung der Menschheit unter dem Gesichtspunkt des technischen Handelns betrachtet. In diesem Fall erscheint die Technik als Fortsetzung der Naturgeschichte, denn durch sie wird die Umformung, die die materielle Welt in der kosmischen und der biologischen Evolution erfährt, durch bewußte menschliche Gestaltung weitergeführt. An die Stelle der vorher spontan und naturwüchsig ablaufenden Evolutionsprozesse tritt nunmehr das technische Handeln, durch das der Mensch – wie Moscovici formuliert – die Geschichte der Materie zu *seiner* Geschichte macht. Die Technik, die sich in einer bestimmten Epoche herausbildet, gilt ihm dabei als das Resultat einer rein gesellschaftsimmanenten Entwicklung, die durch keinerlei äußere Zielsetzungen bestimmt ist und nach dem Prinzip der natürlichen Auslese und der Anpassung an veränderte Lebensbedingungen erfolgt (*1.24*, 45 f.). Das historische Geschehen beruht auf sozialen Prozessen, und diese wiederum sind durch die Erfordernisse der gesellschaftlichen Produktion und Konsumption bestimmt; damit erweist sich für Moscovici „die Gesellschaft als Form der Natur (la societé comme forme de la nature)" (562).

Diese spekulative Deutung der Technik im Sinne einer Evolutionstheorie der Natur hat – unabhängig von den problematischen Einzelheiten – mit der Schwierigkeit jeder monistischen Theorie zu kämpfen: Weil alle einschlägigen Phänomene auf ein allumfassendes Prinzip reduziert werden sollen, wird der jeweilige Schlüsselbegriff zwangsläufig abstrakt und weitgehend inhaltsleer. So ist die Natur bei Moscovici einerseits als die außermenschliche, stoffliche Welt das *Objekt* des technischen Handelns; andererseits wird aber auch die menschliche Gesellschaft, als das *Subjekt* dieser Tätigkeit, der Natur zugerechnet.

Die Vermittlung zwischen beiden Naturaspekten erfolgt durch die Technik, die damit einmal mehr ihren Doppelsinn erweist: Indem der Mensch durch Bearbeitung der vorgefundenen natürlichen Umwelt eine technische Übernatur schafft, distanziert und entfremdet er sich von der ursprünglichen Natur und eignet sie sich eben damit in abgewandelter und höherer Form für seine eigenen Zwecke an. Dabei steht ihm die Natur einerseits fremd gegenüber als das Objekt, das er beherrschen und bekämpfen muß; zum anderen ist er aber selbst doch auch ein Geschöpf der ‚Allmutter‘ Natur. Durch die Technik entfernt sich der Mensch also von der Natur, der er als biologisches Wesen doch unabdingbar angehört. In diesen Gegensätzen, die sich bei einer analytischen Differenzierung durchaus im einzelnen aufgliedern lassen, kommt ein durch die Sachlage bedingtes, unaufhebbares Spannungsverhältnis zum Ausdruck.

Wenn man die Geschichte der Menschheit unter dem Gesichtspunkt der Auseinandersetzung mit der Natur betrachtet, erscheint die durch schöpferische technische Handlungen herbeigeführte Umformung der physischen Welt in der Tat nur als ein Mikrophänomen innerhalb der Entwicklung des Universums. Ähnlich wie bei jeder anderen Deutung neu auftretender Phänomene im Rahmen eines fortschreitenden Evolutionsprozesses *(emergent evolution)* besteht auch hier die Schwierigkeit darin, das Entstehen vorher unbekannter Formen der Technik zu erklären. Eine ‚Natur‘, die nicht nur als der zu bearbeitende Stoff verstanden wird, sondern gleichzeitig auch die eigentliche Grundlage und die treibende Kraft der kosmischen und der biologischen Evolution *und* der historischen Entwicklung bilden soll, wird dabei gleichsam überfordert. In letzter Konsequenz bliebe dann nur die Wahl zwischen einer naturalistisch-deterministischen Konzeption oder einer Deutung, die der Spontaneität des historischen Geschehens durch die Anerkennung einer spezifisch ideellen Dimension Rechnung trägt. Sowohl die Reduktion der Technik auf einen bloß naturhaften Prozeß der *praktischen* Lebensbewältigung im Kontext der kosmischen und der biologischen Evolution als auch ihre Ableitung aus rein theoretischen, *intellektuellen* Leistungen kann aber nicht befriedigen, weil dabei jeweils ein Aspekt absolut gesetzt wird: Ebenso wie der

Mensch selbst gehört auch die von ihm geschaffene Technik in ihrer physischen Konkretion der materiellen Welt der Naturprozesse an und ist doch gleichzeitig als spontane, bewußte und zielstrebige Umgestaltung der Natur das Resultat einer kreativen geistigen und kulturellen Setzung.

Ähnlich wie Moscovici sieht auch Lem in der Technik eine Fortsetzung der biologischen Evolution. Er weist darauf hin, daß zwischen der „Bioevolution" und der „Technoevolution" zahlreiche Analogien bestehen: Beide beruhen auf *Mutationen,* d. h. auf der Entstehung neuer Formen, unter denen dann im Kampf ums Dasein eine *Selektion* erfolgt, bei der nur die leistungsfähigsten Arten überleben. In beiden Fällen sind die zunächst entstehenden Typen äußerst primitiv. Sie können sich nur schwer gegenüber den vorhandenen Arten durchsetzen, die bereits besser an die jeweiligen Aufgabenstellungen angepaßt sind. Durch Verschiebungen in der Umwelt erfolgt dann eine explosionsartige Ausbreitung mit einer Fülle von verschiedenen Varianten, die zu einem Höhepunkt der Entwicklung führt: „Das Auto verdrängte im ‚Kampf ums Dasein' nicht nur die Postkutsche, sondern es ‚gebar' außerdem den Autobus, den Lastwagen, den Bulldozer, [...] und Dutzende anderer" (*5.23,* 28). Bei einer neuen Veränderung des homöostatischen Gleichgewichtszustandes werden dann zur Rettung gigantische Formen entwickelt, die häufig zur Überspezialisierung führen oder in einer ökologischen Nische als Relikte fortexistieren. Dabei bildet die Technoevolution ebenso wie die Bioevolution ein sich selbst organisierendes, ‚von innen' programmiertes System, dem für die Art der Gestaltung und in der Wahl des Baumaterials alles zur Verfügung steht, was das Weltall enthält (24–27).

Lem betrachtet die Technoevolution in Analogie zur Bioevolution und sieht in ihr einen außerhalb jeder moralischen Wertung stehenden naturhaft ablaufenden Prozeß. Ebenso wie es in der physischen Welt nichts schlechthin Beharrendes gibt, wird bei der Betrachtung weitgespannter Zeiträume und insbesondere bei Berücksichtigung der prähistorischen Verhältnisse deutlich, daß auch die Moralsysteme einem Wandel unterliegen und keine überzeitliche Gültigkeit haben. Die Auffassung, daß die Technik Mittel und Werkzeuge bereitstellt, die dann aufgrund eines bestimmten moralischen Kanons beurteilt und eingesetzt werden, hält Lem für grundsätzlich verfehlt, weil es in Wirklichkeit umgekehrt gerade die Technik ist, die unsere moralischen Einstellungen formt. Seiner Ansicht nach ist die Entwicklung der Technik in ihrem bisherigen und ihrem künftigen Verlauf nicht durch bewußte Planung und willentliche Entscheidungen bestimmt, sondern durch eine immanente Dynamik, die dazu führt, daß die jeweils bereitgestellten technischen Handlungsmöglichkeiten auch tatsächlich wahrgenommen werden (5.23, 52–64). Dabei kann der Mensch nicht das letzte „authentische Werk der Natur" bleiben. Der erreichte medizinisch-technische Informationsstand macht die systematische „Rekonstruktion der Gattung" in einem Züchtungsprozeß mit Eingriffen in die Gensubstanz unabdingbar, durch den die bisher spontan verlaufene Evolution bewußt gelenkt und „das nächste Modell des *homo sapiens*" auf neue, biologisch höhere Werte hin projektiert werden muß (501 bis 503).

Diese an der biologischen Evolution orientierten Ideen im Stil der medizinisch-technischen Science-fiction eröffnen in ihrer eiskalten Logik beklemmende Perspektiven. Sie sind der konsequente Ausdruck eines ganz auf das wissenschaftlich und technisch Machbare ausgerichteten Denkens. Der Buchtitel „Summa technologiae", der in Analogie zu der wohl bekanntesten Zusammenfassung des mittelalterlichen philosophisch-theologischen Wissens in der „Summa theologiae" des Dominikaners Thomas von Aquin gewählt ist, deutet die grundsätzliche Verschiebung der Perspektive an: Das Bewußtsein der Zeit kommt nicht mehr in der philosophisch aufgearbeiteten Theologie zum Ausdruck, sondern in der Idee des technischen Fortschritts. So sind für Lem auch die religiösen Vorstellungen nur das Resultat von spontanen Evolutionsprozessen, die „der optimalen Anpassung an ganz und gar diesseitige Daseinsbedingungen" dienen (5.23, 211).

Man mag seine Forderung „den Anthropozentrismus durch einen Galaktozentrismus zu ersetzen" (130) als eine Verzeichnung der zeitlichen Perspektive und als irreale Verkennung der konkreten Daseinsbedingungen der Menschheit abtun; Lems These von der Ähnlichkeit zwischen der biologischen und der technischen Evolution ist äußerlich gesehen durchaus überzeugend. Für die Suggestivkraft seiner Ausführungen ist denn auch – neben der phantastischen Verzerrung von Zeiträumen – gerade die Vermischung von durchaus zutreffenden *deskriptiven* und äußerst problematischen *normativen* Elementen verantwortlich. Die Aussage, daß sich jeweils diejenigen technischen Neuerungen durchsetzen, die ‚im Kampf ums Dasein‘ am besten bestehen, ist (als Tautologie) sicher richtig. Und das vom Willen des einzelnen weitgehend unabhängige und gleichsam vegetative beständige Anwachsen der Technik in der Neuzeit ist ebensowenig zu übersehen, wie die Tendenz, alle dadurch neu geschaffenen Handlungsmöglichkeiten auch tatsächlich wahrzunehmen.

Die Beschreibung der augenblicklich vorliegenden Verhältnisse ist jedoch unabhängig von deren Bewertung. Man kann die Praxis der großangelegten technischen Weltveränderung konstatieren, ohne sie in jedem Fall gutzuheißen und sie in Zukunft noch intensivieren und auf alle Bereiche einschließlich des Menschen ausdehnen zu wollen. An dieser Stelle arbeitet Lem mit der Generalprämisse eines ‚technologischen Imperativs‘, der fordert, daß alle Handlungsmöglichkeiten genutzt werden müssen, nur weil sie vorhanden sind. Als positiv und fortschrittlich sei dabei diejenige Zuchtform des neuen Menschen zu betrachten, die sich im Kampf ums Dasein mit dem Recht des Stärkeren als überlegen erweist. Der geistige und kulturelle Aspekt des Menschen, der ihn über die bloße physische Existenz hinaushebt, wird dabei von Lem völlig ignoriert und auf biologische Funktionen oder die Ansammlung positiven Wissens reduziert. Damit erweist sich diese Position als im eigentlichen Sinne inhuman, denn bei ihrer konsequenten Realisierung würden alle über das tierische Dasein hinausgehenden geistigen und kulturellen Leistungen der Menschheit ebenso wie die Freiheit und Individualität des einzelnen dem ‚Gesetz des Dschungels‘ geopfert.

Tatsächlich sind die Ausführungen Lems geeignet, gerade das Gegenteil dessen zu bewirken, was er erreichen möchte:

Sie machen durch ihre pointierte Form deutlich, welche Konsequenzen sich ergeben müssen, wenn dem technischen Handeln völlig freie Bahn gelassen wird; dadurch können sie zu einer Neubesinnung und bewußten Selbstbeschränkung beitragen. Gleichzeitig bezeugt jedoch die Faszination, die seine phantastischen Visionen auf einen großen Leserkreis ausüben, wie sehr das Denken in den Kategorien des technisch Machbaren, das sich erst im Verlauf der (europäischen) neuzeitlichen Geschichte herausgebildet hat, heute schon zum Allgemeingut geworden ist. Die Anwendung medizinisch-technischer Erkenntnisse auf den Menschen durch Organtransplantationen, künstliche Befruchtung und möglicherweise auch Genmanipulationen kann dabei als empfindlicher Indikator gelten.

Zwar wird das Recht auf die persönliche Individualität und die körperliche Unversehrtheit bis jetzt weitgehend respektiert. Doch das Bestürzende an Lems Vorschlägen ist die Tatsache, daß sie den Menschen in seiner biologischen und psychischen Verfassung ausdrücklich als Experimentierfeld zum ,Ausprobieren' für alle nur denkbaren Abwandlungen und Mutationen freigeben. Damit wird die Verdinglichung der Natur, die eine der Voraussetzungen für das technische Handeln der Neuzeit bildet, auch auf den Menschen selbst angewandt; er gilt ebenso wie jedes andere materielle Objekt als ein Gegenstand, mit dem beliebig verfahren werden kann. Das letzte, dem technischen Zugriff entzogene Relikt fällt dahin.

Kant hatte in seiner „Grundlegung zur Metaphysik der Sitten" der autonomen, vernunftbestimmten Person einen unaufhebbaren inneren Wert und damit einen Selbstzweck und eine Würde zugesprochen, die verbieten, sie nur als Instrument zu betrachten: „Der Mensch aber ist keine Sache, mithin nicht etwas, das *bloß* als Mittel gebraucht werden kann, sondern muß bei allen seinen Handlungen jederzeit als Zweck an sich selbst betrachtet werden" (*4.14 IV*, A 67). Die praktische Vernunft, die bei Kant in der Autonomie der Person gründet und auf die Herstellung einer moralischen Weltordnung ausgerichtet ist, hat für Lem nur noch die Funktion, Informationen, d. h. positives Wissen, zu sammeln und das Instrumentarium bereitzustellen, mit dessen Hilfe der Bereich des technisch

Machbaren möglichst weit ausgedehnt werden kann. Im Bezug auf die Verfügbarkeit des Menschen als Versuchsobjekt sind die moralischen Sperrmechanismen heute noch intakt; wie lange werden sie es bleiben?

Das technische Handeln beruht auf der intellektuell konzipierten und zielgerichteten Umgestaltung der physischen Welt. Deshalb hat die moderne Technik an der geistigen und zugleich an der materiellen Sphäre teil. Eine spekulative Technikdeutung ist demgemäß auf zweierlei Weise möglich: Man kann – wie das in den geschilderten Ansätzen von Moscovici und Lem geschieht – die materielle Seite der Technik betonen und das technische Handeln als einen im weiteren Sinne verstandenen Naturprozeß betrachten. In dieser Sicht ist die Technik dann ein bloßes Element in der Entwicklung des physisch-materiell verstandenen Universums. Die Alternative besteht darin, daß man statt dessen gerade den intellektuellen Aspekt hervorhebt und in einem Wechsel der kosmischen Perspektive die Technisierung als Vergeistigung der Materie deutet. Auf diese Weise kommt also auch im Rahmen der Technikphilosophie die traditionelle Gegenüberstellung von Natur und Geist bzw. Materie und Bewußtsein zur Geltung.

So spricht G. Haverbeck davon, daß die Technik zu einer „Humanisierung der Natur" führt, weil der Mensch durch seine Aktionen die in der Evolution begonnenen Prozesse, wie z. B. das Fliegen, begrifflich erfaßt und durch technische Maßnahmen weiterführt; darin erweist sich die „Abhängigkeit der Natur vom Menschen". Aufgrund der technischen Möglichkeiten kann der Mensch alle Bereiche der physischen Welt durchdringen und in seinem Denken erfassen; er wird zum „Bewußtsein des Allwesens Natur". Nach Haverbeck erweist sich also „die Menschwerdung der Erde als das Ziel der Technik" (1.13, 273–278). Dieser Aspekt wird im Sinne einer theologischen Deutung auch von Beck angesprochen: „Indem die Natur immer mehr in den schöpferischen Geist des Menschen eingeht, geht dieser immer mehr partizipierend in den schöpferischen Geist Gottes ein" (1.6, 64).

In ähnlicher Weise sieht A. van Melsen den Menschen als „Geist-in-Materie" und deshalb in der Technik einen unentbehrlichen Bestandteil aller Geisteskultur. Wenn der Geist sich selbst und seine Möglichkeiten völlig erfaßt und die Natur als bearbeitbare Materie erkennt, muß er die gegebenen technischen Handlungsmöglichkeiten auch wahrnehmen: „Menschwerdung bedeutet nicht nur Geistesbildung und Geistesbereicherung, sondern auch Gestaltung der Natur, damit sie unter die Herrschaft des Geistes kommt, denn das ist das Wesen und die Bestimmung der Materie" (*1.21, 250*).

Es ist bemerkenswert, daß die angeführten ‚geistbestimmten‘ Technikdeutungen ebenso wie die ‚materiebestimmten‘ Interpretationen trotz ihrer unterschiedlichen metaphysischen Prämissen grundsätzlich zu derselben positiven Bewertung der modernen Technik führen. Haverbeck, Beck und van Melsen sehen jedoch im Gegensatz zu Moscovici und Lem auch sehr deutlich die vielfältigen Gefährdungen einer übertechnisierten Welt. Wenn man versucht, den tatsächlich ablaufenden Technisierungsprozeß unvoreingenommen ins Auge zu fassen, drängt sich allerdings die Frage auf, ob das Phänomen der Technik – auch bei einer spekulativen Deutung in kosmischen Dimensionen – mit einem monistischen Ansatz überhaupt zureichend erfaßt werden kann. Denn *prima facie* lassen sich weder die Argumente der materiell-naturalistischen noch die der ideell-spiritualistischen Deutung entkräften: Der Mensch ist ein natürliches Wesen, und die moderne Technik breitet sich insgesamt gesehen aus wie ein vegetativer naturhafter Prozeß. Der Mensch ist aber gleichzeitig auch ein seiner selbst bewußtes, geistiges Wesen, und die moderne Technik kommt in ihren Einzelheiten nur durch theoretisches Denken und zielbewußtes planvolles Handeln zustande. Es dürfte deshalb der Sachlage angemessener sein, diesen scheinbaren Gegensatz durch eine Vermittlung beider Positionen aufzulösen, indem man ihr wechselseitiges Ergänzungsverhältnis zur Geltung bringt.

3. Akkumulation und ‚Selbststeigerung'

Historische Phänomene wie die Ausbreitung von Kulturen oder die Bildung politischer Herrschaftsbereiche unterliegen dem Rhythmus des Werdens und Vergehens. Nach einer anfänglichen Wachstumsphase wird ein Höhepunkt erreicht, an den sich dann ein Stadium des Niedergangs und der reduzierten Weiterentwicklung bzw. des Neubeginns anschließt. So kennt die Geschichte die vielfältigsten Hochkulturen und Großreiche, die aber durchweg nur eine begrenzte Blütezeit aufweisen. Solche einmaligen Prozesse, die mit dem Wachstum einer Pflanze vergleichbar sind, beruhen auf dem historisch kontingenten Zusammentreffen entsprechender Vorbedingungen. Sie stagnieren oder hören auf zu existieren, sobald die Voraussetzungen für ihr weiteres Anwachsen oder ihre Fortexistenz nicht mehr gegeben sind. Im auffälligen Gegensatz zu allen anderen historischen Abläufen ist die moderne Technik – bis jetzt – durch ein beständiges qualitatives und quantitatives Wachstum gekennzeichnet. Dieses Anwachsen der Technik umfaßt die stetige Steigerung des ingenieurwissenschaftlichen Fortschritts und die zunehmende Technisierung der Lebenswelt ebenso wie die geographische Ausbreitung technischer Verfahren und Artefakte über den ganzen Erdball. Die schier unaufhaltsame und immer stärker beschleunigte Expansion der modernen Technik ist denn auch in sozialer, kultureller, wirtschaftlicher und politischer Hinsicht zu *der* bestimmenden Macht geworden, die das Gesicht unserer Zeit prägt und auf eine einheitliche technisierte Weltzivilisation hindrängt.

Das welthistorisch einmalige Phänomen des beständigen Wachstums der modernen Technik muß auf *besonderen* Ursachen beruhen. Da die Technisierung heute weitgehend unabhängig von den jeweiligen kulturellen und sozialen Voraussetzungen erfolgt, liegt es nahe, diese Gründe zunächst in der immanenten Struktur des technischen Handelns zu suchen. Dabei ist von vornherein klar, daß die zeitlich überdauernden, konkreten materiellen technischen Artefakte, in denen der jeweilige Stand der Technik realisiert ist, ein stabilisierendes Element für den Technisierungsprozeß bilden. Die reale physische Existenz technischer Systeme kann für sich allein jedoch allenfalls die Beharrung, nicht aber die Dynamik der Technikentwicklung verständlich machen. Darüber hinaus müssen also noch weitere, spezifische Gründe für die Expansion der modernen Technik verantwortlich sein.

Es ist ferner ohne weiteres einsichtig, daß die Technisierung in *ihrer Gesamtheit* nicht auf bewußte Entscheidungen und zielgerichtete Maßnahmen einzelner Individuen zurückgeht, sondern ebenso wie andere übergreifende soziale und kulturelle Phänomene als Resultat verschiedenartiger u. U. auch gegenläufiger Intentionen zustande kommt. Hierbei ist sogar eine Art *Paradoxie* des technischen Handelns festzustellen: Die Konstruktion und Herstellung technischer Gebilde beruht auf sorgfältig geplanten und zielstrebig ausgeführten Aktionen. So gilt die ingenieurwissenschaftliche Verfahrensweise mit Recht als Musterbeispiel des durchdachten und zweckmäßigen Handelns. Man sollte demnach erwarten, daß die technische Entwicklung in jeder Hinsicht der menschlichen Zielsetzung und Kontrolle unterliegt. Doch dies ist keineswegs der Fall. Das wohlüberlegte und folgerichtige Handeln, dem die moderne Technik ihre Effizienz verdankt, beschränkt sich in der Regel nur auf die unmittelbare *technische Aufgabenstellung.*

Darüber hinaus steht alles technische Handeln immer auch in einem bestimmten *sozialen Kontext.* Herstellung, Verteilung und Anwendung technischer Produkte erfolgen in einem vielfältig differenzierten, arbeitsteiligen Prozeß, an dem alle Mitglieder der Gesellschaft in der einen oder anderen Form beteiligt sind. Infolgedessen reichen die konkreten Auswirkungen des technischen Handelns weit über die rein ingenieurtechnische Problemlösung hinaus. Sie sind auch keineswegs nur auf den handgreiflichen Umgang mit den technischen Produkten beschränkt. So ist heute das versachlichte und auf reibungsloses Funktionieren abgestellte Berufsleben ebenso durch die Technik bestimmt wie die standardisierten Konsum- und Freizeitgewohnheiten und das intellektuelle Selbstverständnis der Epoche. Der in den ingenieurwissenschaftlichen Einzelheiten selbstgewählte, wohldurchdachte und bewußt herbeigeführte technische Fortschritt hat somit insgesamt gesehen den Charakter einer selbständigen und kaum mehr kontrollierbaren historischen Macht angenommen, die das Schicksal der Menschheit bestimmt. Auf dieses paradoxe Phänomen der selbstgeschaffenen und doch gleichzeitig als naturwüchsige, fremde Instanz auftretenden Technisierung ist es denn auch zurückzuführen, daß die globale Technikentwicklung sowohl im spiritualistischen als auch im naturalistischen Sinne gedeutet werden kann.

Die moderne Technik muß also von ihrer Anlage her einen Mechanismus der Akkumulation und der Selbststeigerung aufweisen, der es möglich macht, daß die einzelnen ingenieurwissenschaftlichen Maßnahmen in ihrer Gesamtheit zu einem beständigen und scheinbar unaufhaltsam fortschreitenden Technisierungsprozeß führen. Diese in der spezifischen Struktur des technischen Handelns begründete immanente Dynamik ist eine wesentliche Voraussetzung für die geradezu explosionsartige Entwicklung der Technik in den zweihundert Jahren, die seit dem Beginn der Industriellen Revolution vergangen sind. Im einzelnen lassen sich dabei die folgenden vier Faktoren unterscheiden:

(1) Im Gegensatz zu anderen historischen Prozessen ist im Verlauf der technischen Entwicklung ein objektiver Fortschritt festzustellen, der dazu führt, daß mit demselben Einsatz an Arbeitskräften und materiellen Ressourcen jeweils eine höhere Ausbeute erzielt wird. Da der Mensch immer auf eine bestimmte Form der Technik angewiesen ist, entsprechen perfektere und leistungsfähigere Lösungen einem potentiell allgemeinmenschlichen Grundbedürfnis, das aber gleichwohl erst seit dem Spätmittelalter und insbesondere seit der Industriellen Revolution als allgemeine Verhaltensnorm aktualisiert wurde. Da technische Systeme letzten Endes immer sinnlich faßbare Resultate, Zustände oder Ausgangsgrößen liefern, ist der Grad ihrer Leistungsfähigkeit in aller Regel auch unmittelbar einsichtig. Von zwei konkurrierenden Konzeptionen wird deshalb immer diejenige realisiert, die im Hinblick auf die einschlägigen Kriterien (Nutzleistung, Betriebssicherheit, Gestehungskosten) die günstigsten Resultate lie-

fert. Aufgrund dieses *Selektionsmechanismus* können sich nur solche Änderungen durchsetzen, die gegenüber dem bisherigen Stand tatsächlich eine Verbesserung darstellen. Dieser Zusammenhang wird besonders deutlich, wenn man etwas größere Zeiträume ins Auge faßt und beispielsweise den gegenwärtigen Stand der Transport- und Kommunikationstechnik mit der Situation vergleicht, die noch vor hundert Jahren vorlag.

(2) Hinzu kommt die *Akkumulation* der technischen Leistungen: Die neugewonnenen Erkenntnisse, Verfahrensweisen und Geräte erweitern den Fundus des bisher Erreichten und werden damit zum festen Bestandteil des technischen Wissens und Könnens, auf das man bei allen künftigen Neuerungen zurückgreifen kann. Während die theoretischen Erkenntnisse und praktischen Fertigkeiten durch Unterricht und Ausbildung vermittelt werden müssen, ist der materielle Entwicklungsstand in den neuesten Geräten und Apparaturen unmittelbar physisch ‚aufbewahrt'. Von Ausnahmefällen abgesehen geht dabei keine der vorhergehenden Leistungen verloren; deshalb kann man bei jedem neuen Problem auf den gesamten bisher erreichten Bestand zurückgreifen. Es liegt auf der Hand, daß durch diesen Akkumulationsprozeß ein ständiges technisches Wachstum vorgezeichnet ist, wobei der Techniktransfer zur allgemeinen Ausbreitung beiträgt.

(3) Die Prinzipien der Selektion und der Akkumulation sind in der Natur des technischen Handelns begründet und deshalb für alle Epochen der Technikgeschichte maßgeblich. Auf sie ist es zurückzuführen, daß die Technik unabhängig vom soziokulturellen Kontext insgesamt gesehen eine *stetige* Entwicklung aufweist. Deshalb kann die Technikgeschichte auch ohne Bezugnahme auf die wechselnden kulturellen, sozialen und ökonomischen Verhältnisse als ein kontinuierlicher Prozeß dargestellt werden, der nur durch die technikimmanenten, ‚internen' Zusammenhänge festgelegt ist. Doch diese Prinzipien können für sich allein genommen die *sprunghafte* Ausbreitung der Technik in den letzten zweihundert Jahren nicht erklären; hierfür müssen zusätzliche Bestimmungsgrößen maßgeblich sein.

Einer der beiden spezifischen Faktoren, auf denen der Aufschwung der modernen Technik seit der Industriellen Revolution beruht, ist ihr *Systemcharakter:* Die technischen Neuerungen, mit denen der Industrialisierungsprozeß beginnt, stellen keine isolierten Phänomene dar. Sie stehen von Anfang an in einem sachbedingten, systematischen Zusammenhang und ergänzen einander in vielfältiger Weise. So haben die Verbesserungen in der Eisenerzeugung und Eisenverarbeitung (Hochöfen, Walzwerke, Werkzeugmaschinen) die Voraussetzungen für den Bau von Brücken und Hochbauten geschaffen und gleichzeitig die Konstruktion von Kraftmaschinen (Dampfmaschine, Elektromotor und Verbrennungsmotor) ermöglicht, durch die neue Energiequellen (Kohle, Erdöl) genutzt werden konnten. Die so gewonnene Antriebsenergie hat dann ihrerseits – beispielsweise in der Textilindustrie – neue Arbeitsmaschinen und Herstellungsverfahren möglich gemacht und zu entsprechenden Verbesserungen im Verkehrswesen (Eisenbahn, Dampfschiff) geführt.

Diese enge Verknüpfung zwischen den einzelnen Teilbereichen der Technik ist keineswegs zufällig. Sie ergibt sich zwangsläufig aus dem Ansatz des modernen technischen Handelns, das auf eine möglichst weitgehende und effiziente Nutzung aller Möglichkeiten abzielt, die jeweils in einem bestimmten Zeitpunkt gegeben sind. Auf diese Weise haben sich im historischen Werdegang die verschiedenen Gebiete der modernen Technik in wechselseitiger Ergänzung herausgebildet. Der dadurch geschaffene enge Zusammenhang hat zur Folge, daß sich durch die Kombination von Werkstoffen, Bauelementen und Verfahrensweisen aus verschiedenen Gebieten stets neue Möglichkeiten des technischen Handelns ergeben, die dann auch weitgehend wahrgenommen werden. Unter Berücksichtigung des jeweils vorliegenden Entwicklungsstandes geht auf diese Weise von jeder grundsätzlichen Neuerung eine Art Multiplikatoreffekt für die technische Gesamtentwicklung aus. Diese Verstärkerwirkung ist naturgemäß um so größer, je höher das allgemeine technische Niveau ist, auf das dabei zurückgegriffen werden kann. Der Systemcharakter, d. h. der sachbedingte Zusammenhang zwischen den verschiedenen Teilgebieten, führt so insgesamt gesehen zu einer immanenten Selbststeigerung der modernen Technik, weil jede technische Neuerung neben ihrer *direkt* intendierten Wirkung zugleich den Gesamtbestand des technischen Wissens und Könnens vergrößert und damit einen zusätzlichen *indirekten* Beitrag zum weiteren Fortgang der Technisierung liefert.

Dabei müssen die jeweiligen Verfahren stets durch entsprechende Detailverbesserungen bis zur Anwendungsreife entwickelt werden. Weil bei solchen praxisorientierten Forschungs- und Entwicklungsarbeiten der gesamte Fundus der bisherigen technischen Leistungen zur Verfügung steht, kann man hier stets mit einem – zumindest graduellen – Erfolg rechnen. So entstehen u. U. ganz neue Industriezweige, wie Computertechnik oder Atomenergietechnik, die dann ihrerseits Anlaß geben zu weiteren Innovationen auf anderen Gebieten.

Dieser Prozeß, durch den sich die einzelnen Neuerungen ständig wechselseitig ergänzen und zu einem forcierten technischen Wachstum aufschaukeln, wird noch dadurch verstärkt, daß auch die vielfältigen Probleme, die durch die Technisierung aufgeworfen werden, selbst wiederum nur durch die zusätzliche Anwendung technischer Hilfsmittel bewältigt werden können, Die Fragen, um die es hierbei geht (die Erhaltung der natürlichen Umwelt, die Beseitigung von radioaktivem ‚Müll‘, die Möglichkeiten des Mißbrauchs von gespeicherten Daten) entstehen durch die Anwendung von bestimmten technischen Verfahren. Eine radikale Abhilfe wäre dadurch erreichbar, daß man vollständig auf derartige Techniken verzichtet, womit dann natürlich auch die unerwünschten Nebenwirkungen entfallen würden. Dazu ist jedoch in der Regel keine Bereitschaft vorhanden, und deshalb besteht die einzige Möglichkeit darin, die so entstandenen Probleme durch entsprechende technische Gegenmaßnahmen – wie z. B. Filter- und Kläranlagen – zu meistern. Dies führt keineswegs in jedem Fall zu einer spektakulären Steigerung des Technisierungsgrades. Doch grundsätzlich gesehen lassen sich die technikbedingten Probleme in ihren konkreten physischen Auswirkungen nur durch ein ‚Mehr' an Technik bewältigen. Im Rahmen der ‚organischen' Handwerkstechnik mit ihren vergleichsweise geringfügigen Veränderungen der natürlichen Gegebenheiten fielen derartige Aufgaben gar nicht an, oder sie wurden durch die Regenerationsfähigkeit der Biosphäre automatisch gelöst. Im Gegensatz dazu führen die komplexen Artefakte und die großangelegten Eingriffe der mit wissenschaftlichen Prinzipien betriebenen anorganischen Technik – wenn die bereitgestellten technischen Aktionsmöglichkeiten tatsächlich voll ausgenutzt werden – zwangsläufig zu einer weiteren Expansion der Technik.

(4) Dieser sachbedingte, immanente Steigerungsmechanismus ist daran gebunden, daß ständig neue und perfektere technische Verfahrensweisen zur Verfügung stehen. Derartige Innovationen kommen jedoch nicht zufällig zustande. Sie setzen ihrerseits zielgerichtete und erfolgreiche empirische und theoretische Untersuchungen voraus. Damit erweist sich die entsprechende *Forschungsmethodik* als die zweite Voraussetzung für den Aufschwung der modernen Technik. Von entscheidender Bedeutung ist dabei die wechselseitige Ergänzung von Technik und Naturwissenschaft. Die Komplementarität beider Gebiete ist zwar erst seit der zweiten Hälfte des 19. Jahrhunderts in großem Stil wirksam geworden und hat seitdem den Technisierungsprozeß in steigendem Maße geprägt. Doch dieses Ergänzungsverhältnis ist gleichwohl schon vom Ansatz des naturwissenschaftlichen Forschens und des technischen Handelns her vorgezeichnet, denn in beiden Gebieten geht es darum, daß mit Hilfe entsprechender Anordnungen bestimmte Naturprozesse isoliert werden, wobei der Unterschied lediglich in der Zielsetzung besteht, die jeweils auf die unmittelbare praktische Nutzung bzw. auf die distanzierte theoretische Erkenntnis ausgerichtet ist.

Deshalb lassen einerseits naturwissenschaftliche Forschungsergebnisse stets eine technische Anwendung zu und andererseits werden durch technische Geräte und Apparaturen neue Möglichkeiten für naturwissenschaftliche Untersuchungen eröffnet. Dabei liefert ein verbesserter technischer Leistungsstand neue experimentelle Hilfsmittel für die naturwissenschaftliche Forschung, die dadurch zu vorher unbekannten Erkenntnissen gelangt, aus denen sich dann wiederum neue technische Anwendungsmöglichkeiten ergeben. Wenn man ferner bedenkt, daß durch technische Fragestellungen ständig neue Probleme für die naturwissenschaftliche Forschung aufgeworfen werden, wird verständlich, daß die Verflechtung zwischen beiden Gebieten inzwischen so eng geworden ist, daß es vielfach schwerfällt, hier überhaupt noch eine eindeutige Trennungslinie anzugeben. Dieses Wechselspiel von theoretischer Forschung und praktischer Anwendung, für das es in früheren Epochen der Technikgeschichte kein Vorbild gibt, schafft ein immer weiteres Feld für technische Maßnahmen, denen lediglich durch die Naturgesetze eine definitive Schranke gesetzt wird.

Durch die theoriegeleitete, systematische Indienstnahme der Naturkräfte ist also auch vom methodischen Ansatz her eine immanente Tendenz zur Selbststeigerung der Technik gegeben. Dieser Aspekt steht zwar bei der primär handwerklich bestimmten ersten Phase der Industrialisierung noch nicht im Vordergrund. Doch der gegenwärtige Stand der Technik wäre ohne die Anwendung naturwissenschaftlicher Forschungsergebnisse und die Einführung ingenieurwissenschaftlicher Methoden schlechthin undenkbar. So sieht Moscovici das entscheidende Merkmal der modernen Technik in einer allgemeinen kreativen Potenz, die zu einer ständigen technischen Weiterentwicklung führt. Für ihn besteht die Herrschaft über die Natur nicht primär in der Handhabung von materiellen Objekten und der Anwendung vorhandener Fertigkeiten, sondern in der schöpferischen Institutionalisierung des Arbeitsprozesses („la création du travail"), wobei der Mensch seine Kräfte und Fähigkeiten dazu benutzt, um sich über den jeweiligen Stand hinaus immer neue Talente, Fertigkeiten und Kenntnisse anzueignen (*1.24*, 47 f.). Mit dieser Auffassung werden also die *konkreten Aktionsprozesse* und die *physische Umgestaltung* der Natur ganz der *methodischen Dynamik* der Technikentwicklung untergeordnet; trotz der einseitigen Akzentuierung kommt darin ein wesentliches Merkmal der modernen Technik zum Ausdruck.

4. Die handelnden Individuen

In den bisherigen Ausführungen wurde der Technisierungsprozeß in abkürzender Redeweise vielfach als ein selbständig ablaufendes Geschehen dargestellt. Derartige Formulierungen sind angebracht und sogar unerläßlich, wenn komplexe Zusammenhänge in einfacher und übersichtlicher Weise zum Ausdruck gebracht werden sollen. Doch die aus praktischen Gründen gebotene verkürzte Darstellungsweise liefert ein grundsätzlich falsches Bild, wenn man bei der Analyse in diesem Stadium verharrt und damit die Technik in den Rang eines selbständig handelnden Subjektes erhebt. Der kategoriale Fehler, auf dem eine solche Hypostasierung beruht, hat schwerwiegende Konsequenzen. Denn auf diese Weise entsteht der Anschein, daß der Prozeß der Technisierung ohne menschliches Zutun abläuft und demzufolge mit naturgesetzlicher Zwangsläufigkeit festgelegt ist. So tritt etwa bei Ellul (5.4) die Technik ständig als ein autonomes Handlungssubjekt auf. Dementsprechend wirkt denn auch das Ergebnis seiner Untersuchungen völlig niederschmetternd und ausweglos, weil der Mensch dem Moloch Technik, der alles verschlingt, an sich reißt und in seinen Dienst stellt, völlig hilflos gegenüberzustehen scheint. In ähnlicher Weise wird auch in der orthodoxen marxistischen Literatur durch die Verdinglichung begrifflicher Konstruktionen häufig die Technikentwicklung als ein unabänderlicher Prozeß dargestellt.

Immer dann, wenn die Determinationsweise der Technisierungsprozesse zur Diskussion steht, ist jedoch eine angemessene und sachgerechte Analyse nur dadurch möglich, daß man die konkreten Aktionsprozesse ins Auge faßt, denen technische Systeme und Prozesse ihre Existenz verdanken. Dabei ist insbesondere der triviale Sachverhalt zu berücksichtigen, daß die Technik – ebenso wie z. B. die Wissenschaft oder die Kultur – nicht von sich aus existiert. Alles, was im Bereich der Technik vorhanden ist, wurde von Menschen hervorgebracht und ist deshalb abhängig von den jeweils herrschenden Wertvorstellungen und Zielsetzungen. Abkürzende Formulierungen, in denen z. B. davon gesprochen wird, daß die tech-

160

nische Entwicklung zu bestimmten Ergebnissen führt, oder daß der Stand der Technik gewisse Maßnahmen erforderlich macht, müssen deshalb letzten Endes immer festgemacht werden an den Handlungen und Intentionen der jeweils agierenden Individuen. Auf diese Weise wird deutlich, daß es sich hier keineswegs um schlechthin unaufhaltsame, zwangsläufige Prozesse handelt, sondern um Tendenzen von der Art sozialer und historischer Abläufe, die im Prinzip immer auch die Möglichkeit zu einer unvorhergesehenen und vom bisherigen Geschehen abweichenden Entwicklung offenlassen.

Diese grundsätzliche Feststellung steht nicht im Widerspruch, sondern im Ergänzungsverhältnis zu dem im vorhergehenden Abschnitt behandelten Mechanismus der Akkumulation und der Selbststeigerung. Die dort behandelten Prinzipien der Selektion und der Akkumulation sind ebenso wie der Systemcharakter der modernen Technik und das methodische Ergänzungsverhältnis zwischen Technik und Naturwissenschaften keine von sich aus wirksamen und zwingend determinierenden Bestimmungsgrößen. So ist insbesondere die Redeweise von der Selbststeigerung der modernen Technik nur im metaphorischen Sinne zu verstehen. Strenggenommen betreffen die genannten Faktoren lediglich bestimmte Sachzusammenhänge, die im Ansatz des auf gesteigerte Naturbeherrschung, maximale Effizienz und die systematische Erforschung aller Möglichkeiten ausgerichteten technischen Handelns begründet liegen. Methodisch gesehen ergeben sich daraus jedoch nur *hypothetische* Handlungsanweisungen, die besagen, wie verfahren werden muß, *falls* tatsächlich eine bestimmte Art von Technik erstrebt wird. Sie sind immer nur unter der Voraussetzung verbindlich, daß das ‚Angebot‘ an Aktionsmöglichkeiten, das sich aus der vorliegenden Technikentwicklung ergibt, tatsächlich in einem ganz bestimmten Sinne genutzt werden soll.

Eben weil die Realisierung der jeweils gegebenen Handlungsmöglichkeiten durch Menschen erfolgt, die sich bei ihrem Tun von bewußten oder unbewußten Absichten leiten lassen, ist hier – aufgrund einer entsprechenden Umwertung – ein veränderter Umgang mit der Technik möglich. Dabei sind

161

allerdings in jeder konkreten Situation gewisse einschränkende Bedingungen zu beachten. So stellt in *physischer* Hinsicht der bisherige Stand der Technik eine ganz bestimmte Vorgabe dar, die um so stärker ins Gewicht fällt, je größer der bereits erreichte Technisierungsgrad ist. Durch die jeweils vorhandenen technischen Systeme und die erforderlichen Zusatzeinrichtungen ist also immer eine gewisse Option für die Fortführung der bisherigen Praxis gegeben, weil ein radikaler Wandel zwangsläufig zu einem Verlust des bisher erreichten technischen Outputs führen würde. Hinzu kommt, daß mit den technischen Möglichkeiten auch das Anspruchsniveau steigt, so daß von der vorhergehenden Entwicklung auch *psychisch* gesehen eine Trägheitswirkung ausgeht. Trotz dieser Einschränkungen bleibt festzuhalten, daß die Autonomie der technischen Entwicklung grundsätzlich nur so weit reicht, wie die jeweils Handelnden den eingefahrenen Trend akzeptieren und ihr Verhalten dem (bisher noch) technikoptimistischen allgemeinen Zeitgeist entspricht.

Damit ist selbstverständlich nicht ausgeschlossen, daß hinter dem Rücken der Individuen ein langfristiger und universeller Technisierungsprozeß wirksam ist, für den der einzelne gleichsam nur das ausführende Organ darstellt. Doch ein solcher Prozeß ist keine für sich bestehende Größe. Er existiert nur deshalb, weil er von Menschen konkretisiert wird, und ist davon abhängig, daß die beteiligten Individuen sich tatsächlich technikkonform verhalten. Gewiß kann sich der einzelne nur begrenzt von den allgemein akzeptierten Auffassungen, Anschauungen und Einstellungen freimachen. Doch derartige Ausformungen des Zeitgeistes sind keine freischwebenden Wesenheiten. Sie sind ihrerseits durch Tradition vermittelt und unterliegen einem historischen Wandel, weil sie jeweils in unterschiedlicher Weise von Menschen angenommen, modifiziert oder auch abgelehnt werden können. Ohne dieses Moment der Spontaneität und der Freiheit wäre der Mensch ein schlechthin naturgesetzliches Wesen, dem angesichts des überkommenen Erbes überhaupt keine Wahlmöglichkeit mehr verbleibt. Neben den unerwarteten Wendungen im bisherigen Geschichtsverlauf kann denn auch die Tatsache, daß keine sicheren Prognosen über den zukünftigen Gang der Technisierung möglich sind, als Indiz dafür gelten, daß trotz aller Beharrungstendenzen prinzipiell immer ein ‚Aufbruch zu neuen Ufern' denkbar ist.

Gerade im Fall der modernen Technik, die das Resultat eines kaum mehr überschaubaren komplexen und arbeitsteiligen Geschehens ist, wäre es allerdings aussichtslos, die relevanten Bewertungs- und Entscheidungsprozesse, die zu dem tatsächlichen Verlauf der Technisierung führen, in eindeutiger und zwingender Form namhaft machen zu wollen. Dies um so mehr, als der einzelne bei seinen Handlungen neben den nicht vorhersehbaren Folgen seines eigenen Tuns immer auch die Aktionen und Reaktionen seiner Mitmenschen in Rechnung stellen muß. Trotzdem ist hier im Prinzip der Ansatzpunkt für eine nicht-fatalistische Analyse der Technikentwicklung gegeben. Eine derartige Untersuchung wird allerdings wesentlich erschwert durch den Umstand, daß das menschliche Wahlverhalten in der Regel keineswegs auf bewußt durchdachten Entscheidungsprozessen beruht, sondern weithin durch unreflektierte internalisierte Verhaltensmuster bestimmt ist. Dennoch bildet die hypothetische Rekonstruktion der tatsächlich getroffenen Entscheidungen – etwa nach dem Modell des zielgerichteten und immanent rationalen Wahlverhaltens – die einzige Alternative zu einer theoretisch unaufgearbeiteten bloßen Deskription des faktischen Geschehens.

5. Individuelle Freiheit und kollektive Aufgaben

Die allgemeine theoretische Aussage, daß in der gegenwärtigen Situation ebenso wie in allen anderen Stadien der Geschichte das zukünftige Geschehen grundsätzlich offen ist, läßt sich kaum bestreiten. Doch ebenso unbestreitbar ist der empirisch beobachtbare Sachverhalt, daß in dem Maße, wie die Technisierung zunimmt, auch der Spielraum für veränderte Optionen geringer wird. Subjektiv wird diese Situation heute weithin als bedrängend oder gar als ein über die Menschheit verhängtes, unabänderliches Schicksal empfunden. Dabei ist in der Einstellung gegenüber dem Technisierungsprozeß eine grundsätzliche Ambivalenz festzustellen: Man bedauert es, daß das Leben zunehmend planbar und vorhersehbar wird, und sehnt diesen Zustand doch gleichzeitig herbei.

Dafür sind jeweils unterschiedliche Gründe maßgeblich. Das sichere Vorherwissen bzw. die lückenlose Kalkulierbarkeit der Zukunft wirken lähmend und führen zu einer fatalistischen Passivität, weil es keine echten Herausforderungen mehr gibt, die gemeistert werden müssen und einen Ansporn für den persönlichen Einsatz bilden. Die Möglichkeiten der spontanen Selbstdarstellung, der individuellen Entfaltung und der eigenen Bewährung werden in einer standardisierten technischen Welt, die in allen Lebensbereichen auf reibungsloses Funktionieren abgestellt ist, zwangsläufig eingeschränkt, und zwar genau in dem Maße, in dem der Technisierungsgrad wächst und die Perfektion und Leistungsfähigkeit der technischen Verfahren zunehmen.

Im Prinzip – wenn auch nicht in allen Einzelheiten – ist die technikbedingte Entfremdung die zwangsläufige und unvermeidbare Folge der Vorteile, die die Technik gewährt. Die Entlastung von anstrengender körperlicher Arbeit, die Sicherheit gegenüber den Unbilden der Natur und die Annehmlichkeiten des technischen Komforts sind nur erreichbar, wenn man gleichzeitig bereit ist, die Sachzusammenhänge des technischen Handelns zu akzeptieren. Um in einer Metapher zu sprechen: Durch die Technisierung haben wir eine ‚zweite Natur' geschaffen, die uns wie ein Spinnennetz umgibt. Sie schirmt uns ab vor unvorhersehbaren Einflüssen und bietet die vielfältigsten Annehmlichkeiten und Erleichterungen. Deshalb dürfen wir uns nicht wundern, daß wir uns tatsächlich von allen Seiten in dieses Netz verstrickt finden.

Heute wird jedoch nicht nur die technikbedingte Einschränkung des persönlichen Freiheitsspielraums und der Möglichkeiten zur individuellen Lebensgestaltung beklagt. Man fordert *gleichzeitig* ein noch höheres Maß an Kontrolle, Planung und Vorhersehbarkeit. Dies nicht ohne Grund. Alle technischen Leistungen beruhen ja gerade auf durchdachten, geplanten und systematisch durchgeführten Maßnahmen; bei einer spontanen, willkürlichen und unbedachten Vorgehensweise würde das technische System unweigerlich zusammenbrechen. Um die Vorteile der Technik voll ausnutzen zu können, ist man zu einer möglichst weitgehenden Planung und Kontrolle genötigt, wobei die in der immanenten Logik des technischen Handelns angelegten Mechanismen der Akkumulation und der Selbststeigerung dazu führen, daß diese Tendenzen mit zunehmender Technisierung immer stärker zur Geltung kommen. Auch der Mensch ist fest in das System der von ihm selbst geschaffenen Artefakte und ihrer Funktionszusammenhänge eingefügt; denn er kann von der Technik nur insoweit profitieren, als er bereit ist, den jeweiligen technischen Sachzusammenhängen Rechnung zu tragen. An dieser Stelle kommt also wiederum der zwiespältige Charakter der modernen Technik zur Geltung: Sie bietet einerseits eine Entlastung von der Fron der Arbeit und schafft damit im Prinzip die Möglichkeit für eine höhere Form des Menschseins. Dieselbe Technik hat aber andererseits auch unvermeidbar einen rigiden und versachlichten Lebensstil und damit die verschiedensten Formen der Entfremdung zur Folge, die dem Ideal der freien Entfaltung des Individuums zuwiderlaufen.

Dieser Gegensatz zwischen spontaner Selbstbestimmung und vorgeplanten Lebensumständen liegt im Ansatz der modernen Technik begründet. Er kann deshalb in seinen Wirkungen abgemildert, aber nicht vollständig aufgehoben werden. Das Ideal des *autonomen Individuums* als höchstes Ziel des menschlichen Daseins ist fester Bestandteil der in der Antike beginnenden philosophischen Tradition, die dann im Rationalismus und in der Aufklärung ihre weitere Ausformung erfährt. Das Handeln im Rahmen der modernen industriellen Technik, die mit ihrer Methode der mathematisch-experimentellen Naturbeherrschung ebenfalls aus der abendländischen Entwicklung hervorgegangen ist, beruht aber gerade auf sorgfältig geplanten und systematisch durchgeführten *kollektiven Aktionen*. Die Technik, wie wir sie heute kennen, ist das Ergebnis von sozialen Aktionsprozessen, an denen im weiteren Sinne alle Mitglieder der Gesellschaft beteiligt sind. Dabei läßt sich das auf maximale Effizienz abgestellte technische Han deln nur durch ein Höchstmaß an Koordination und Normierung verwirklichen. Diese Tendenz zur vereinheitlichenden Planung und Lenkung wird noch verstärkt durch das Bedürfnis nach sozialer Sicherheit und vielfältigen gesellschaftlichen Dienstleistungen, die den staatlichen Instanzen eine Fülle von Steuerungs- und Kontrollaufgaben zuweisen.

Damit wird das Dilemma offenkundig. Die Technik soll dem Menschen dienen und insbesondere die Voraussetzungen zur persönlichen Entfaltung schaffen. Dazu ist erforderlich, daß für den einzelnen ein möglichst großer individueller Freiheitsspielraum zur Verfügung steht. Andererseits lassen sich jedoch die technischen Funktionen nur durch ein geplantes, koordiniertes und kontrolliertes Handeln erfüllen, das zwangsläufig den individuellen Entscheidungsspielraum einengt. Im Grenzfall steht dabei der individuellen Entscheidungsfreiheit und Selbstbestimmung die nach technischen Effizienzkriterien erforderliche allgemeine Kontrolle und Planung gegenüber.

Die Situation wird noch dadurch verschärft, daß über die Nutzung der gegebenen technischen Möglichkeiten häufig im Sinne eines begrenzten und an individuellen Vorteilen orientierten Interessenhorizonts entschieden wird, während die tatsächlichen Auswirkungen der jeweiligen Maßnahmen einen viel größeren Personenkreis betreffen. Dieser Sachverhalt ist im Prinzip nicht ungewöhnlich, denn bei hinreichend weit gefaßtem Kontext lassen sich für alle Handlungen direkte oder indirekte Konsequenzen aufweisen, die über den ursprünglich ins Auge gefaßten Zusammenhang hinausreichen. Im Fall der ‚organischen‘ Technik, die auf relativ isolierten und geringfügigen Eingriffen in das Naturgeschehen beruhte, hielten sich solche weitreichenden Folgen jedoch in engen Grenzen und konnten deshalb ohne große Schwierigkeiten vernachlässigt werden. Doch die großangelegte, systematische Indienstnahme der Natur im Rahmen der mit wissenschaftlichen Methoden betriebenen industriellen Technik und die immer enger werdende Verflechtung zwischen den verschiedenen technischen Sachsystemen und Prozessen machen die Berücksichtigung übergeordneter, globaler Gesichtspunkte unabdingbar.

In diesem Zusammenhang wird von E. G. Mesthene eine grundsätzliche Kritik formuliert. Er stellt fest, daß über technische Neuerungen zunächst immer einzelne Individuen entscheiden, wobei die angelegten Kriterien (billige Produktion, besserer Absatz oder effizientere Funktionserfüllung) nicht auf den sozialen Nutzen oder Nachteil des jeweiligen Produktes zugeschnitten sind. Die sozialen, für die gesamte Gesellschaft relevanten Gesichtspunkte bilden dabei ein zunächst gar nicht ins Auge gefaßtes, aber zwangsläufig auftretendes Nebenprodukt. Der institutionell-organisatorische Fehler, der für die auftretenden negativen Wirkungen der Technik verantwortlich ist, liegt nach Mesthene darin, daß die ‚sozialen Kosten' wie z. B. die Umweltverschmutzung, nicht von vornherein bei der Entscheidung über technische Projekte berücksichtigt werden. Seiner Ansicht nach ist die Freiheit der individuellen, ökonomischen und nicht sozial verpflichteten Entscheidung für die unerwünschten Wirkungen der Technik verantwortlich. Um hier Abhilfe zu schaffen, fordert er die Berücksichtigung der sozialen Auswirkungen im Sinne einer Kosten-Nutzen-Analyse, die allen technischen Neuerungen vorhergehen müßte, wobei die Wirkung für die Gesellschaft insgesamt anhand entsprechender Sozialindikatoren *(social indicators)* zu berücksichtigen wäre. Unter dieser Perspektive besteht dann zwischen der Erhaltung der individuellen Freiheit und der notwendigerweise gesellschaftlich durchzuführenden Kontrolle der Technik ein von der Sache her unvermeidbares Konkurrenzverhältnis *(5.29*, 37–42).

Es zeigt sich also, daß die moderne Technik in mehrfacher Weise auf Planung und Kontrolle hindrängt. Einmal aus *technikimmanenten* Gründen, weil sich die Effizienz und Leistungsfähigkeit der immer komplexer werdenden technischen Sachsysteme nur durch ein Maximum an geplanten und systematisch durchgeführten Maßnahmen erreichen läßt. Zum anderen aber macht die hypertrophierende technische Entwicklung auch in *sozialer* Beziehung bestimmte planerische Maßnahmen und Kontrollmechanismen erforderlich, die verhindern sollen, daß die unerwünschten Nebenwirkungen der Technik überhand nehmen. Schließlich ist hier auch die *psychologische* Bereitschaft zur Planung und Kontrolle zu nennen, die sich in enger Wechselwirkung mit dem Technisierungsprozeß herausgebildet hat: In dem Maße, in dem die Technik zur bestimmenden Macht in allen Lebensbereichen geworden ist, dient sie auch als Orientierungsmodell für das Verständnis sozialer und historischer Prozesse, so daß schließlich die gesellschaftlichen Verhältnisse und darüber hinaus sogar die gesamte Geschichte ebenfalls unter dem Gesichtspunkt der technischen Herstellbarkeit betrachtet werden. Im Zuge dieses technikorientierten Denkens wird die Idee der Planung und der Machbarkeit dann sogar auf den Menschen selbst angewandt. Ebenso wie sich die durch die Technik aufgeworfenen konkreten Sachprobleme vielfach nur technikimmanent, d. h. durch eine zusätzliche, aber anders ausgerichtete Technisierung bewältigen lassen, ist man auch im Falle der sozialen Planung und Kontrolle gezwungen, den einmal eingeschlagenen Weg weiterzugehen, um tatsächlich alle Abläufe in dem gewünschten Sinne steuern zu können.

Technik und Planung können jedoch auch in einem Ausschließungsverhältnis stehen. Diese Situation kommt in der Technokratiediskussion zur Geltung, wo es um die Herrschaft des nur den technischen ‚Sachzwängen' und der Entscheidungskompetenz der Experten unterworfenen modernen technischen Staates geht (vgl. dazu H. Lenk *5.25*). Dabei wird jedoch von der unausgesprochenen Prämisse ausgegangen, daß in jedem Fall eine Steigerung der (quantitativen) technischen Leistung zu erstreben sei. In diesem Fall büßt die Planung ihre Rolle als Instrument zur Problemlösung im Sinne freigewählter, außertechnischer Zielsetzungen ein; sie ist der Technik dann nicht mehr vorgeordnet, sondern nur noch untergeordnet. Bei einer näheren Analyse erweist sich das Fehlen von Wahlmöglichkeiten aber als Schein, weil die Generalprämisse der Leistungssteigerung das – letzten Endes doch freigewählte – Ziel bildet, aus dem alles weitere folgt.

Selbst dann, wenn es darum geht, in einer durchrationalisierten und technikbestimmten Welt für den Menschen ein größeres Maß an Freiheit und individueller Entfaltungsmöglichkeit zu schaffen, kann man nicht auf technische Hilfsmittel sowie planerische Entwürfe und Mechanismen zu ihrer Durchsetzung verzichten. Deshalb beruhen denn auch die meisten modernen Staatsutopien, beginnend mit Bacons „Neu-Atlantis", bis hin zu den ‚Antiutopien' von A. Huxley und G. Orwell wesentlich auf spekulativ vorweggenommenen, zukünftigen technischen Möglichkeiten, die zu einer systematischen und planvollen Umgestaltung der menschlichen Lebensbedingungen ausgenutzt werden. Dabei ist symptomatisch, daß bis zum Ende des 19. Jahrhunderts die Technik durchweg positiv bewertet wird, weil man von ihr die Voraussetzungen für eine Steigerung des allgemeinen Glücks erwartet. Etwa seit der Jahrhundertwende ist hier ein grundsätzlicher Stimmungsumschwung eingetreten, und heute überwiegt in der utopischen Literatur eindeutig die Angst vor einer unkontrollierbaren, apokalyptischen Entwicklung, die dazu führt, daß der Mensch nicht mehr *Subjekt* des technischen Handelns ist, sondern zu einem beliebig manipulierbaren *Objekt* der jeweiligen technischen Aktionsmöglichkeiten wird. (Ein Abriß der technischen Utopien findet sich bei F. Winterling *S.38.*)

Bei kritischer Beurteilung sind denn auch grundsätzliche Bedenken gegen die Idee der totalen ‚Machbarkeit' der menschlichen Verhältnisse anzumelden. Die physischen Lebensumstände lassen sich in der Tat durch entsprechende technische Maßnahmen in zielgerichteter Weise umgestalten; die Wirkungen der Technik auf diesem Gebiet sind schlechthin unübersehbar. Doch die im weitesten Sinne verstandenen gesellschaftlichen Strukturen und die kulturellen Wertauffassungen, die den tragenden Grund des Menschseins ausmachen, widerstehen ihrer Natur nach der Vergegenständlichung und der Manipulierbarkeit. Eine wie auch immer geartete Umgestaltung ist hier nur möglich, wenn man sich dabei auf die je schon vorhandenen, durch Tradition überkommenen Formen stützt, ohne die der Mensch nur im fiktiven, luftleeren Raum existieren würde. Aus diesem Grund sind allen theoretisch konzipierten Veränderungen, die dann planvoll durchgeführt und systematisch durchgesetzt werden, stets bestimmte

Grenzen gezogen. So können z. B. neue Organisationsformen und Institutionen nur dann ihren Zweck erfüllen, wenn sie von den Betroffenen auch wirklich akzeptiert und mit Leben erfüllt werden. Während die physische Welt unter Berücksichtigung der Naturgesetze beliebig manipulierbar ist, entzieht sich die soziale und individuelle Situation weithin dem geplanten und methodisch durchgeführten Zugriff (vgl. dazu W. R. Glaser 5.10, 191 u. Freyer 5.5, 84).

Utopien oder planerische Entwürfe, die diesen Gegebenheiten nicht Rechnung tragen, sind deshalb von vornherein zum Scheitern verurteilt. Man kann jedoch versuchen, analog zu den Strukturgesetzen der materiellen Welt, auch hier die von der Sache her vorgegebenen Zusammenhänge zu berücksichtigen, um auf diese Weise das jeweils Mögliche zu erreichen. In praktischer Hinsicht sind dabei insbesondere drei Gesichtspunkte von Bedeutung:

(1) In der technisierten Massengesellschaft mit ihren mannigfachen politischen und ökonomischen Verflechtungen gibt es keine isolierten und überschaubaren Kleingruppen, die – etwa nach dem Modell der Rätedemokratie – die Grundlage der allgemeinen Willensbildung für entsprechende Planungsprozesse bilden könnten. Im Gegenteil: Die nur durch Vereinheitlichung erreichbare Effizienz der technischen Verfahrensweisen und die verbesserten Transport- und Kommunikationsmöglichkeiten führen zu übergreifenden Einheiten, die schließlich der Tendenz nach in ein globales System einmünden. Damit wird die *Delegation* von Planungskompetenz und politischer Verantwortung an – demokratisch legitimierte – Mandatsträger unvermeidlich.

(2) Da der Mensch nicht nur ein denkendes, sondern in seinem praktischen Lebensvollzug mindestens ebensosehr auch ein fühlendes und wollendes Wesen ist, wäre es allerdings eine Illusion, hier allein durch theoretische Reflexion auf die gemeinsamen Ziele einen für alle verbindlichen Konsens herstellen zu wollen. Wegen der unterschiedlichen Interessenlage der verschiedenen Mitglieder der Gesellschaft ist deshalb immer irgendeine Form des *Interessenausgleichs* notwendig, die nach einem liberalen, demokratischen Verständ-

nis nur in einem Kompromiß bestehen kann, wobei im Sinne des pluralistischen Modells auch Minderheiten ein entsprechender Schutz eingeräumt werden muß.

(3) Die Leistungsfähigkeit der modernen Technik beruht insbesondere auf den Prinzipien der Spezialisierung und der Arbeitsteilung. Die komplexen, fachtechnischen Zusammenhänge sind dabei vielfach nur noch für den *Experten* durchschaubar. Damit ist zwangsläufig immer auch die Möglichkeit eines Machtmißbrauchs gegeben, weil die Fachleute einen bestimmten Sachverhalt jeweils einseitig darstellen können, wobei allerdings durch die Tatsache, daß sie untereinander keineswegs immer einer Meinung sind, ein gewisser Ausgleich gegeben ist.

Wegen dieser Schwierigkeiten erscheint ein allseits befriedigendes Verfahren zur Lenkung und Kontrolle der zukünftigen technischen Entwicklung ausgeschlossen. Doch gleichzeitig ist nicht zu verkennnen, daß angesichts der Bevölkerungsexplosion, der Ausbeutung der Rohstoffvorräte und der atomaren Rüstung auf lange Sicht irgendeine Form der Selbstbeschränkung gefunden werden muß, weil sonst eine Katastrophe unvermeidlich ist. Dabei könnte man als konsequente Lösung notgedrungen doch eine allumfassende Planung und Kontrolle ins Auge fassen. Eine derartige Konzeption entspricht auch dem Ansatz des technischen Denkens, das auf maximale Effizienz und damit auf Globalsteuerung, Vereinheitlichung und Ausschaltung aller Reibungsflächen hin angelegt ist. So verführerisch eine solche rigorose Lösung aller anstehenden Probleme erscheinen mag, so problematisch erweist sie sich doch bei näherem Zusehen. Die jeweils festgelegten Maßnahmen wären nämlich nur durch Zwang und Terror im Rahmen eines perfekten Machtapparates durchsetzbar. Dies Verfahren würde also letzten Endes den Menschen zu einem bloßen Objekt degradieren und damit den Verlust alles dessen bedeuten, was das Leben lebenswert macht.

In diesem Zusammenhang ist der Vorschlag von Harich (5.13) zu einer streng disziplinierten und asketischen Lenkung der technischen Entwicklung aufschlußreich. Er nimmt die Thesen des *Club of Rome* (5.28) ernst und plädiert für eine rigorose Beschränkung des technischen Wachstums, die seiner Meinung nach nur durch eine kommunistische Diktatur erreicht werden kann. Es ist jedoch äußerst bemerkenswert, daß seine Ideen im kommunistischen Lager keinen Widerhall finden. Darin zeigt sich, daß die Einstellung gegenüber der Technik in Ost und West trotz aller Unterschiede im Wirtschaftssystem und in der politischen Ordnung weit ähnlicher ist, als es bei oberflächlicher Betrachtung erscheint. Der technische Fortschritt und die Erhöhung des Lebensstandards gelten in beiden Bereichen als sakrosankte Größen. Die Appelle der Technikkritiker im Westen bleiben (bisher noch) ebenso wirkungslos wie Harichs Kritik der Konsumideologie. Dabei sind die langfristigen Schäden einer ausufernden Technisierung in Ost und West im Prinzip auf dasselbe an kurzfristigen Zielen orientierte Verhalten zurückzuführen, wobei man sich der ungewissen Hoffnung hingibt, daß – ebenso wie bisher – auch in Zukunft für die anstehenden Probleme eine (technische) Lösung gefunden werden kann.

Trotzdem wäre es übertrieben, hier nur die Alternative zu sehen, daß die Menschheit entweder an den Folgen einer hypertrophierenden Technisierung zugrundegeht oder in einer globalen Zuteilungsdiktatur endet. Ebenso wie noch vor wenigen Jahrzehnten niemand den jetzigen Zustand mit Sicherheit vorhersehen konnte, läßt sich auch heute die künftige Entwicklung nur mit einer gewissen Wahrscheinlichkeit abschätzen. Außerdem hat sich gezeigt, daß die Menschen in einer allgemeinen Notlage – wie beispielsweise in Kriegen oder bei Naturkatastrophen – durchaus bereit sind, eine Einschränkung der individuellen Freiheiten und des gewohnten Lebensstandards hinzunehmen, wenn sie nur die Notwendigkeit der entsprechenden Maßnahmen einsehen. Doch offensichtlich fällt es angesichts der unterschiedlichen Ausgangslage in den einzelnen Ländern schwer, daß sich die Menschheit insgesamt im Hinblick auf die nicht konkret vor Augen stehenden künftigen Gefahren bestimmte Beschränkungen auferlegt. Eine Lösung ist hier nicht allein von organisatorischen und institutionellen Maßnahmen zu erwarten. Sie kann nur auf einer grundsätzlichen Umorientierung der Wertauffassungen beruhen, wobei das eigentliche Problem darin besteht, daß eine solche veränderte Einstellung angesichts der beschleunigten technischen Entwicklung noch rechtzeitig genug eintreten müßte.

6. Die Universalität der modernen Technik

Das auffälligste Kennzeichen unserer Zeit ist die Allgegenwart der Technik. Wir sind auf Schritt und Tritt von technischen Systemen und Prozessen umgeben, die – insbesondere in den Industrienationen – das äußere Erscheinungsbild und den Lebensstil von Grund auf verändert haben. Auch räumlich gesehen setzt sich die Technik überall durch, denn nirgendwo auf der Welt gibt es ernsthafte Widerstände gegen den allgemeinen Technisierungsprozeß. Dieser universelle Charakter der modernen Technik, der u. a. in dem Schlagwort vom ,technischen Zeitalter' zum Ausdruck kommt, tritt in drei verschiedenen Aspekten in Erscheinung:

a) Die Umgestaltung der physischen Welt

Das äußere Kennzeichen der Technik ist die Aneignung der Natur für menschliche Zwecke durch eine entsprechende *Umgestaltung der physischen Welt*. Ebenso wie bei allen anderen Merkmalen der modernen Technik besteht auch hier das eigentlich Auffällige nicht in der bloßen Tatsache der Umweltveränderung, sondern in dem Umfang und den Auswirkungen der technischen Aktionen. Um seine physische Existenz zu sichern und sich gegenüber einer feindlichen Natur behaupten zu können, war der Mensch seit jeher auf bestimmte technische Maßnahmen angewiesen. Derartige Eingriffe in die spontanen Naturabläufe hielten sich jedoch bis zum Beginn der Industrialisierung in vergleichsweise engen Grenzen. Die Folge davon war, daß die Wirkungen der Technik im äußeren Erscheinungsbild hinter der organisch geprägten Umwelt zurücktraten und die Störungen der eingespielten biologischen Gleichgewichtszustände von der sich selbst überlassenen Natur weitgehend ausgeglichen werden konnten.

Die Welt ist heute durch die verschiedensten technischen Artefakte geprägt, ohne die der moderne Mensch gar nicht mehr lebensfähig wäre. Am augenfälligsten tritt diese Umgestaltung in den Bauwerken verschiedenster Art (Fabriken, Straßen, Brücken, Flugplätze, Wohnviertel) zutage, die insbesondere in den Ballungsgebieten das Erscheinungsbild bestimmen. Zugleich mit der industriellen Technik breiten sich diese Zeugen des zivilisatorischen Lebensstils unaufhaltsam über den ganzen Erdball aus. Unberührte Landschaften und seltene Tierarten wird man in Zukunft nur noch in künstlich vor dem technischen Zugriff geschützten Reservaten finden können. Ein weiteres Merkmal für die Aneignung der physischen Welt durch den Menschen ist der Abbau und die anschließende Nutzung der Vorräte an Rohstoffen und fossiler Energie, die in weltweitem Maßstab unter Verwendung modernster technischer Hilfsmittel betrieben werden. Bei allen technischen Prozessen treten ferner unerwünschte Nebenwirkungen auf, aus denen sich eine Belastung der natürlichen Umwelt mit Abfall- und Schadstoffen ergibt. Die dadurch hervorgerufenen Störungen des ökologischen Gleichgewichts haben einen Umfang angenommen, der bei Fortsetzung der augenblicklichen Tendenzen auf lange Sicht die Bewohnbarkeit der Erde in Frage stellen muß.

Die Veränderung der materiellen Umgebung durch technische Aktionen betrifft jedoch keineswegs nur Phänomene von ungewöhnlichen Größenordnungen. Dem universellen Charakter der modernen Technik entsprechend gibt es praktisch keinen Bereich des konkreten physischen Handelns, der nicht in der einen oder anderen Form durch technische Artefakte und Prozesse bestimmt wäre. Selbst Gebiete, wie z. B. die Medizin oder die Landwirtschaft, in denen organisch-biologische Prozesse dominieren und die deshalb der auf anorganisch-mechanischen Prinzipien basierenden Technik kaum zugänglich sein sollten, werden durch die Einführung entsprechender Geräte und Maschinen immer mehr technisiert.

Nur noch in seltenen Ausnahmefällen – die dann z. B. in der Freizeit und im Urlaub auch bewußt erstrebt werden – hat es der moderne Mensch noch mit einer sich selbst überlassenen und nicht durch die Technik bearbeiteten Natur zu tun. Im allgemeinen besteht seine physische Umgebung aus Vorrichtungen, Geräten und Apparaturen der verschiedensten Art, die jeweils eine ganz bestimmte technische Funktion erfüllen und damit als Vermittlungsinstanz zwischen ihm und der unberührten Natur auftreten. Besonders deutlich wird dies im Fall der Kommunikations- und Transporttechnik, wo durch entsprechende technische Konstruktionen in den letzten zweihundert Jahren eine radikale Umgestaltung der ursprünglichen Verhältnisse eingetreten ist und dadurch eine Leistungssteigerung erzielt wurde, die man vorher für undenkbar gehalten hätte.

An die Stelle der spontan gewachsenen Biosphäre, die dem Rhythmus der organischen Prozesse unterliegt, ist so in universellem Maßstab eine nach anorganisch-mechanischen Funktionsprinzipien konstruierte Technosphäre getreten. Auf diese Weise hat sich der Mensch eine ,zweite Natur‘ geschaffen, die ganz auf seine spezifischen Wünsche und Zielsetzungen zugeschnitten ist. Diese technische Umgestaltung der materiellen Welt hat eine doppelte Wirkung: Sie befreit von überkommenen Restriktionen und schafft neue Aktionsmöglichkeiten. Die konkrete physische Existenz der technischen Artefakte und die Funktionsgesetze der technischen Abläufe haben aber gleichzeitig auch neue Zwänge zur Folge. Die ,Widerständigkeit‘ der materiellen Welt, die eine Indienstnahme für menschliche Zwecke nur im Rahmen der einschlägigen Gesetzmäßigkeiten zuläßt, gilt in entsprechend abgewandelter Form auch für die Technosphäre. Die technischen Objekte und Prozesse liefern nur insoweit die erwünschten Resultate, wie der Mensch bereit ist, sich den immanenten Sachgesetzlichkeiten der technischen Funktionsabläufe anzupassen. An die Stelle der Auseinandersetzung mit einer zu meisternden feindlichen Natur tritt damit die Abhängigkeit von der selbstgeschaffenen technischen Umwelt. Dabei könnte die Menschheit heute ohne die vielfältigen technischen Hilfsmittel, die weithin schon zur Selbstverständlichkeit geworden sind, kaum noch überleben. Wir sind also nicht nur gezwungen, uns der Struktur der technischen Prozesse anzupassen, *falls* wir von ihnen profitieren wollen, sondern weithin darauf angewiesen, *daß* die entsprechenden technischen Leistungen auch tatsächlich zur Verfügung stehen.

b) Die veränderte Lebenssituation

Die prägende Kraft der technisierten Umwelt hat zu einem generellen *Wandel des individuellen und sozialen Lebens* geführt. Auch dieser Zusammenhang ist grundsätzlich nicht neu, denn als Naturwesen ist der Mensch immer abhängig von den durch den Leistungsstand der Technik bestimmten physischen Lebensumständen. Durch die Industrialisierung ist hier jedoch eine entscheidende Veränderung eingetreten, denn seitdem bildet die Technik die *dominierende* Größe, der alle anderen Phänomene untergeordnet werden. Auch in früheren Zeiten waren der äußeren Lebensführung und den Möglichkeiten des konkreten Handelns durch die jeweiligen technischen Gegebenheiten bestimmte Schranken gesetzt. Doch im Rahmen dieses Spielraums wurden die individuelle und die soziale Lebenspraxis, die Ideale des Menschseins und das Selbstverständnis jeder Epoche durch *außertechnische* Bestimmungsgrößen festgelegt. So könnte man etwa im Sinne einer sehr summarischen Kennzeichnung für die Antike die moralische Trefflichkeit und den Dienst für das politische Gemeinwesen als Schlüsselbegriffe ansetzen, während für das Mittelalter der Glaube und das Heil der Seele die wesentlichen Bezugsgrößen bilden. Im Gegensatz dazu ist unsere Zeit durch äußere Aktivität und ein quantitatives, materielles Fortschrittsstreben gekennzeichnet, das aufgrund der beständig gesteigerten technischen Aktionsmöglichkeiten zu einer vollständigen Umgestaltung der äußeren und der inneren Lebensverhältnisse geführt hat (vgl. Arendt *4.1*, 313). Dabei gilt der technische Fortschritt als der höchste Wert und als schlechthin verbindliche Bezugsinstanz, wobei die sozialen, die politischen, die ethischen oder die ästhetischen Wirkungen der Technisierung als selbstverständlich hinzunehmende Konsequenzen eines scheinbar unabänderlichen und naturgegebenen Prozesses betrachtet werden.

Die Folgen der Technisierung in allen Lebensbereichen sind unverkennbar. Sie reichen von der durch Massenproduktion und Standardisierung bedingten Nivellierung der Konsumgewohnheiten und des Geschmacks über die Planung und rationelle Organisation der persönlichen und der sozialen Sphäre bis hin zu der wachsenden Macht des technokratischen Staates. Die gesteigerte Komplexität der technischen Systeme und Verfahrensweisen macht eine zunehmende Arbeitsteilung und Spezialisierung erforderlich, wobei die Rationalisierung und die Automatisierung eine Verkürzung der Arbeitszeit ermöglichen und gleichzeitig dazu führen, daß die direkte körperliche Arbeit immer mehr hinter den Organisations- und Lenkungsaufgaben zurücktritt. Durch die modernen Verkehrsmittel (Eisenbahn, Automobil, Flugzeug) und die elektronischen Medien (Radio, Fernsehen) haben sich die Lebensgewohnheiten und der – zumindest indirekt zugängliche – Erfahrungsbereich von Grund auf gewandelt. Die wesentlich auf technischen Hilfsmitteln beruhende verbesserte medizinische Versorgung hat in den Entwicklungsländern zu einer Bevölkerungsexplosion geführt und in den Industrienationen die Lebenserwartung erheblich vergrößert.

Auf allen Wissensgebieten – insbesondere aber in den Realwissenschaften – werden durch verfeinerte Untersuchungsmethoden und die Anwendung technischer Geräte und Apparaturen ständig neue Erkenntnisse über Fakten und Sachzusammenhänge gewonnen, die sich dann ihrerseits nur durch entsprechende Dokumentationstechniken in eine praktisch nutzbare Form bringen lassen. Auch die künstlerischen Inhalte und Ausdrucksformen sind durch die moderne Technik geprägt: Massenmedien, Taschenbücher und preiswerte Reproduktionstechniken für Bilder und Musikstücke ermöglichen im Prinzip einen allgemeinen Zugang zu den Kulturgütern und bergen gleichzeitig die Gefahr der Anpassung an den Geschmack des breiten Publikums. Das Leben in der technisierten Welt wird zum Thema der künstlerischen Gestaltung, wobei gerade sensible Künstler die bedrohlichen Züge der gegenwärtigen Situation zum Ausdruck bringen, andererseits aber auch technische Versatzstücke als fungibles Gestaltungsmittel herangezogen werden. Sogar das Selbstverständnis des Menschen orientiert sich zunehmend am Modell der technischen Prozesse: Der Gang zum Arzt wird mit der ‚Überholung' oder ‚Inspektion' eines Automobils verglichen, und wer dem sachlichen, technik-orientierten Arbeitsstil nicht gewachsen ist, ‚funktioniert' nicht mehr und wird ‚ausgewechselt' wie ein Ersatzteil. Selbst in religiösen Fragen macht sich der Einfluß der Technik bemerkbar: Das moderne wissenschaftlich-technisch geprägte Weltverständnis gerät in Konflikt mit überkommenen, mythisch und symbolisch geprägten Vorstellungen, und die tradierten Anschauungen werden den technikbestimmten Auffassungen angepaßt.

Besonders deutlich tritt die dominierende Rolle der modernen Technik in dem unsinnigen Rüstungswettlauf zwischen den Supermächten in Erscheinung, wo die neuesten wissenschaftlich-technischen Erkenntnisse sofort in perfektionierten Waffensystemen zur Anwendung kommen. An diesem Beispiel wird in pointierter Form die Problematik der gegenwärtigen Situation sichtbar: Durch eine großangelegte und systematisch betriebene Forschungs- und Entwicklungsarbeit, bei der man auf den gesamten bisher angesammelten Fundus des technischen Wissens und Könnens zurückgreifen kann, werden in beschleunigtem Tempo immer weitergehende technische Aktionsmöglichkeiten geschaffen, die man dann auch möglichst schnell in die Praxis umsetzt. Das Ungewöhnliche ist dabei nicht die bloße Tatsache, daß der jeweils vorliegende Stand der Technik für militärische Zwecke voll ausgeschöpft wird; dies war zu allen Zeiten der Fall. Die wesentliche Neuerung besteht in der bewußten und zielstrebigen Erweiterung des technischen Wissens. Erst durch den so geschaffenen technischen Fortschritt entsteht eine akute Bedrohung für den Fortbestand der Menschheit, weil der dadurch eröffnete technische Handlungsspielraum dann auch tatsächlich ohne Zögern und ohne Rücksicht auf weiterführende Konsequenzen wahrgenommen wird. Es wäre deshalb verfehlt, wenn man hier ohne weitere Differenzierung die Technik schlechthin, die auch früher für kriegerische Zwecke eingesetzt wurde, verurteilen wollte. Entscheidend sind die mit keiner anderen Epoche der Menschheitsgeschichte auch nur annähernd vergleichbaren Größenordnungen in den Auswirkungen der modernen Technik. Aus diesem Grund ist die gegenwärtige Situation nur durch eine prinzipielle Neuorientierung zu meistern, wobei zwangsläufig der Rahmen der bisherigen Normen und Wertmaßstäbe, die auf ganz andere Verhältnisse zugeschnitten sind, in Frage gestellt werden muß.

Zwischen den vielfältigen Erscheinungsformen der Technik besteht ein in der Sache begründeter innerer Zusammenhang, so daß der technische Lebensstil insgesamt eine unauflösliche Einheit bildet. Gehlen spricht in diesem Zusammenhang von einer „Superstruktur", bei der die wissenschaftliche Forschung, die technische Anwendung und die industrielle Auswertung eine geschlossene Ganzheit bilden, in der alle drei Instanzen wechselseitig voneinander abhängen. Dabei sind sowohl die Forschung als auch die praktische Umsetzung der jeweils gefundenen Resultate durch Produktion und Konsum anhand entsprechender Effizienzkriterien völlig durchrationalisiert, so daß der gesamte Prozeß der Technisierung weitgehend eigengesetzlich abläuft (5.8, 14, 54).

Im Gegensatz zu dieser auf die konkreten *Handlungsvollzüge* bezogenen Deutung gibt Freyer eine Analyse des *sozialen Gefüges* in der technisierten Welt. Er stellt fest, daß die gegenwärtige Gesellschaftsstruktur ein abgeleitetes „sekundäres System" bildet. Dieses System ist nicht kraft historischer Tradition gewachsen; es wird ohne Berücksichtigung der überkommenen geschichtlichen Voraussetzungen ausschließlich im Hinblick auf die Erfordernisse reibungsloser (technischer) Funktionsabläufe konstruiert. Dabei macht der Geist des versachlichten planerischen Entwerfens auch vor den Menschen selbst nicht halt. Ohne Rücksicht auf die persönliche Individualität und auf die mitmenschlichen Beziehungen wird er ganz auf seine Eigenschaft als Arbeiter oder Konsument innerhalb des allgegenwärtigen anonymen sozialen Mechanismus reduziert (5.5, 79–93).

179

In diesen beiden komplementären Positionen kommen wesentliche Merkmale der modernen Technik zur Geltung: Der Zuwachs an theoretischen Erkenntnissen und deren praktische Umsetzung erfolgen in einem quasi-autonomen Prozeß, der u. a. die Akkumulationsstruktur des technischen Wissens und Könnens und den Multiplikatoreffekt der verschiedenen technischen Neuerungen zur Voraussetzung hat. Um die jeweiligen technischen Möglichkeiten tatsächlich voll ausschöpfen zu können, muß sich dabei auch der Mensch den Sachgesetzlichkeiten des technischen Handelns anpassen, so daß er im Rahmen einer universellen und alle Lebensbereiche beherrschenden Technik schließlich nur noch als Funktionselement der technischen Prozesse betrachtet wird.

Der Zusammenhang zwischen den verschiedenen technischen Teilphänomenen ist letzten Endes bedingt durch die historische Weichenstellung, den Weg einer systematischen Indienstnahme der Naturkräfte und einer mit wissenschaftlichen Methoden betriebenen Technisierung zu beschreiten. Damit sind implizit auch die technischen Funktionszusammenhänge festgelegt, die berücksichtigt werden müssen, wenn bestimmte technische Leistungen erzielt werden sollen. Da man beim Fortgang der Technisierung stets an diesem Ansatz festgehalten hat, fügen sich die konkreten Ausformungen der Technik zwangsläufig in den dadurch vorgezeichneten Rahmen ein. Doch die Technik existiert nicht von selbst. Deshalb bedarf der genannte Gesichtspunkt, der wesentlich die konkrete, physische, materielle Seite der Technik betrifft, der Ergänzung durch eine entsprechende willensmäßige Komponente. Als zweiter Faktor muß also die grundsätzliche Bereitschaft hinzukommen, von den jeweils geschaffenen technischen Handlungsmöglichkeiten dann auch in jedem Stadium tatsächlich im Sinne einer maximalen Ausbeute Gebrauch zu machen. Diese Haltung läßt sich zwar in ihrem Ansatz auf das natürliche Bedürfnis nach einer Erleichterung der materiellen Lebensbedingungen zurückführen. Doch die Konsequenz, mit der selbst bei negativen Resultaten an dem einmal eingeschlagenen Weg festgehalten wird, zeigt, daß hinter dem faktischen Verhalten als treibende Kraft ein grundsätzliches

180

Vertrauen in den technisch-materiellen Fortschritt wirksam ist. Auf eine verkürzte, summarische Formel gebracht, sind demnach die Gründe für das Zustandekommen einer einheitlichen, in sich geschlossenen Technik in der wissenschaftlich-rationalen Aneignung der Natur und im quantitativen Fortschrittsdenken zu suchen.

Im Gegensatz zu einer solchen diskursiven Analyse, die sich an der Ingenieurtechnik, d. h. an der Struktur und Wirkungsweise konkreter, materieller technischer Artefakte orientiert, steht J. Elluls These von der grundsätzlichen und begrifflich nicht weiter auflösbaren Einheit aller technischen Verfahrensweisen. Er arbeitet mit einem *weitgefaßten* Technikbegriff, der alle Arten der systematischen und auf Effizienz abgestellten Mitteloptimierung umfaßt. Dabei unterscheidet er zwischen der Ingenieurtechnik, der wirtschaftlichen Technik (Arbeitswissenschaft, Planung), der staatlichen, politischen und militärischen Organisationstechnik sowie der Humantechnik (Medizin, Pädagogik, öffentliche Medien) (*5.4*, 22). Seiner Ansicht nach können alle diese Techniken nur in ihrem Gesamtzusammenhang richtig beurteilt werden; jedes Herausheben einzelner Momente sei dem Phänomen der Technisierung unangemessen, weil dabei der innere Zusammenhang *aller* Aspekte der im weitesten Sinne verstandenen Technik übersehen wird (94).

Wie der englische Übersetzer hervorhebt (XIII), kann Ellul dank dieser Auffassung eine großangelegte Phänomenologie der Technik schreiben, die in ihrem Totalitätsanspruch mit Hegels „Phänomenologie des Geistes" vergleichbar ist. Dabei teilt er mit Hegel zwar nicht den historisch-genetischen Ansatz – Elluls Darstellung ist primär systematisch ausgerichtet –, wohl aber dessen teleologische Konzeption. Für Ellul sind alle Formen der Technik, d. h. alle methodisch angewandten Verfahrensweisen, immanent wesensnotwendige Momente einer heraufkommenden umfassenden Herrschaft der Technik. Die Tatsache, daß eine solche Darstellung möglich ist, zeigt die überragende Bedeutung der Technik für die Gegenwart. Weil keine analytische Differenzierung vorgenommen wird, bleibt jedoch im Grunde genommen unver-

ständlich, wieso diese Situation eigentlich entstehen konnte.
Dies dürfte insbesondere darauf zurückzuführen sein, daß
Ellul die dominierende Rolle der durch die *Ingenieurtechnik*
bereitgestellten materiellen Systeme und Prozesse unter-
schätzt. Denn es sind eben diese konkreten Artefakte und
ihre Funktionsgesetzlichkeiten, von denen heute alle anderen
methodisch-technischen Verfahrensweisen abhängen.

c) Die weltweite Ausbreitung

Neben der radikalen Umgestaltung der physischen Welt
und der grundsätzlichen Veränderung des Lebensstils besteht
das dritte universelle Kennzeichen der modernen Technik in
ihrer *weltweiten Verbreitung.* Gewiß sind zu allen Zeiten
technische Erfindungen durch einen entsprechenden Transfer
von einem Kulturkreis in den anderen übertragen worden.
Derartige Austauschprozesse erfolgten jedoch sehr allmählich
und im Rahmen einer wechselseitigen Abhängigkeitsbezie-
hung. Im Gegensatz dazu breitet sich heute die moderne
Technik aus dem europäisch-amerikanischen Raum in beschleunigtem Tempo und gleichsam eingleisig über den ganzen
Erdball aus. Als Folge davon zeichnet sich das Entstehen
einer – zumindest im äußern Erscheinungsbild – weitgehend
vereinheitlichten technischen Weltzivilisation ab, die alle
historisch gewachsenen und kulturell ausgeformten Unterschiede nivelliert.

Eine wichtige Rolle spielen dabei die durch die moderne
Technik bereitgestellten perfektionierten Transport- und
Kommunikationsmöglichkeiten. Heute ist jeder Punkt der
Erde in kurzer Zeit erreichbar geworden; die enge politische
und wirtschaftliche Verflechtung, der weltumspannende Mas-
sentourismus und die sofortige Nachrichtenübermittlung haben einen so engen Kontakt hergestellt, daß jedes wichtige
Ereignis unverzüglich auf der ganzen Erde zur Kenntnis genommen wird. An die Stelle der Außenpolitik tritt eine
‚Weltinnenpolitik‘, an der im Prinzip die gesamte Welt-
öffentlichkeit teilnimmt.

Dabei ist allerdings der Mensch in seiner Fähigkeit zur

182

konkreten Vergegenwärtigung und zur angemessenen Beurteilung weit überfordert, denn die durch die Technik vermittelte allgemeine Publizität macht die unter fremden sozialen und kulturellen Bedingungen auftretenden Zusammenhänge nur vordergründig durchschaubar. Da der unmittelbare Augenschein fehlt, ist eine Fülle von Möglichkeiten zur Nachrichtenmanipulation gegeben, die auch durch eine uneingeschränkte Berichterstattung nicht völlig aufgehoben werden kann. An dieser Stelle zeigt sich also einmal mehr, daß in der modernen technisierten Welt das Wissen aus zweiter Hand dominiert: An die Stelle unmittelbar einsichtiger und selbsterlebter Erfahrungen, wie sie etwa in agrarisch geprägten Gesellschaften oder im Stadium der Handwerkstechnik vorherrschen, treten Sekundärinformationen, die immer nur ein reduziertes Bild der komplexen politischen, wirtschaftlichen und wissenschaftlich-technischen Zusammenhänge geben können.

Unabhängig von den jeweiligen konkreten Gegebenheiten, die sich in einer langen Tradition herausgebildet haben, wird zusammen mit der modernen Technik fast zwangsläufig auch der Lebensstil der Industrieländer importiert, wobei dem *american way of life* die Führungsrolle zufällt. Ebenso wie z. B. Bauern, Fischer und Hirten wegen ihrer spezifischen beruflichen Prägung allenthalben einander ähnlich sind, haben auch Computerfachleute, Planungsingenieure oder Fernsehmechaniker überall auf der Welt denselben intellektuellen Zuschnitt. Wie Boulding hervorhebt, ist ihre Verständigungssprache das technische Englisch und ihr gemeinsames Kredo der wissenschaftlich-technische Fortschritt. Das äußere Kennzeichen der technischen ,Superzivilisation' sieht er in Flugplätzen, Autobahnen, Wolkenkratzern, Fernsehgeräten, Kühlschränken, einer systematisch hochgezüchteten Landwirtschaft, der Geburtenkontrolle und wissenschaftlich-technischen Ausbildungsstätten, wobei alle diese Elemente weltweit austauschbar sind (5.2, 347). Dabei bringt die Technisierung neben den materiellen Strukturen auch einen ganz bestimmten Arbeitsstil mit sich. Die erfolgreiche Anwendung der technischen Verfahren erfordert eine entsprechende bürokratische Organisation, eine sachbezogene, nüchterne, leistungsorientierte Einstellung und ein gleichmäßiges und diszipliniertes Arbeitsverhalten. Im Vergleich zu diesen allgemeinen Merkmalen der modernen Technik hat der spezifische kulturelle und geistige Hintergrund eines Landes oder die besondere Form der politischen Herrschaftsverhältnisse vielfach nur noch den Charakter eines Epiphänomens.

Dieser Prozeß der weltweiten Technisierung ist möglich, weil technische Apparaturen ebenso wie das Wissen um die jeweiligen technischen Verfahrensweisen auf realen, objektivempirisch faßbaren physischen Zusammenhängen beruhen. Ihre sachliche Fundierung liegt ausschließlich in der Struktur der materiellen Welt, und deshalb können sie ohne Schwierigkeit aus dem jeweiligen soziokulturellen Entstehungskontext losgelöst und in jede andere Umgebung übertragen werden. Doch technische Prozesse kommen nur insoweit zustande, wie sie vom Menschen sachgerecht eingeleitet und kontrolliert werden. Deshalb muß zugleich mit dem eigentlichen *Technik-transfer* immer auch ein gewisser *Kulturtransfer* stattfinden, der die technikorientierte Einstellung vermittelt, die erforderlich ist, damit die jeweiligen Abläufe auch tatsächlich in der vorgesehenen Weise durchgeführt werden können. Da diese Einstellung sich in Europa im Verlauf eines langandauernden Entwicklungsprozesses allmählich herausgebildet hat, liegt hier ein natürlicher Nährboden für die Technik vor, der in dieser Form in den Entwicklungsländern nicht gegeben ist. Damit stellt sich für diese Völker das Problem, wie sie an den erwünschten Leistungen der modernen Technik teilhaben können, ohne dabei ihre kulturelle und geistige Tradition zu verleugnen und so ihre Identität zu verlieren. Welche Schwierigkeiten sich dabei auftun, wird deutlich, wenn man bedenkt, daß der beschleunigte technische Wandel selbst in den Industrienationen zu verschiedenen Formen der Entfremdung geführt hat. In der Dritten Welt, wo in wenigen Jahren die Entwicklung von Jahrhunderten nachgeholt werden soll, dürfte deshalb eine Potenzierung der Entfremdungseffekte unvermeidbar sein.

Im Verlauf der Menschheitsgeschichte sind verschiedene,

in sich abgeschlossene Hochkulturen entstanden, deren kulturelle und technische Austauschprozesse immer auf einen bestimmten geographischen Bereich beschränkt blieben. Im Vergleich dazu stellt die globale Ausbreitung der technischen Zivilisation ein welthistorisch völlig einmaliges Phänomen dar. In diesem Zusammenhang erklärt C. Lévi-Strauss, daß die verschiedenen Völker bei der Bewältigung ihrer Lebenssituation jeweils unterschiedliche Akzentuierungen gesetzt haben. Dabei sind im Prinzip überall dieselben Probleme zu bewältigen, denn die Sprache, die Kunst, die Religion, soziale, politische und ökonomische Organisationsformen und bestimmte Kenntnisse und technische Fertigkeiten sind in irgendeiner Ausprägung allen Menschen gemeinsam. Die Verschiedenartigkeit der Kulturen läßt sich dabei als eine Option für ganz bestimmte Werte deuten. So wird etwa bei den Eskimos und den Beduinen besonderer Nachdruck auf die Meisterung feindlicher Umweltbedingungen gelegt, während in Indien die philosophisch-religiöse Lebensauffassung im Vordergrund steht oder im Islam ein systematischer Zusammenhang zwischen allen Lebensformen hergestellt wird (*5.26, 42–47*).

In dieser Perspektive stellt sich dann die Frage, auf welche Gründe die weltweite Verbreitung der modernen Technik zurückzuführen ist. Wenn die Theorie von den unterschiedlichen Optionen zutrifft, wäre an sich zu erwarten, daß es Völker gibt, die nur ein begrenztes Interesse an der Technisierung haben und deshalb die moderne Technik nur in eingeschränktem Umfang akzeptieren. Wie Lévi-Strauss feststellt, ist die europäische Technik und Zivilisation den Nationen der Dritten Welt im Zuge der Kolonisierung zunächst *indirekt* aufgezwungen worden: Auf dem Gebiet der Kriegstechnik erwiesen sich die europäischen Waffen eindeutig als überlegen, und im Gefolge der militärischen Besetzung wurde dann durch Handlungsniederlassungen, Plantagen und Missionare auch der europäische Lebensstil importiert. Angesichts dieses ungleichen Kräfteverhältnisses waren diese Völker also gezwungen, sich ebenfalls den Zugang zu der modernen Technik zu verschaffen (50 f.).

Damit ist die weltweite Ausbreitung der Technik jedoch nur teilweise erklärt. Denn auch dort, wo eine solche ‚Notwehrsituation‘ nicht bestanden hat, strebt man heute allenthalben nach einer möglichst schnellen und perfekten Technisierung. Dieser Prozeß, der durch die – ebenfalls technikbedingten – verbesserten Transport- und Kommunikationsmöglichkeiten gefördert wird, ist sicher auch durch unabweisbare konkrete Erfordernisse bestimmt. So kann etwa die steigende Erdbevölkerung nur bei Anwendung einer verbesserten landwirtschaftlichen Technik ernährt werden. Ferner dürfte hier auch das Bestreben, auf militärischem oder wirtschaftlichem Gebiet mit der übrigen, bereits technisierten Welt Schritt zu halten, eine Rolle spielen. In allen diesen Fällen liegt jedoch der tiefere Grund in der Überlegenheit der modernen technischen Methoden, die im Vergleich zu einfacheren Verfahrensweisen jeweils eine höhere Ausbeute oder Leistung erbringen. Wenn nach dem Kriterium der Effizienz geurteilt wird, ist die moderne Technik naturgemäß allen anderen Stadien überlegen, denn die jeweils neuesten Verfahren sind ja gerade im Verlauf eines Entwicklungsprozesses ermittelt worden, dem die maximale Effizienz als Auswahlkriterium zugrundelag.

Dabei bleibt dann aber immer noch offen, warum sich alle Völker der Erde weit über das Maß hinaus, das sich aus einer zwingenden Bedürfnissituation ergibt, dieses Denken in den Kategorien des technischen Fortschritts zu eigen machen. Die moderne Technik bietet in ihren jeweiligen konkreten Resultaten (Fortbewegung, Nachrichtenübermittlung, Komfort im Alltagsleben) Leistungen an, die auf den Menschen als Naturwesen bezogen sind, und deshalb *potentiell* überall auf Resonanz stoßen; bei einem entsprechend hochgeschraubten Anspruchsniveau hat denn auch jedermann das ‚Bedürfnis‘ nach entsprechenden technischen Erleichterungen. Die moderne Technik spricht eine bestimmte Seite des Menschseins an und kann deshalb im Prinzip überall Widerhall finden. Sobald der Weg einer intensiven Technisierung beschritten wird, wachsen die einmal geweckten Ansprüche schneller als die jeweiligen technischen Möglichkeiten, so daß auf diese Weise ein beständiger Bedarf an technischen Gütern und Dienstleistungen entsteht. Zusammen mit dem Anpassungsdruck, der von einer technisierten und damit in den konkreten Aktionsmöglichkeiten überlegenen Umwelt ausgeht, führt diese Anspruchsinflation dann zu einer weltweiten Ausbreitung der Technik. Damit konzentriert sich die gesamte Menschheit auf *eine* ihrer Fähigkeiten, nämlich die der materiellen Umweltbeherrschung, die in pointierter Weise zur Geltung gebracht wird. Dieser Prozeß, der alle Energien auf sich vereint, hat zur Folge, daß andere Möglichkeiten, wie etwa die der kulturellen Gestaltung oder der Kontemplation, zwangsläufig in den Hintergrund treten (zum Knappheitsproblem s. B. Balla *5.1*).

7. Die Leistungen der Technik und ihr Preis

Ebenso wie alles individuelle Handeln und alle kollektiven Aktionen steht auch die Technik in einem bestimmten Spannungsverhältnis: Technische Systeme und Verfahren liefern die Mittel, um vorgesehene Zwecke zu erreichen. Dabei erfährt die als veränderungsbedürftig empfundene konkrete Situation eine Umgestaltung im Sinne der jeweiligen Zielsetzungen. Auf diese Weise wird dann ein veränderter Sachverhalt geschaffen, der aber keineswegs immer den ursprünglichen Intentionen entspricht und der seinerseits wiederum durch neue, ihm immanente Gegebenheiten und Zwänge gekennzeichnet ist. Da alle technischen Prozesse auf der Umstrukturierung der physischen Welt beruhen, tritt der Gegensatz zwischen dem eigentlich erstrebten Ziel und den im Zuge seiner Realisierung tatsächlich auftretenden – u. U. gar nicht beabsichtigten – konkreten Wirkungen im Fall der Technik besonders augenfällig in Erscheinung.

So ist die moderne Technik einerseits als Mittel zur Daseinserleichterung eingeführt worden und hat doch andererseits aufgrund ihres konkreten, gegenständlichen Charakters und wegen der Prinzipien der technischen Funktionsabläufe, die letzten Endes in der Struktur der physischen Welt begründet liegen, eine Fülle von neuen Einschränkungen der mensch-

lichen Handlungsfreiheit geschaffen. Da der Mensch als Naturwesen immer darauf angewiesen ist, seine physische Umwelt
zu meistern und die gewünschten Leistungen nur bei einer
Anpassung an die jeweiligen technischen Prozesse erreichbar
sind, treten nunmehr die Sachgesetzlichkeiten der technisierten
Welt an die Stelle der früheren Beschränkungen. Die Mühsal
der schweren körperlichen Arbeit ist auf diese Weise weitgehend aufgehoben; doch der Preis dafür besteht in der Anpassung an die Prinzipien des technischen Handelns und den
dadurch zwangsläufig bedingten Entfremdungseffekten.

Ebenso wie die Technisierung insgesamt sind auch diese
weit über die jeweils erstrebte physische Funktionserfüllung
hinausgehenden anthropologischen Wirkungen von keinem
einzelnen Menschen vorsätzlich herbeigeführt worden. In ähnlicher Weise wie die Zerstörung der natürlichen Umwelt und
die schwindenden Rohstoff- und Energiereserven treten die
unbeabsichtigten und zunächst praktisch unbeachteten zusätzlichen Auswirkungen erst dann ins allgemeine Bewußtsein,
wenn sie ein bestimmtes Maß überschritten haben. Neben den
tatsächlichen Auswirkungen spielt dabei sicher auch das jeweilige Anspruchsniveau bzw. die Empfindlichkeitsschwelle
eine Rolle: So sind etwa in Entwicklungs- und Aufbauphasen
alle Energien darauf konzentriert, mit Hilfe der Technik
überhaupt einen gewissen materiellen Wohlstand zu erreichen,
wobei die unvermeidlichen Opfer, die dazu erforderlich sind,
zunächst kaum beachtet werden. Beispiele dafür sind etwa der
Wiederaufbau nach dem Zweiten Weltkrieg oder das Bestreben der Entwicklungsländer, möglichst schnell und ohne Rücksicht auf negative Auswirkungen den Anschluß an die Technisierung zu erreichen.

Die unbeabsichtigten Auswirkungen der modernen Technik
liegen heute jedoch so offen zutage, daß die verschiedenen
Bewertungsmaßstäbe hier nur zu einer unterschiedlichen Akzentuierung führen, ohne an der eigentlichen Sachlage etwas
ändern zu können. Dabei mag das Auftreten derartiger Folgen zunächst durchaus befremdlich erscheinen. Denn allgemein gesehen besteht die moderne Technik ja darin, daß die
dem Menschen feindlich oder zumindest neutral gegenüber-

stehende Natur bewußt und zielstrebig umgestaltet und dadurch ‚menschlicher' gemacht wird (N. A. Luyten *1*.2, 141). Gerade die technisierte Umwelt sollte deshalb weitgehend den menschlichen Wünschen und Absichten entsprechen. In demselben Sinne ließe sich sogar argumentieren, daß alles, was im Rahmen der Technik geschieht, vom Menschen hervorgebracht ist und ihm deshalb gar nicht fremd sein kann. Ganz im Gegenteil: Nach dem *verum-factum*-Prinzip, das besagt, ‚wir wissen nur insofern wir machen', müßte gerade die durch technische Systeme und Prozesse anverwandelte Natur dem Menschen besonders nahestehen und ihm völlig durchsichtig erscheinen.

Die im Sinne menschlicher Bedürfnisse umgestaltete Welt sollte eigentlich ein hohes Maß an Selbstverwirklichung und Autonomie ermöglichen. Doch in Wirklichkeit wird heute weithin die technikbedingte Entfremdung und die Heteronomie der technischen ‚Sachzwänge' beklagt. Solche Urteile beruhen auf einer unausgeglichenen Spannung zwischen dem jeweiligen Erwartungshorizont und den tatsächlich vorliegenden Verhältnissen. Bei jeder Technikkritik lassen sich demnach zwei Komponenten unterscheiden: (1) Die Darstellung der normativen Idealvorstellungen und (2) die Beschreibung der realen Sachverhalte, wobei diese beiden Anteile naturgemäß nur in der analytischen Abstraktion voneinander getrennt werden können.

(1) Durch die ausdrücklich formulierten oder stillschweigend vorausgesetzten *Idealvorstellungen* wird ein bestimmter Zustand als erstrebenswert ausgezeichnet, dessen Realisierung dann mit Hilfe der Technik erfolgen soll. Dabei ist die Erwartungshaltung gegenüber der modernen Technik bis in die Gegenwart hinein durch einen allgemeinen Fortschrittsoptimismus und ein unbegrenztes Vertrauen in die Möglichkeiten zur Vervollkommnung der menschlichen Verhältnisse geprägt. Die geistesgeschichtlichen Wurzeln dieser Einstellung lassen sich bis auf die Säkularisierung der christlichen Heilserwartung zurückführen. Während im mittelalterlichen, religiösen Weltverständnis das Bewußtsein von der prinzipiellen Unzulänglichkeit allen irdischen Tuns bestimmend war, wurde

durch die Diesseitswendung die zukünftige Welt des Jenseits in eine historisch erreichbare Zukunft der Menschheit umgedeutet: das himmlische Paradies wurde zur irdischen Utopie. Dieser ursprünglich mythisch-eschatologische Ansatz hat vor allem durch das Fortschrittsdenken der Aufklärung seine rationale Fassung erhalten, wobei die Technik als äußeres Hilfsmittel zur Verbesserung der menschlichen Verhältnisse dienen sollte. Durch die unbestreitbaren Erfolge der Technisierung ist diese Auffassung dann so verstärkt worden, daß sich schließlich eine nach wie vor fortwirkende und weit über ein realistisches Maß hinausgehende Fortschrittserwartung ausbreiten konnte.

Dieses grenzenlose Vertrauen in die Leistungsfähigkeit der Technik bezieht sich zunächst auf die Möglichkeiten zur Aneignung der *physischen* Welt durch den Menschen. Doch gerade in jüngster Zeit haben die konkreten Auswirkungen einer weithin ins Uferlose wachsenden Technisierung gezeigt, daß die Eingriffe in die eingespielten ökologischen Gleichgewichtszustände und der Abbau von Rohstoff- und Energievorräten nicht ungestraft fortgesetzt werden können. Auch in bezug auf die *menschlichen* Verhältnisse werden in zunehmendem Maße die Einschränkungen der technisch-organisatorischen Verfügbarkeit deutlich: Im individuellen Bereich beruhen die wesentlichen Beziehungen zwischen Menschen (Ehe, Liebe, Freundschaft, Treue, Kameradschaft) auf einer die Person in ihrer Totalität umfassenden, unmittelbaren Bindung, die ihrer Natur nach weder bewußt intendiert noch systematisch geplant werden kann (Freyer 5.5, 84). Und gerade der durch die Technik ermöglichte materielle Wohlstand hat deutlich gemacht, daß die Lösung aller äußeren Probleme den Menschen in seiner Innerlichkeit, d. h. in seiner affektiven Zuneigung, seinen Aversionen, seiner Verantwortung und seiner Schuld, weitgehend unberührt läßt. So stellt E. Fromm zu Recht fest: „Die Annahme, daß zwischenmenschliche Probleme, Konflikte und Tragödien verschwinden, sobald es keine unerfüllten materiellen Bedürfnisse mehr gibt, ist ein kindischer Tagtraum" (5.7, 91). Eine analoge Situation liegt bei sozialen Problemen vor, wo auch die perfektesten Institutionen, Orga-

190

nisationstrukturen und technischen Hilfsmittel nur einen äußeren Rahmen bereitstellen können, der doch immer von Menschen mit bestimmten Auffassungen, Wünschen und Interessen mit wirklichem Leben erfüllt werden muß.

Je nachdem, wie hoch die Erwartungen angesetzt werden und welche konkreten Ergebnisse man im Idealfall von der Technik erwartet, wird das Urteil hier verschieden ausfallen. Gewiß liegt es im Wesen normativer Forderungen, die etwas zum Ausdruck bringen, was nicht vorhanden ist und doch realisiert werden soll, daß sie über die tatsächlich vorliegenden Gegebenheiten hinausgehen. Dabei ist jedoch der Grad der Befriedigung über das Erreichte bzw. der Enttäuschung über das Nichterreichte von dem zugrundegelegten Anspruchsniveau abhängig. So beruht denn auch offensichtlich ein großer Teil der heute weit verbreiteten grundsätzlichen Technikkritik auf überhöhten Erwartungen in die Möglichkeiten, die das technische Handeln zur Vervollkommnung der menschlichen Verhältnisse bietet. Die technikoptimistische Einstellung, die in der Aufbauphase der Technisierung in den Industrienationen ihre Berechtigung hatte, erweist sich heute angesichts vielfältiger Formen der technischen Übersättigung als unangemessen. Dennoch wäre es verfehlt, deshalb in das andere Extrem eines totalen Technikpessimismus zu verfallen. Die Aufgabe kann hier nur darin bestehen, in einer nüchternen Untersuchung der Grenzen und Möglichkeiten des technischen Handelns zu einer ausgewogenen Beurteilung zu kommen.

(2) Als Ansatzpunkt für eine solche unvoreingenommene Analyse kann die Struktur der *realen Systeme und Prozesse* dienen, auf denen alle technischen Aktionen beruhen. Dabei tritt die Technik – ebenso wie alle anderen historischen Schöpfungen – dem Menschen als eine immer schon in bestimmter Ausprägung vorgegebene Instanz gegenüber. Sie reiht sich damit ein in die übrigen Lebensformen (Sprache, Moral, Kunst, Wissenschaft, Religion, soziale Institutionen), in die jede neue Generation hineinwächst und die sie dann ihrerseits wieder in modifizierter Form weitergibt. Auf diese Weise wird der Rahmen bereitgestellt, innerhalb dessen sich das jeweilige Menschsein konkretisieren kann. So wie die

sprachlichen, kulturellen und intellektuellen Anschauungen das Selbstverständnis, die Wertmaßstäbe und die Ideale liefern, nach denen sich die Lebensgestaltung ausrichtet, stellt die Technik jeweils die Objekte und Verfahrensweisen zur Aneignung der physischen Umwelt bereit.

Demnach gehört also ein bestimmtes Maß an historisch vermittelter, technikbedingter Vergegenständlichung unvermeidbar zur Lebenssituation des Menschen: Erst durch die Entäußerung seiner Innerlichkeit in konkrete physische Prozesse kann er die Voraussetzungen für die materielle Lebenssicherung und für alle darauf aufbauenden höheren Kulturleistungen schaffen. So ist der Mensch zugleich Schöpfer und Geschöpf der Technik. Die Art und Weise, wie die einzelnen Epochen von der überkommenen technischen Handlungssituation Gebrauch machen und sie weiter entwickeln, ist immer Ausdruck ihres Selbstverständnisses und ihrer schöpferischen Energie. Dabei wird durch das jeweilige technische Handeln und die in seinem Verlauf geschaffene gegenständliche Welt zwangsläufig auch der konkrete Lebensvollzug bestimmt, so daß der Mensch unvermeidlich auch in die Abhängigkeit von der selbstgeschaffenen Technik gerät.

Die Entfremdung des Industriearbeiters ist von Marx deutlich herausgestellt worden: Der Arbeiter entäußert sich im Produktionsprozeß und im Gegenstand seiner Arbeit, ohne dabei ein persönliches Verhältnis zu seiner Tätigkeit und zu dem hergestellten Produkt zu entwickeln (*4.17 I*, 561–565). Im weiteren Sinne führt das Leben in der vielfältig differenzierten und dadurch undurchschaubar gewordenen und von den verschiedensten Zwängen bestimmten Industriegesellschaft dazu, daß die Menschen ihr eigenes Dasein als etwas Fremdes, ihnen nicht eigentlich Zugehöriges empfinden, mit dem sie sich nicht spontan identifizieren können. Dabei ist allerdings eine grundsätzliche, existentielle und für jede Lebenssituation konstitutive Entfremdung in Abzug zu bringen, denn den Menschen war zu allen Zeiten die Aufgabe gestellt, sich mit bestimmten Gegebenheiten auseinanderzusetzen, die keineswegs immer als ideal empfunden wurden.

Das eigentliche Problem reduziert sich also auf die spezifisch *technikbedingte* Entfremdung, die für die moderne technisierte Welt charakteristisch ist. Diese Art von Entfremdung liegt jedoch in der Natur der technischen Verfahrensweisen begründet und ist deshalb nur in dem Maße aufhebbar, wie man bereit ist, auch auf die positiven Auswirkungen der modernen Technik zu verzichten (W. Kluxen *5.20*, 84 f.). Gewiß kann man extreme Auswüchse, wie etwa eine völlig monotone Fließbandarbeit, durch geeignete technische Maßnahmen vermeiden, die dann aber in aller Regel zu einer Verteuerung der jeweiligen Produkte führen. Doch grundsätzlich ist ein gewisses Ausmaß an Entfremdung der Preis, ohne den die Leistungen der modernen Technik nicht zu haben sind. Sobald der Umgang mit der Natur nicht mehr nach organisch-handwerklichen, sondern nach anorganisch-mechanischen Verfahrensweisen abläuft, die bei geringerem Einsatz an körperlicher Arbeit eine höhere Ausbeute ermöglichen, tritt damit zwangsläufig auch das Gesetz der künstlichen, gleichförmig mechanischen Funktionsabläufe an die Stelle des natürlichen Lebensrhythmus, der den Prozessen der organischen Welt angepaßt ist. Der Mensch muß dann das ihm allein angemessene Wechselspiel von Anspannung und Entspannung gegen die immanente Logik der immer gleichbleibenden technischen Prozesse behaupten. Ähnliches gilt für alle anderen technischen Zusammenhänge: Dem Bedürfnis nach überschaubaren Sinnzusammenhängen stehen die Prinzipien der Spezialisierung der Arbeitsteilung gegenüber, auf denen die Leistungsfähigkeit der komplexen Systeme und Prozesse der modernen Technik beruht. Und das Streben nach unverwechselbarer Individualität steht im Gegensatz zur Normung und Austauschbarkeit von Einzelteilen und der dadurch bedingten Gleichförmigkeit, die überhaupt erst eine rationelle Produktion und Nutzung technischer Objekte möglich machen.

Damit erweist sich die technikbedingte Entfremdung letztlich als ein selbstgewähltes Schicksal, das nur dadurch geändert werden könnte, daß man den Technisierungsgrad reduziert. Wer grundsätzlich gegen Rigidität, Verdinglichung, Arbeitsteilung und Berücksichtigung technischer Normen auftritt, muß konsequenterweise auch die Leistungen der Technik ablehnen.

Dazu besteht aber allgemein wenig Neigung. Selbst unter den entschiedensten Technikkritikern ist kaum jemand bereit, freiwillig auf die Annehmlichkeiten und Erleichterungen zu verzichten, die die moderne Technik zu bieten hat. Das häufig anzutreffende Mißverhältnis zwischen theoretischer Aussage und praktischem Lebensvollzug muß deshalb faktisch als ein Votum zugunsten der Technik gedeutet werden. Dabei wäre es grundsätzlich verfehlt, die in der Logik des technischen Handelns begründeten Zusammenhänge nach Art einer ‚Verschwörertheorie‘ auf bestimmte Personengruppen, politische Herrschaftsverhältnisse oder wirtschaftliche Organisationsformen zurückführen zu wollen. Weil es sich hier um Sachzusammenhänge handelt, die einschlägig werden, sobald überhaupt in effizienter Weise von technischen Handlungsmöglichkeiten Gebrauch gemacht werden soll, treten die Entfremdungsprobleme denn auch in *allen* industrialisierten Ländern auf.

Wenn man davon ausgeht, daß die Technisierung nicht rückgängig zu machen ist, besteht also die Aufgabe in der *Bewältigung* und nicht in der *Beseitigung* der Entfremdung. In einer weitgespannten historischen Perspektive gesehen, hat die Menschheit seit ihren Anfängen – etwa beim Übergang vom nomadisierenden Jägerdasein zur seßhaften Kultur der Ackerbauern – die verschiedensten ‚technikbedingten‘ Wandlungsprozesse durchgemacht, wobei die neue Lebensform dann jeweils in einem allmählichen Entwicklungsprozeß verinnerlicht wurde. Unter diesem Gesichtspunkt erweist sich also der gegenwärtige *beschleunigte* technische Wandel als das eigentliche Problem, weil die Veränderung der äußeren Lebensumstände so schnell erfolgt, daß weder der einzelne noch die Gesellschaft insgesamt mit dieser Entwicklung schritthalten können. Dabei besteht immer die Hoffnung, daß der technisierten Welt „ein menschlicher Grund zuwachsen könne" (Freyer 5.5, 245), so daß über den nur faktischen Umgang mit der Technik hinaus auch ein erfülltes Dasein möglich wird. Ein Anzeichen dafür ist etwa die Selbstverständlichkeit, mit der neue Generationen die von der Technik geprägte Umwelt akzeptieren und von ihren Möglichkeiten Gebrauch machen, ohne doch ganz in ihr aufzugehen. Ebenso wie bei den physischen Resultaten (Umwelt-, Rohstoff- und Energieprobleme) zeigt sich also auch bei den existentiellen und kulturellen Auswirkungen der fortschreitenden Technisierung, daß die konkrete Aufgabe darin besteht, den Grad und das Tempo der *zukünftigen* technischen Entwicklung in sinnvolle Bahnen zu lenken (vgl. Sachsse, *5.33*, 70–74).

8. Veränderte Maßstäbe

Nach J. Millendorfer lassen sich im bisherigen Verlauf der Industrialisierung drei verschiedene Phasen unterscheiden: In der ersten industriellen Revolution liegt der Nachdruck auf den *materiellen* Problemen, die mit Hilfe neuer Energiequellen und neuer Produktionsmethoden bewältigt werden konnten. Im Verlauf der darauffolgenden Entwicklung kam es schließlich zu einem *informationellen* Engpaß, der dann in der zweiten industriellen Revolution durch den Einsatz von Computern und neue Organisations- und Forschungsmethoden überwunden werden konnte. Heute ist nun eine Art von dritter industrieller Revolution notwendig geworden, in der eine Antwort gefunden werden muß auf die *ethische* Frage nach der Gestaltung des erfüllten Lebens in einer durch die Technik bestimmten Welt (*5.30*, 408–413).

Dieses Schema macht deutlich, daß in verschiedenen Epochen einzelne Probleme vorherrschend sind, durch die dann ein bestimmter Schwerpunkt gesetzt wird, ohne daß die anderen, weniger wichtigen Bestimmungsgrößen dadurch ausgeschaltet würden. In Wirklichkeit sind denn auch für alle Stadien der Industrialisierung *gleichzeitig* bestimmte materielle, informationelle und ethische Probleme kennzeichnend, die aber in ihrer objektiven Bedeutung und/oder ihrer subjektiven Beachtung jeweils unterschiedlich ins Gewicht fallen. So ist in der Gegenwart tatsächlich ein wachsendes Bewußtsein für die durch die Technisierung aufgeworfenen ethischen Probleme festzustellen. Während man in früheren Stadien der Industrialisierung von der stillschweigenden Prämisse ausgehen konnte, daß die jeweils bereitgestellten technischen Handlungsmöglichkeiten in jedem Fall zu positiven Ergebnissen führen werden und deshalb auch voll ausgeschöpft werden müssen, ist heute – zumindest in der theoretischen Diskussion – eine gewisse Skepsis und Distanzierung gegenüber einem unreflektierten Technikoptimismus festzustellen.

Weil allen technischen Maßnahmen bestimmte *Wertvorstellungen* zugrunde liegen, bietet in der Tat ein Umdenken und ein Wandel in der Einstellung die einzige Möglichkeit zu einer Änderung der bisherigen Praxis. Grundsätzlich gesehen ist ein solcher Kurswechsel denn auch immer durchführbar. Zwar lassen die jeweiligen konkreten Gegebenheiten keine beliebigen Aktionsmöglichkeiten zu. Doch innerhalb des vorgegebenen Handlungsspielraums sind immer bestimmte Optionen möglich und zugleich auch notwendig, damit überhaupt ein zielgerichtetes technisches Handeln zustandekommt. Die vermeintlichen Sachzwänge erweisen sich dabei lediglich als der Ausdruck hypothetischer Imperative, die angeben, wie zu verfahren ist, *falls* bestimmte Wert- und Zielvorstellungen verwirklicht werden sollen (s. o. Kap. III, Abschn. 5).

Das eigentliche Problem besteht also darin, von den gegebenen oder zu schaffenden technischen Handlungsmöglichkeiten einen Gebrauch zu machen, der tatsächlich dem Wohle des Menschen dient. Diese Forderung kann – wegen ihres allgemeinen und deshalb zwangsläufig abstrakten und unbestimmten Charakters – auf generelle Zustimmung rechnen. Die Schwierigkeiten und Divergenzen beginnen, sobald es darum geht, aus diesem vergleichsweise unverbindlichen Postulat ins einzelne gehende Handlungsanweisungen abzuleiten. Hierbei könnte geltend gemacht werden, daß – historisch gesehen – die konkrete Lebensführung und die Bedürfnisse der einzelnen Individuen ebenso wie die der Gesellschaft insgesamt immer vom Stand der technischen Verfahrensweisen abhängen, so daß letzten Endes die Technik den Menschen formt und nicht umgekehrt; mithin sei auch für die Gegenwart eine Anpassung des konkreten Lebensvollzugs und des menschlichen Selbstverständnisses an die technische Situation durchaus natürlich und begrüßenswert.

In diesem Zusammenhang ist jedoch eine Differenzierung erforderlich. Bei einer weitgespannten historischen Perspektive wird in der Tat deutlich, daß die Normen des erfüllten Lebens keine überzeitlichen, vom äußeren Milieu und von der jeweiligen kulturellen und sozialen Tradition unabhängigen Größen darstellen. Diese *globale* Feststellung von der historischen – und damit auch technischen – Bedingtheit des Selbstverständnisses jeder geschichtlichen Epoche ändert aber nichts an der Tatsache, daß in jeder *konkreten* historischen Situation die Ideale des Menschseins weitgehend festgelegt sind. So werden in der Gegenwart die gerade *nicht* auf technischen Funktionsabläufen, sondern auf der kulturellen Überlieferung beruhenden Werte der Würde, Freiheit und Integrität der Person in allen Deklarationen anerkannt, auch wenn die Praxis vielfach dahinter zurückbleibt. Ferner ist zu bedenken, daß alle technischen Aktionen, die mehr als reiner Selbstzweck sein sollen, immer im Dienst einer bestimmten Zielsetzung stehen, die grundsätzlich von außen an die jeweiligen technikimmanenten Zusammenhänge herangetragen werden muß. Dabei legen die jeweiligen technischen Gegebenheiten den Spielraum der Handlungsmöglichkeiten fest. Doch innerhalb dieses Rahmens bildet nicht die Fremdbestimmung durch die *faktischen* technischen Gegebenheiten, sondern die Selbstbestimmung nach *normativen* Prinzipien die ausschlaggebende Instanz für das menschliche Handeln.

Allerdings ist das Mißverhältnis zwischen den im Laufe der Zeit aufs höchste gesteigerten technischen Aktionsmöglichkeiten und den weitgehend unverändert gebliebenen ethischen Konzeptionen unverkennbar. Dieser Kontrast wird besonders augenfällig im Fall der Rüstungstechnik, wo das mit allen Mitteln des wissenschaftlich-technischen Kalküls hochgezüchtete tödliche Waffenarsenal inzwischen apokalyptische Dimensionen angenommen hat. Für die Handhabung dieses alle überkommenen Maßstäbe sprengenden Zerstörungspotentials gilt aber nach wie vor das Gesetz des Stärkeren, das auch schon für die Anwendung des Faustkeils bestimmend war. Ähnlich liegen die Verhältnisse auf allen anderen Gebieten der Technik: Mit der systematischen, nach wissenschaftlichen Methoden betriebenen Indienstnahme der Naturkräfte wurde ein Weg beschritten, der durch den Mechanismus der Akkumulation und der Selbststeigerung zu beständig wachsenden Größenordnungen der jeweiligen technischen Effekte geführt hat. Weil die technischen Maßnahmen ungleich gewichtigere und weiterreichende Konsequenzen haben als früher, fällt auch ein verantwortungsloses, egoistisches oder gruppenbezogenes Handeln viel stärker ins Gewicht. Gewiß sind zu allen Zeiten individuelle und soziale Entscheidungen nach kurzfristigen und persönlichen Kriterien gefällt worden. Die Menschen haben offensichtlich nie das Maß an Umsicht und Verantwortungsbewußtsein gezeigt, das man im Idealfall erwarten sollte; so sind etwa die vorhandenen technischen Möglichkeiten noch stets ohne Skrupel für kriegerische Zwecke oder zur Stabilisierung von Herrschaftsverhältnissen eingesetzt worden. Das Dilemma besteht jedoch darin, daß infolge der gesteigerten technischen Wirkungen in der gegenwärtigen Situation ein Handeln nach den überkommenen Maßstäben schlechthin katastrophale Folgen haben muß.

Angesichts dieser Situation ist im Grenzfall ein ausgewogenes Verhältnis zwischen den technischen Aktionsmöglichkeiten und den ethischen Maßstäben auf zweierlei Weise denkbar: Entweder könnte die Technik auf ein den vorliegenden Normen entsprechendes Niveau reduziert werden, oder man müßte ethische Konzeptionen entwickeln, die tatsächlich für die Bewältigung der anstehenden Probleme geeignet wären. In den beiden Denkmodellen ist jedoch ein metatheoretischer, normativer Reflexionsprozeß notwendig, der dazu führt, daß die entsprechenden Maßnahmen überhaupt als ethisch geboten erkannt werden. In jedem Fall ist also eine Neubesinnung auf die Handlungsnormen unerläßlich: Weil der modernen Technik eine bestimmte Einstellung zur physischen Welt, zur Rationalisierung der Verfahrensweisen und zum materiellen Fortschritt zugrundeliegt, kann sie auch nur durch einen Wandel in den entsprechenden Wertauffassungen verändert werden.

Doch hier beginnt die eigentliche Schwierigkeit. Es ist vergleichsweise einfach, im theoretischen Entwurf neue Werte zu konzipieren, die eine Nutzung der technischen Möglichkeiten zum Wohl der Menschen sicherstellen sollen. Das Problem besteht darin, daß solche gleichsam in der Retorte entstandenen neuen Wertvorstellungen zunächst immer nur ein unverbindliches Programm darstellen, dem keinerlei reale Wirksamkeit zukommt. Dagegen zeichnen sich intakte und für die Lebenspraxis tatsächlich relevante Wertvorstellungen dadurch aus, daß sie als schlechthin selbstverständlich gelten und infolgedessen auch gar nicht reflektiert werden. Der beschleunigte technische Fortschritt und die Dringlichkeit der anstehenden Aufgaben verbieten es jedoch, sich auf den bisher üblichen Weg eines mehr oder weniger unbewußt und spontan verlaufenden allmählichen Wertwandels zu verlassen. Selbst auf dem von *äußeren,* technischen Aktionsprozessen so verschiedenem Gebiet der Ethik, das den *inneren* Kern des Menschseins betrifft, kommt also gleichwohl in indirekter Form der Einfluß der modernen Technik zur Geltung: Die durch die Technik aufgeworfenen Probleme zwingen dazu, die auf natürlichem Wege herangewachsenen, traditionell überkommenen Normvorstellungen anhand eines systematisch entworfenen Wertekanons neu zu überdenken, wobei dieses planmäßige Vorgehen selbst in weiterem Sinne ein technisch-methodisches Verfahren darstellt.

Damit zeigt sich einmal mehr, daß man der modernen Technik – bildlich gesprochen – nur mit ihren eigenen Waffen begegnen kann. Ebenso wie die unerwünschten physischen Auswirkungen der Technisierung nur durch entsprechende technische Gegenmaßnahmen aufgefangen werden können, ist auch auf ethischem Gebiet ein systematisches und rationelles Vorgehen erforderlich, um das gewünschte Ergebnis zu erreichen. Die dadurch entstehenden Gefahren sind offensichtlich. Selbst wenn man in noch so gut gemeinter, humanistischer Absicht etwa mit Ribeiro „zum systematischen Eingriff in die das persönliche Verhalten steuernden Werte" auffordert (*4.24,* 195), ist damit der Weg einer fremdbestimmten technokratischen Manipulation beschritten, der in letzter Konsequenz nur in einer perfekten Diktatur enden kann. Andererseits ist nicht zu verkennen, daß den geistig Führenden in der gegenwärtigen, kritischen Situation die Aufgabe zukommt, wegweisende Entwürfe für eine Neuorientierung in die Diskussion einzubringen. Dabei läßt sich aber die Anerkennung oder Verwerfung neuer Wertauffassungen in einer freien Gesellschaft nicht durch manipulative Techniken oder äußeren Druck erzwingen. Die letzte Entscheidung kann immer nur bei den Betroffenen selbst liegen, von denen die jeweiligen Normen dann auch in die Praxis umgesetzt werden müssen.

9. Neue Wertvorstellungen

Bei jeder Diskussion über eine veränderte Einstellung zur Technik kann man davon ausgehen, daß niemand ernsthaft daran denkt, das Rad der Geschichte zurückzudrehen. Die technisierte Welt ist zum festen Bestandteil des äußeren Lebens und der inneren Einstellung geworden. Ganz abgesehen von den vielfältigen Erleichterungen und Annehmlichkeiten, auf die keiner ohne Not verzichten möchte, wäre selbst die physische Existenz der Menschheit ohne entsprechende technische Maßnahmen gar nicht mehr zu sichern. Die moderne Welt ist durch die komplexen technischen Verfahrensweisen und Systeme derart störanfällig geworden, daß ein abrupter Wandel zu einem allgemeinen Zusammenbruch führen müßte. Deshalb kann es sich immer nur darum handeln, von den augenblicklichen Gegebenheiten ausgehend durch eine allmähliche Änderung die künftige Entwicklung der Technik in eine ganz bestimmte Richtung zu lenken.

Einen Ansatzpunkt dafür bietet die Abkehr von *technischen Werten*, an deren Stelle *menschliche Werte* treten müßten. Nun beruht allerdings die Leistungsfähigkeit der modernen Technik gerade auf einer versachlichten Betrachtungsweise, bei der nur der Wirkungsmechanismus der jeweiligen physischen Prozesse ins Auge gefaßt wird. Alle anderen Zusammenhänge – und damit insbesondere individuelle und ‚subjektive‘ Gesichtspunkte – wirken dabei nur störend. Die Abwendung von dem auf anonyme, nüchterne Sachlichkeit, reibungsloses Funktionieren und systematische Planbarkeit abgestellten Denken ist ingenieurwissenschaftlich gesehen disfunktional und beeinträchtigt zwangsläufig die Ausbeute der jeweiligen Verfahren. Wenn statt dessen menschliche Werte wie die Entfaltung der persönlichen Individualität, subjektive Erfüllung und Zuwendung zum Mitmenschen in den Vordergrund treten sollen, kann dies immer nur auf Kosten der technischen Leistung geschehen.

Deshalb wäre ein totaler Rückzug auf die beschauliche Innerlichkeit nicht nur eine Flucht vor der Welt, in der wir tatsächlich leben; er würde außerdem auch die Grundlagen unserer materiellen Existenz zerstören. Da auf die Technik nicht verzichtet werden kann, besteht die eigentliche Aufgabe also darin, hier einen Ausgleich zu finden zwischen den bisher im Vordergrund stehenden technikorientierten Werten und den Belangen, die den Menschen in seiner Personhaftigkeit betreffen. Daß in dieser Hinsicht tatsächlich ein Unbehagen an der gegenwärtigen Situation vorliegt, zeigen die vielfältigen Ansätze zu einer Neubesinnung, die von den ‚Blumenkindern‘ bis zur Diskussion über die ‚Qualität des Lebens‘ reichen. Trotz der unterschiedlichen Ansätze und häufig auch ausgesprochen irrationaler Züge kommt darin eine Protesthaltung zum Ausdruck, die auf lange Sicht durchaus zu einer entsprechenden Umorientierung führen kann.

Die einseitige Fixierung auf den *ingenieurwissenschaftlichen* Fortschrittsbegriff war angemessen, solange man hoffen durfte, daß Verbesserungen der technischen Leistungsfähigkeit zwangsläufig einen entsprechenden *kulturellen und sozialen* Fortschritt nach sich ziehen würden. Eben diese Hoffnung ist aber heute nicht mehr berechtigt. Deshalb müßte streng genommen jede technische Neuerung daraufhin geprüft werden, ob sie tatsächlich wünschenswert ist. Dabei ist durchaus auch der Fall denkbar, daß eine ingenieurtechnische Verbesserung nicht zur Anwendung kommt, weil sie unter übergeordneten Gesichtspunkten – etwa aufgrund einer vermehrten Umweltbelastung – insgesamt eine Verschlechterung bedeuten würde. Gewiß stehen einer solchen Technikbewertung, wie sie etwa im Rahmen des Technology Assessment erstrebt wird (F. Hetman 5.15), erhebliche praktische und theoretische

Schwierigkeiten entgegen. So lassen sich weder die *faktisch* zu erwartenden Folgen einer bestimmten technischen Maßnahme exakt vorherbestimmen, noch herrscht Einigkeit über die maßgeblichen *normativen* Wertvorstellungen und die anzuwendenden *institutionell-organisatorischen* Entscheidungsverfahren. Trotzdem ist heute angesichts der globalen und weitreichenden Konsequenzen der Technisierung eine über den unmittelbaren technikimmanenten Kontext hinausgehende Abschätzung und Bewertung der Technikfolgen unerläßlich geworden.

Auch dann, wenn man den ingenieurwissenschaftlichen Fortschritt in den Dienst des kulturellen und sozialen Fortschritts stellen will, wird im Prinzip an der Idee einer beständig im positiven Sinne *fortschreitenden Entwicklung* festgehalten. Demgegenüber kann bei einer weiter ausholenden Kritik die *Erhaltung der bestehenden Zustände* und die Bewahrung der überkommenen Traditionen als Gegenpol zu dem durch die Technik induzierten beschleunigten Wandel der äußeren und inneren Lebensumstände ins Spiel gebracht werden. Da sich grundsätzlich jede Veränderung im Spannungsfeld zwischen Überkommenem und Neuem vollzieht, kommt hier alles auf das Ausmaß und die Geschwindigkeit des Wandels an. So stehen denn auch materiell die Erhaltung einer ungestörten Biosphäre und kulturell die Bewahrung einer breiten Vielfalt von Lebensformen mit ihren eingespielten und internalisierten individuellen Eigenheiten in Konkurrenz zu einem auf möglichst schnelle und radikale Veränderung und globale Vereinheitlichung hindrängenden (technischen) Fortschrittsdenken. Dabei ergibt sich das Bedürfnis nach relativ stabilen Zuständen in der physischen Welt und der soziokulturellen Sphäre schon aus rein *funktionalen* Erwägungen, denn jede als Fortschritt gedachte Veränderung ist nur insoweit sinnvoll, wie die Bewohnbarkeit der Erde erhalten bleibt und die Menschen nicht durch einen abrupten Wandel von ihrer individuellen und sozialen Existenz entfremdet werden.

Gleichgültig, ob man von wirtschaftlichen Überlegungen ausgeht und den augenblicklichen Verbrauch zu den vorhandenen Ressourcen in Beziehung setzt, wie dies im Weltmodell des *Club of Rome* geschieht (*5.28*), ob man, wie etwa Gruhl (*5.11*), die wachsende Zerstörung der Biosphäre ins Auge faßt, oder ob man mit Illich den konkreten individuellen und sozialen Nutzen technischer Maßnahmen mit dem erforderlichen Aufwand vergleicht (*5.17*), in jedem Fall wird deutlich, daß sich das technische Handeln nicht ständig an den Kategorien des quantitativen, materiellen Fortschritts orientieren kann. Alle genannten Untersuchungen sind in ihren Einzelheiten durchaus angreifbar. Doch insgesamt gesehen zeigen sie, wie notwendig angesichts der weitreichenden Folgen der Technisierung hier eine *Selbstbeschränkung* geworden ist, die dazu führt, daß nicht mehr wie bisher jede Verbesserung auf dem Gebiet des technisch Machbaren als schlechthin fortschrittlich und grundsätzlich erstrebenswert gilt. Eine solche Selbstbeschränkung muß keineswegs zu einem völligen Stillstand oder gar zu einem Verlust der bisherigen technischen Leistungen führen. Die erforderlichen Restriktionen sollen nicht zur Folge haben, daß technische Neuerungen überhaupt unterbleiben; sie sollen jedoch sicherstellen, daß eine Entscheidung über bestimmte technische Maßnahmen erst nach kritischer Prüfung unter Berücksichtigung der weiterreichenden Folgen getroffen wird.

Dieser an sich einleuchtenden Forderung stehen jedoch grundsätzliche Schwierigkeiten entgegen: Die Wertmaßstäbe, die bisher das Handeln der Menschen bestimmten, waren auf relativ abgeschlossene und übersichtliche soziale Einheiten und unmittelbar überschaubare Handlungszusammenhänge beschränkt. Eine solche Eingrenzung des berücksichtigten Kontextes war möglich, solange die Auswirkungen der jeweiligen Aktionen tatsächlich innerhalb dieses Rahmens verblieben. Den organischen Prinzipien der Handwerkstechnik mit ihren vergleichsweise geringfügigen Eingriffen in das Naturgeschehen ist diese ,Nahethik' auch durchaus angemessen. Die moderne Technik mit ihrer systematischen und großangelegten Umgestaltung der Natur und ihren weitreichenden Folgen ist jedoch nur durch eine ,Fernethik' zu bewältigen, deren Handlungsnormen auf die Berücksichtigung übergeordneter

Zusammenhänge zugeschnitten sind. Mit den fest eingewurzelten, überkommenen Wertauffassungen und Verhaltensweisen, die sich im Verlauf einer langen Entwicklung allmählich herausgebildet haben, kann die neu entstandene Situation kaum gemeistert werden.

Im Idealfall müßte ein grundsätzliches Verantwortungsbewußtsein gegenüber der gesamten Menschheit und gegenüber den kommenden Generationen vorhanden sein, um die Gefahren der militärischen Rüstung, den Abbau der materiellen Ressourcen und die Umweltbelastung in vertretbaren Grenzen zu halten. Gehlen meint sogar, der Mensch würde moralisch überfordert, wenn er räumlich und zeitlich entfernte Zusammenhänge und die weiterreichenden Folgen in derselben Weise berücksichtigen soll, wie die konkret sinnlich faßbaren Auswirkungen seines Tuns (*5.9*, 136 f.). Diese historisch überkommene Beschränkung bildet also den Ist-Zustand, von dem die normativ gebotene und im Prinzip auch immer mögliche Umorientierung der Wertmaßstäbe ihren Anfang nehmen müßte.

Zwar führt jedes Fehlverhalten wegen des materiell gegenständlichen Charakters der technischen Systeme und Prozesse unvermeidlich zu entsprechenden physischen Konsequenzen, so daß die negativen Folgen schließlich einen angemessenen Umgang mit den technischen Handlungsmöglichkeiten ‚erzwingen‘: Wenn die natürliche Umwelt tatsächlich unbewohnbar wird oder die Rohstoffe oder Energiereserven völlig aufgebraucht sind, *muß* eine andere Lösung gefunden werden. Doch ein naturhaft erzwungenes reaktives Verhalten ist angesichts der weitreichenden und irreversiblen Folgen technischer Aktionen nur ein unzulänglicher Ersatz für vorausschauende Maßnahmen.

Wie in Kap. IV, Abschn. 8 ausgeführt, kann man die moderne industrielle Technik grundsätzlich als das Ergebnis eines versachlichten, rationalen, innerweltlichen Erfolgsstrebens betrachten, dessen asketischen Charakter Weber (*4.29*) herausgestellt hat. Dabei haben jedoch die vielfältigen Erleichterungen und der Komfort, den die Produkte der so hervorgebrachten Technik vermitteln, gerade eine *antiasketische* Funktion, die auf weltweite Resonanz stößt und entscheidend zur allgemeinen Verbreitung der Technik beiträgt. Auch das im Verlauf der Technisierung beständig gestiegene Anspruchsniveau, das in immer höher geschraubten Erwartungen an die künftige technische Entwicklung seinen Ausdruck findet, stellt geradezu den Gegenpol zu einer asketischen Einstellung dar. Damit wird deutlich, daß die moderne Technik, die ihrerseits durch eine asketische Anstrengung und die Konzentration aller Kräfte auf die Naturbeherrschung entstanden ist, letzten Endes wiederum nur durch eine *Askese,* d. h. den bewußten Verzicht und das freiwillige Sich-Versagen des Machbaren, in sinnvolle Bahnen gelenkt werden kann.

10. Die Krise des Technikverständnisses

Ein wesentlicher Grund für die schwankende und unsichere Einstellung gegenüber der modernen Technik liegt in ihrer *welthistorischen* Einmaligkeit. Es fehlt daher an vergleichbaren geschichtlichen Konstellationen, die man als Orientierungshilfe oder Bewertungsmaßstab heranziehen könnte. Bei der Analyse des Weges, der schließlich zur gegenwärtigen Situation geführt hat, wurde deutlich, daß die moderne Technik an vielfältige geistige, technikimmanente und sozioökonomische Vorbedingungen gebunden ist. Damit stellt sich die Frage, ob diese Bedingungen historisch zufällig gegeben waren, oder ob die moderne Technik im Verlauf der Menschheitsgeschichte zwangsläufig irgendwann einmal entstehen mußte. Das Urteil über die gegenwärtige Technik hängt entscheidend davon ab, wie diese Frage beantwortet wird: Wenn sie ihre Existenz dem kontingenten Zusammentreffen entsprechender Umstände verdankt, kann sie unter normativen Gesichtspunkten grundsätzlich negativ bewertet und gleichsam als ein Unfall der Weltgeschichte betrachtet werden. Sobald man dagegen in der modernen Technik eine notwendige Etappe der Menschheitsgeschichte sieht, kommt letzten Endes nur ein positives Urteil in Frage – es sei denn, man wollte den Verlauf der geschichtlichen Entwicklung insgesamt ablehnen, was angesichts der historischen Vermittlung des eigenen Standorts einer Selbstaufhebung oder einer Flucht aus der Welt gleichkäme.

Immer dann, wenn danach geforscht wird, warum die Technisierung nicht schon früher einsetzte, bzw. „welche Hindernisse und Hemmungen" dem „technischen Fortschritt" im Wege standen (Rüstow *4.25*, 61 f.), wird stillschweigend unterstellt, daß hier ein zwangsläufig determinierter Prozeß vorliegt, der sich schließlich gegen alle Widerstände durchsetzen mußte. Als methodischer Kunstgriff, der einen bestimmten Gesichtspunkt zur Geltung bringen oder die Abfolge der einzelnen Stadien deutlich machen soll, ist eine solche Denkfigur durchaus angemessen. Nicht einlösbar ist dagegen die geschichtsmetaphysische These, daß der Werdegang der Technik einen von vornherein festgelegten teleologischen Prozeß darstellt, der unabänderlich zu einer Steigerung der technischen Perfektion führt und eigentlich schon früher hätte zur vollen Entfaltung kommen müssen. Angesichts der sehr verschiedenartigen und in ihrem faktischen Zusammentreffen einmaligen Voraussetzungen, die schließlich zur industriellen Technik geführt haben, kann die Frage nur lauten, welchen Umständen die vorliegende Technisierung ihre Entstehung verdankt, und nicht, warum sie in früheren Epochen unterblieben ist.

Demgegenüber sieht Ribeiro in den technischen Neuerungen der Industrialisierung in Europa „natürliche und notwendige Phasen des menschlichen Fortschritts, die sonst *unvermeidlich* (Hervorh. v. F. R.) anderswo, etwa im islamischen, chinesischen oder indischen Umraum entstanden wären" (*4.24*, 199; ebenso bei Lévi-Strauss *5.26*, 62). Angesichts der Tatsache, daß in den verschiedensten Hochkulturen über sehr lange Zeiträume hinweg in technischer Hinsicht keine wesentlichen Änderungen auftraten, erweist sich diese Behauptung jedoch als äußerst problematisch. Zurückhaltender ist dagegen das Urteil von Diesel, der erklärt: „Wenn alle Kultur zerstört würde, so *könnte* (Hervorh. v. F. R.) doch aus der Lage des Menschen auf der Erde und aus seinen Eigenschaften der ganze Entwicklungsgang der Technik, wie wir ihn seit Beginn der Kultur bis heute erlebt haben, wieder von neuem abrollen" (*.3*, 19). Er stützt seine These, daß die *Möglichkeit* zur Technik stets im Menschen angelegt ist, insbesondere darauf, daß selbst die modernsten technischen Schöpfungen schon vor langer Zeit vorhergesagt worden sind.

Wie etwa der Techniktransfer in die Länder der Dritten Welt zeigt, ist es in der Tat vergleichsweise einfach, den Technisierungsprozeß *rezeptiv* nachzuvollziehen, *falls* er bereits an anderer Stelle aktiv ausgeführt wurde. Alle technischen Prozesse unterliegen den Gesetzen der physischen Welt; sie beruhen auf erfolgskontrolliertem Handeln, und ihre Realisierung erfolgt in gegenständlichen, materiellen Systemen. Deshalb können sie beliebig oft wiederholt und auch in einen anderen kulturellen Kontext übertragen werden. Dadurch ist grundsätzlich die Möglichkeit zur weltweiten Ausbreitung der modernen technischen Verfahren gegeben, wobei die physische Überlegenheit der ,fortgeschritteneren' Technik direkt sinnlich faßbar ist.

Aus dem Umstand, daß sich die Industrialisierung heute allgemein durchsetzt, folgt aber nicht, daß im Verlauf der Menschheitsgeschichte zwangsläufig die Bedingungen entstehen mußten, die dann zur industriellen Technik geführt haben. Da jede höhere technische Leistung für sich selbst spricht, ist im Verlauf der technischen Entwicklung insgesamt gesehen ein durch Austauschprozesse zwischen den verschiedenen Hochkulturen geförderter Fortschritt zu immer perfekteren Verfahren festzustellen. Wenn man jedoch bedenkt, daß in den verschiedenen Kulturkreisen die technischen Bedingungen über sehr lange Zeit hinweg praktisch konstant blieben, ist trotzdem eine Entwicklung vorstellbar, die im Rahmen der Handwerkstechnik und der unmittelbaren wirtschaftlichen Bedarfsdeckung verbleibt und die Schwelle zur Industrialisierung nicht überschreitet.

Im Zuge solcher *hypothetischen* und zwangsläufig spekulativen Überlegungen muß also die Frage nach der welthistorischen Notwendigkeit und damit nach der geschichtsmetaphysischen Legitimation der modernen Technik letzten Endes offen bleiben. Im Hinblick auf die *tatsächlichen* Gegebenheiten sind derartige Erwägungen jedoch müßig, weil die systematische Umgestaltung der materiellen Welt durch die mit wissenschaftlichen Methoden betriebene Technik heute zur allgemeinen Wirklichkeit geworden ist, wobei wir allem Anschein nach erst am Beginn eines universellen ,technischen Zeitalters' stehen. Insofern hat die Weltgeschichte, die nach Hegels Worten zugleich immer auch das Weltgericht ist, ihr Urteil gesprochen: Die moderne Technik ist nicht mehr aus der Menschheitsentwicklung wegzudenken; sie ist nach allem, was wir wissen, mehr als nur eine vorübergehende historische Episode (W. C. Zimmerli *1.4*, 157). Dabei sind durch den Prozeß der umfassenden Technisierung vorher ungeahnte Handlungsmöglichkeiten geschaffen worden, die sich zwangsläufig potenzieren, wenn man den einmal eingeschlagenen Weg weiterverfolgt. Gleichzeitig wird jedoch immer deutlicher, daß der unreflektierte Fortschrittsoptimismus gegenüber den Ergebnissen einer ins Übermaß gesteigerten Technik versagt. Zwar bildet sich ein tastendes Bewußtsein für die Grenzen heraus, die nicht überschritten werden dürfen, wenn der ,Segen' der Technik nicht zum ,Fluch' werden soll. Doch die Menschheit ist weder auf die Idee einer bewußten Selbstbeschränkung eingestellt, noch herrscht Einigkeit über die konkreten Grenzen, die hier zu berücksichtigen sind. Die zunächst als positiv und erstrebenswert empfundene und deshalb vom Menschen zielstrebig herbeigeführte Technik erweist sich nunmehr als problematisch, und es ist gleichzeitig unklar, wie ihre Entwicklung in Zukunft in sinnvolle Bahnen gelenkt werden soll.

In dieser allgemeinen Krise des technischen Bewußtseins ist man – da die welthistorische Perspektive keine verbindliche Auskunft liefert – auf das Erbe der europäischen Tradition verwiesen, die ja gerade für das Entstehen der modernen Technik verantwortlich ist. Doch hier ergibt sich eine neue Schwierigkeit. Weil in der industriellen Technik konsequent und mit systematischen, wissenschaftlichen Methoden auf eine Steigerung der technischen Leistungsfähigkeit hingearbeitet wird, sind alle überkommenen Zustände und Auffassungen nur ein Hindernis für den technischen Fortschritt. Dies gilt für die technikimmanenten ingenieurwissenschaftlichen Beschränkungen ebenso wie für die sozialen, ökonomischen und kulturellen Verhältnisse. Die im Gegenzug zu überlieferten Verfahrensweisen und Wirtschaftsformen entstandene industrielle Technik ist ihrer Natur nach *traditionsfeindlich* eingestellt. Obwohl alles technische Handeln in einem konkreten historischen Kontext erfolgt, der seinerseits durch die bisherige Entwicklung bestimmt ist, gelten alle derartigen Vorgaben immer nur als möglichst schnell zu überwindende, lästige Beschränkungen und nicht als bewahrenswerter, tragender Grund.

Darüber hinaus wird die weltweite Technisierung heute immer mehr zu einer *überhistorischen* Instanz, die unabhängig von der Leistung großer Persönlichkeiten oder den jeweiligen kulturellen und nationalen Eigenarten die Zukunft bestimmt. Doch die geschichtliche Gebundenheit aller menschlichen Verhältnisse kann durch die Technik nur scheinbar eliminiert werden. Weil das Bewußtsein des eigenen historischen Standorts fehlt, kommt der unterdrückte geschichtliche Bezug gleichsam hinter dem Rücken in negativer Form zur Geltung: Die Gegenwart wird abgewertet zugunsten einer verklärten Vergangenheit oder einer verheißungsvollen Zukunft. Die konkrete Lebenssituation, in der sich das menschliche Dasein vollzieht und in der es allein seine Erfüllung finden kann, erhält damit ihren eigentlichen Stellenwert nur durch den Bezug auf einen nicht mehr oder noch nicht gegenwärtigen Zustand.

Doch diese Fluchtbewegung ist keine Lösung. Gewiß sind die heute maßgeblichen Wertvorstellungen ebenso wie die faktischen Lebensverhältnisse historisch vermittelt und insofern zwangsläufig durch die Vergangenheit geprägt. Und andererseits erfordern die weitreichenden und folgenschweren technischen Maßnahmen eine vorausschauende Planung, die auch den zukünftigen Verhältnissen Rechnung trägt. Die gemütvolle Rückwendung zu einer vermeintlich heilen, unversehrten und menschlicheren Welt erweist sich jedoch bei näherem Zusehen als Selbsttäuschung, denn diese Welt war gleichzeitig auch beschwerlich, leidvoll und unmenschlich; die Idylle trägt ihren romantischen Schein nur in der idealisierenden

Projektion. Dieselbe Denkfigur nur mit umgekehrtem zeitlichem Richtungssinn liegt vor, wenn der unzulänglichen Gegenwart die Utopie einer künftigen, durch die Technik versöhnten Gesellschaft gegenübergestellt wird, in der dann angeblich alle Gegensätze aufgehoben sind. Im Zuge dieser hochstilisierten Zukunftserwartung erscheint das jetzt und hier erlebte Dasein nur noch als vergleichsweise belangloses Durchgangsstadium ohne die Möglichkeit zu einer authentischen und autonomen Sinnerfüllung.

In beiden Konzeptionen kommt die Gegenwart also nicht in ihrem Selbstwert und ihrem vollen Gewicht zur Geltung. Trotzdem kann die augenblickliche kritische Übergangssituation natürlich nicht völlig ohne Bezugnahme auf die Vergangenheit und ohne Rücksicht auf die Zukunft bewältigt werden. Dabei liegt das eigentlich Bestürzende und Irritierende an der gegenwärtigen Lage in dem ständig beschleunigten und alle Lebensbereiche erfassenden technischen Wandel, der zwar in seinen Einzelheiten bewußt und zielstrebig herbeigeführt wird, aber trotz seines Ursprungs in konkreten menschlichen Wertvorstellungen und Aktionsprozessen insgesamt gesehen als schicksalhafte Macht auftritt. H. G. Wells hat diesem Empfinden beredten Ausdruck verliehen: „Irgendwer hätte irgendwo irgend etwas verhindern müssen. Aber wer oder wie oder warum – das lag alles jenseits seines Horizonts" (zit. lt. Sachsse 0.3 II, 63). Noch weiter geht R. Musil, der erklärt, „daß die Mathematik, Mutter der exakten Naturwissenschaft, Großmutter der Technik, auch Erzmutter jenes Geistes ist, aus dem schließlich Giftgase und Kampfflieger aufgestiegen sind" (5.32, 40). Und L. Mumford spricht sogar von dem „Verbrechen Galileis", durch das die Personalität und Individualität des Menschen aus dem naturwissenschaftlichen Weltbild verbannt wurde (5.31, 403).

Eine nüchterne Analyse zeigt jedoch, daß sich für die besonderen geistigen Voraussetzungen der modernen Technik keine eindeutige Zäsur angeben läßt. Was in der Industriellen Revolution und der darauffolgenden Technisierung in konkreter Form realisiert wurde, hat sich in seinem intellektuellen Gehalt im Verlauf eines langandauernden Entwicklungsprozesses allmählich herausgebildet, wobei die Ursprünge dieses Denkens unschwer bis in die Antike zurückverfolgt werden können. So weist M. Bense mit Recht darauf hin, daß die empiristischen Ansätze der Spätscholastik hier ebenso maßgeblich sind wie die künstlerischen und wissenschaftlichen Tendenzen der Renaissance und die Leistungen des Rationalismus und der Aufklärung: „Die technischen Traditionen sind also durchaus die geistigen Traditionen der abendländischen Intelligenz" (*1.7*, 221). Im Gegensatz zu der angeführten grundsätzlichen Kritik, die im technischen Denken eine Abirrung und Verfehlung sieht, kann also die moderne Technik mit guten Gründen als legitimes Resultat der europäischen Geistes- und Kulturgeschichte betrachtet werden.

Mit dem rationalistischen Denkstil und der Konzeption einer perfektionierten Naturbeherrschung ist aber das überkommene geistige Erbe keineswegs ausgeschöpft. Im Christentum und im Humanismus, in der Romantik und in der Existenzphilosophie wird je auf besondere Weise die Sinnerfüllung und Entfaltung der individuellen Existenz in den Vordergrund gestellt. Auf diese Strömungen, die ebenso zum genuinen Bestand unserer Tradition gehören, können sich dann die verschiedenen Technikkritiker berufen.

Die so vorgezeichneten gegensätzlichen Gesichtspunkte für die Bewertung der Technik kommen in zugespitzter Form im utopischen Denken zur Geltung: In der *positiven* Utopie erscheint die Technik als das heilbringende Mittel, mit dem sich der Mensch die Natur aneignet und die befriedete Gesellschaft herstellt. Dagegen schildert die *negative* Utopie ein durch die Technik erzwungenes geist- und seelenloses Funktionieren und die totale Manipulation der Persönlichkeit. Sowohl von ihrem Ursprung als auch von den Zukunftserwartungen her erweist sich damit die moderne Technik als grundsätzlich ambivalent. Jenseits der vergleichsweise vordergründigen ,Zwangslage' durch die Gegebenheiten der technisierten Welt resultiert die Krise des gegenwärtigen Technikverständnisses aus dem Bewußtsein dieser Doppeldeutigkeit. Die Einsicht in diesen Zusammenhang ist zugleich der erste Schritt zur Bewältigung der gegenwärtigen Situation.

Bibliographie

0. Bibliographien

a) Allgemein

0.1 Mitcham, C. und Mackey, R.: Bibliography of the Philosophy of Technology, in: Technology and Culture 14 (April 1973); als Buch: Chicago/London: University of Chicago Press 1973. *Umfassende, systematisch geordnete und kommentierte Literaturübersicht; rezensiert in: Technikgeschichte 41 (1974) 353–355.*

0.2 Herlitzius, E.: Technik und Philosophie, in: Informationsdienst Geschichte der Technik (Dresden) 5 (1965) 1–36.

0.3 Sachsse, H. (Hrsg.): Technik und Gesellschaft, 3. Bde., Pullach/München 1974–1976. *In Bd. 1 werden ca. 400 Arbeiten zu allen Aspekten der Technik systematisiert, analysiert und kommentiert. Die beiden übrigen Bände bringen erläuterte Texte; darunter ist in Bd. 3 eine von A. Huning besorgte Auswahl zur Technikphilosophie enthalten.*

0.4 Rammert, W.: Technik, Technologie und technische Intelligenz in Geschichte und Gesellschaft, Bielefeld 1975 (Report Wissenschaftsforschung). *Ausführliche, kommentierte Literaturübersicht zur historischen, soziologischen und ökonomischen Technikforschung.*

b) Kongreßberichte

0.5 Akten des 14. Internationalen Kongresses für Philosophie – Wien 1968, Bd. 2, Wien 1968.

0.6 Natur und Geschichte – 10. Deutscher Kongreß für Philosophie – Kiel 1972, Hamburg 1973.

0.7 Proceedings of the 15th World Congress of Philosophy – Varna (Bulgarien) 1973, Bd. 1, Sofia 1973.

c) Zeitschriften

0.8 Technikgeschichte (Düsseldorf).

0.9 Technology and Culture (Chicago).

Ausführliche Bibliographien sind enthalten in *1.1, 1.4, 1.6, 1.11, 1.30* und *3.7*.

Vgl. ferner die Übersicht zur Entwicklung der Technikphilosophie in Kap. I.

1. Allgemeine Philosophie der Technik

a) Sammelbände

1.1 Lenk, H. und Moser, S. (Hrsg.): Techne-Technik-Technologie, Pullach 1973. *Arbeiten zum gegenwärtigen Diskussionsstand.*

1.2 Luyten, N. A. (Hrsg.): Mensch und Technik, Freiburg/München 1967. *Arbeitstagung über technisches und theologisches Denken.*

1.3 Mitcham, C. und Mackey, R. (Hrsg.): Philosophy and Technology, New York: Free Press 1972. *26 Texte zu allen Aspekten der Technikphilosophie.*

1.4 Zimmerli, W. C. (Hrsg.): Technik – Oder wissen wir, was wir tun? Basel/Stuttgart 1976. *Unterschiedliche neue Ansätze.*

b) Einzelwerke

1.5 Baruzzi, A.: Mensch und Maschine – Das Denken sub specie machinae, München 1973. *Metaphysikgeschichtliche Untersuchung.*

1.6 Beck, H.: Philosophie der Technik – Perspektiven zu Technik-Menschheit-Zukunft, Trier 1969. *Orientiert an der (christlichen) philosophischen Tradition.*

1.7 Bense, M.: Technische Existenz, Stuttgart 1949. *Essays zur rationalistischen Legitimität der modernen Technik.*

1.8 Brinkmann, D.: Mensch und Technik – Grundzüge einer Philosophie der Technik, Bern 1946.

1.9 Cassirer, E.: Form und Technik, in: Kunst und Technik (hrsg. von L. Kestenberg) Berlin 1930. *Der geistig-kulturelle Ort des technischen Schaffens.*

1.10 Dessauer, F.: Philosopie der Technik – Das Problem der Realisierung, Bonn 1927. *Die ontologische Stellung der prästabilierten Lösungsgestalten.*

1.11 –: Der Streit um die Technik, Frankfurt a. M. 1956. *Zusammenfassende Darstellung mit eingehender Bibliographie; zu beiden Titeln vgl. 1.30.*

1.12 Ducassé, P.: Les techniques et le philosophe, Paris: Presses Universitaires de France 1958. *Die philosophische Sinngebung der technischen Verfahrensweisen.*

1.13 Haverbeck, W. G.: Das Ziel der Technik – Die Menschwerdung der Erde, Olten 1965.

1.14 Heidegger, M.: Die Technik und die Kehre, Pfullingen 1962. *Enthält ‚Die Frage nach der Technik‘ und ‚Die Kehre‘. Seinsmetaphysische Technikdeutung.*

1.15 Hübner, K.: Einführung in die Diskussion philosophischer Aspekte der Technik, in: *1.4. Zwecksetzung, Methode und Auswirkungen der Technik.*

1.16 Huning, A.: Das Schaffen des Ingenieurs – Beiträge zu einer Philosophie der Technik, Düsseldorf 1974. *Einführender historischer u. systematischer Überblick.*

1.17 Jünger, E.: Der Arbeiter – Herrschaft und Gestalt, Hamburg 1932.

1.18 Jünger, F. G.: Die Perfektion der Technik, Frankfurt a. M. 1946.

1.19 Kapp, E.: Grundlinien einer Philosophie der Technik – Zur Enstehungsgeschichte der Cultur aus neuen Gesichtspunkten, Braunschweig 1877. *Die früheste Abhandlung.*

1.20 Lenk, H. und Ropohl, G.: Praxisnahe Technikphilosophie, in: *1.4. Übersicht und Abriß des historischen Werdegangs.*

1.21 van Melsen, A.: Naturwissenschaft und Technik, Köln 1964 (aus d. Holl.). *Das Wesen der Technik und ihre Wirkung auf den Menschen.*

1.22 Meyer, H. J.: Die Technisierung der Welt – Herkunft, Wesen und Gefahren, Tübingen 1961.

1.23 Moser, H.: Metaphysik einst und jetzt, Berlin 1958; darin: Kritik der traditionellen Technikphilosophie; wiederabgedruckt in: *1.1. Betrifft insbesondere 1.10 und 1.14.*

1.24 Moscovici, S.: Essai sur l'histoire humaine de la nature, Paris: Flammarion 1968. *Die Technik als Aneignung der Natur.*

1.25 Ortega y Gasset, J.: Betrachtungen über die Technik, Stuttgart 1949 (aus d. Span.). *Kulturphilosophisch-anthropologische Sicht.*

1.26 Schröter, M.: Philosophie der Technik, in: Handbuch der Philosophie, Abt. 4, München/Berlin 1934 (Nachdruck München/Wien 1972). *Struktursystematik und Kulturbedeutung der Technik.*

1.27 Simondon, G.: Du mode de l'existence des objets techniques, Paris: Aubier 1969. *Die Genese technischer Gebilde und ihre kulturelle Integration.*

1.28 Spengler, O.: Der Mensch und die Technik, München 1931.

1.29 Stork, H.: Einführung in die Philosophie der Technik, Darmstadt 1977. *Aktuelle Erscheinungsformen und Auswirkungen der Technik.*

1.30 Tuchel, K.: Die Philosophie der Technik bei Friedrich Dessauer – Ihre Entwicklung, Motive und Grenzen, Frankfurt a. M. 1964. *Vgl. 1.10 und 1.11.*

2. *Verschiedene Fassungen des Technikbegriffs*

2.1 von Gottl-Ottlilienfeld, F.: Wirtschaft und Technik (Grundriß der Sozialökonomik V), Tübingen 1914.

2.2 Seibicke, W.: Technik – Versuch einer Geschichte der Wortfamilie τέχνη in Deutschland vom 16. Jahrhundert bis etwa 1830, Düsseldorf 1968.

2.3 Skolimowski, H.: The Structure of Thinking in Technology, in: Technology and Culture 7 (1966) 371–383; wiederabgedruckt in: 3.7.

2.4 Teßmann, K.: Zur Bestimmung der Technik als gesellschaftlicher Erscheinung, in: Deutsche Zeitschrift für Philosophie 15 (1967) 509–527. *Zur Technikphilosophie in der DDR siehe die Sonderhefte 1965 und 1973 derselben Zeitschrift.*

2.5 Tondl, L.: On the Concept of ‚Technology‘ and ‚Technological Sciences‘, in: 3.7.

2.6 Tuchel, K.: Zum Verhältnis von Kybernetik, Wissenschaft und Technik, in: 0.5, Bd. 2.

3. Methodologische Analyse

3.1 Agassi, J.: The Confusion between Science and Technology in the Standard Philosophies of Science, in: Technology and Culture 7 (1966) 348–366; wiederabgedruckt in: 3.7.

3.2 du Bois-Reymond, A.: Erfindung und Erfinder, Berlin 1906.

3.3 Bunge, M.: Scientific Research II – The Search for Truth, Berlin/New York 1967.

3.4 Eyth, M.: Lebendige Kräfte – Sieben Vorträge aus dem Gebiet der Technik, Berlin 1905.

3.5 Hübner, K.: Zur Intentionalität der modernen Technik, in: Sprache im technischen Zeitalter 25 (1968) 27–48.

3.6 Kotarbiński, T.: Praxiology – An Introduction to the Science of Efficient Action, Oxford/Warschau: Pergamon Press 1965 (aus d. Poln.).

3.7 Rapp, F. (Hrsg.): Contributions to a Philosophy of Technology – Studies in the Structure of Thinking in the Technological Sciences, Dordrecht/Boston: Reidel 1974.

3.8 Ropohl, G.: Prolegomena zu einem neuen Entwurf der allgemeinen Technologie, in: *1.1.*

3.9 Rumpf, H.: Wissenschaft und Technik, in: Die Philosophie und die Wissenschaften – S. Moser zum 65. Geburtstag (hrsg. von E. Oldemeyer), Meisenheim 1967.

3.10 von Wright, G. H.: Handlung, Norm und Intention (hrsg. von H. Poser), Berlin/New York 1977.

4. Der Weg zur modernen Technik

4.1 Arendt, H.: Vita activa oder vom tätigen Leben, Stuttgart 1960.

4.2 Bacon, F.: Works (hrsg. von J. Spedding et al.), London 1857–74 (Nachdruck Stuttgart 1962 f.).

4.3 Blumenberg, H.: Säkularisierung und Selbstbehauptung (Neuausgabe des 1. und 2. Teils von ,Legitimität der Neuzeit‘), Frankfurt a. M. 1974.

4.4 Brunner, O.: Neue Wege der Verfassungs- und Sozialgeschichte, Göttingen ²1968.

4.5 Burckhardt, J.: Weltgeschichtliche Betrachtungen, Stuttgart 1969.

4.6 Daumas, M.: Histoire générale des techniques, Bd. 3, Paris: Presses Universitaires de France 1968.

4.7 Dijksterhuis, E. J.: Die Mechanisierung des Weltbildes, Berlin 1956 (aus d. Holl.).

4.8 Eliade, M.: Schmiede und Alchemisten, Stuttgart 1960 (aus d. Franz.).

4.9 Fleischer, H.: Marx und Engels – Die philosophischen Grundlinien ihres Denkens, Freiburg/München ²1974.

4.10 Hall, A. R.: Engineering and the Scientific Revolution, in: Technology and Culture 2 (1961) 333–341.

4.11 –: The Historical Relations of Science and Technology (Inaugural Lectures, Imperial College of Science and Technology), London 1965.

4.12 Hoselitz, B. F.: Wirtschaftliches Wachstum und sozialer Wandel, Berlin 1969.

4.13 Hübner, K.: Kritik der wissenschaftlichen Vernunft, Freiburg/München 1978.

4.14 Kant, I.: Werke (hrsg. von W. Weischedel), Darmstadt 1963 f.

4.15 Klages, L.: Der Geist als Widersacher der Seele, 3 Bde., Leipzig 1929–1932.

4.16 Klemm, F.: Technik – Eine Geschichte ihrer Probleme, Freiburg/München 1954.

4.17 Marx, K.: Werke – Schriften – Briefe (hrsg. von H. J. Lieber et al.), Stuttgart 1962 f.

4.18 Mathias, P. (Hrsg.): Science and Society 1600–1900, Cambridge: University Press 1972.

4.19 Matschoß, C.: Werner Siemens, Bd. 2, Berlin 1916.

4.20 Mennicken, P.: Die Technik im Werden der Kultur, Wolfenbüttel/Hannover 1947.

4.21 Mumford, L.: Technics and Civilization, New York: Harcourt 1934.

4.22 Nietzsche, F.: Werke (hrsg. von K. Schlechta), München 1956.

4.23 Rapp, F.: Die Forschung in der Technik (bzw. Technologie) des 19. Jahrhunderts, in: Studien zur Wissenschaftstheorie des 19. Jahrhunderts, Bd. 12 (hrsg. von A. Diemer), Meisenheim (im Druck).

4.24 Ribeiro, D.: Der zivilisatorische Prozeß, Frankfurt a. M. 1971 (aus d. Portugies.).

4.25 Rüstow, A.: Ortsbestimmung der Gegenwart, 3. Bd., Zürich/Stuttgart 1957.

4.26 Scheler, M.: Die Wissensformen und die Gesellschaft, in: Ges. Werke Bd. 8, Bern/München [2]1960.

4.27 Sombart, W.: Der moderne Kapitalismus, Bd. 1, München/Leipzig [3]1919.

4.28 Stöcklein, A.: Leitbilder der Technik – Biblische Tradition und technischer Fortschritt, München 1969.

4.29 Weber, M.: Die protestantische Ethik und der Geist des Kapitalismus, in: Gesammelte Aufsätze zur Religionssoziologie, Bd. 1, Tübingen [2]1922.

4.30 White, L., jr.: Die mittelalterliche Technik und der Wandel der Gesellschaft, München 1968 (aus d. Engl.).

5.1 Balla, B.: Zu einer Soziologie der Knappheit, Stuttgart (im Druck).

5.2 Boulding, K. E.: The Interplay of Technology and Values, in: Values and the Future – The Impact of Technological Change on American Values (hrsg. von K. Baier und N. Rescher), New York: Free Press 1971.

5.3 Diesel, E.: Das Phänomen der Technik, Leipzig/Berlin 1939.

5.4 Ellul, J.: La Technique ou l'enjeu du siècle, Paris: Colin 1954. Engl. Übers.: The Technological Society, New York: Vintage Books 1964; *nach dieser wird hier zitiert.*

5.5 Freyer, H.: Theorie des gegenwärtigen Zeitalters, Stuttgart 1955.

5.6 –: Über das Dominantwerden technischer Kategorien in der Lebenswelt der industriellen Gesellschaft (Abh. der Akad. der Wiss. und der Lit. in Mainz, Kl. 1960, Nr. 7), Wiesbaden 1960.

5.7 Fromm, E.: Die Revolution der Hoffnung – Für eine humanisierte Technik, Reinbek 1974 (aus d. Engl.).

5.8 Gehlen, A.: Die Seele im technischen Zeitalter – Sozialpsychologische Probleme in der industriellen Gesellschaft, Hamburg 1957.

5.9 –: Anthropologische Forschung, Reinbek 1961.

5.10 Glaser, W. R.: Soziales und instrumentales Handeln, Stuttgart 1972.

5.11 Gruhl, H.: Ein Planet wird geplündert, Frankfurt a. M. 1975.

5.12 Habermas, J.: Technik und Wissenschaft als „Ideologie", Frankfurt a. M. 1968. *Enthält auch die Abhandlung „Erkenntnis und Interesse".*

5.13 Harich, W.: Kommunismus ohne Wachstum?, Reinbek 1975.

5.14 Heisenberg, W.: Das Naturbild der heutigen Physik, Hamburg 1955.

5.15 Hetman, F.: Society and the Assessment of Technology, Paris (OECD) 1973.

5.16 Horkheimer, M.: Zur Kritik der instrumentellen Vernunft, Frankfurt a. M. 1967 (aus d. Engl.).

5.17 Illich, I.: Selbstbegrenzung – Eine politische Kritik der Technik, Reinbek 1975 (aus d. Engl.).

5.18 Jaspers, K.: Die geistige Situation der Zeit, Berlin/Leipzig 1931.

5.19 von Kleist, H.: Über das Marionettentheater, in: Sämtliche Werke und Briefe (hrsg. von H. Sembdner), Bd. 2, München 1965.

5.20 Kluxen, W.: Humane Existenz in einer technisch-wissenschaftlichen Welt, in: Technokratie und Bildung (hrsg. von H. Janssen), Trier 1971.

5.21 Kranzberg, M. und Davenport, W. H.: Technology and Culture, New York: Schocken Books 1972.

5.22 Krohn, W.: Zur soziologischen Interpretation der neuzeitlichen Wissenschaft, in: Edgar Zilsel: Die sozialen Ursprünge der neuzeitlichen Wissenschaft, Frankfurt a. M. 1976.

5.23 Lem, S.: Summa technologiae, Frankfurt a. M. 1976 (aus d. Poln.).

5.24 Lenin, W. I.: Werke (hrsg. vom Institut für Marxismus-Leninismus beim ZK der SEW), Bd. 31, Berlin 1961.

5.25 Lenk, H. (Hrsg.): Technokratie als Ideologie, Stuttgart 1973.

5.26 Lévi-Strauss, C.: Rasse und Geschichte, Frankfurt a. M. 1972 (aus d. Franz.).

5.27 Marcuse, H.: Der eindimensionale Mensch, Neuwied/Berlin 1967 (aus d. Engl.).

5.28 Meadows, D., Meadows, D., Zahn, E. und Milling, P.: Die Grenzen des Wachstums – Bericht des Club of Rome zur Lage der Menschheit, Reinbek 1973 (aus d. Engl.).

5.29 Mesthene, E. G.: Technological Change – Its Impact on Man and Society, Cambridge: Harvard University Press 1970.

5.30 Millendorfer, J.: Konturen einer dritten industriellen Revolution, in: Stimmen der Zeit 194 (1976) 408–419.

5.31 Mumford, L.: Mythos der Maschine, Wien 1974 (aus d. Engl.).

5.32 Musil, R.: Der Mann ohne Eigenschaften, Hamburg 1952.

5.33 Sachsse, H.: Technik und Verantwortung, Freiburg i. Br. 1972.

5.34 Schelsky, H.: Der Mensch in der wissenschaftlichen Zivilisation, Köln/Opladen 1961.

5.35 Schumpeter, J. A.: Kapitalismus, Sozialismus und Demokratie, München ³1972 (aus d. Engl.).

5.36 Tondl, L.: Der Januskopf der Technik, in: *0.5.*

5.37 Weingart, P.: Wissenschaftssoziologie 1, Frankfurt a. M. 1972.

5.38 Winterling, F.: Beziehungen zwischen Technik und Gesellschaft im utopischen Denken, in: *0.3*, Bd. 1.

Personenregister

Sachregister

»Kolleg Philosophie«

Allgemeine Bücher- und Institutionenkunde für das Philoso-
phiestudium. Von Lutz Geldsetzer
Einführung in die moderne Logik. Von Franz von Kutschera
und Alfred Breitkopf
Einführung in die Logik der Normen, Werte und Entschei-
dungen. Von Franz von Kutschera
Wissenschaftstheorie. Von Wilhelm K. Essler
Band I: Definition und Reduktion
Band II: Theorie und Erfahrung
Band III: Wahrscheinlichkeit und Induktion
Band IV: Erklärung und Kausalität

Analytische Technikphilosophie. Von Friedrich Rapp
Strukturalismus. Moskau – Prag – Paris. Von Jan M.
Broekman
Geschichtsphilosophie nach Hegel. Die Probleme des Histo-
rismus. Von Herbert Schnädelbach
Neomarxismus. Die Problemdiskussion seit 1945. Von
Andreas von Weiss

Platon. Von Karl Bormann
Plotin. Von Venanz Schubert
Augustinus. Von Alfred Schöpf
Meister Eckhart. Von Heribert Fischer
Spinoza. Von H. G. Hubbeling
Rousseau. Von Maximilian Forschner
Kants Transzendentalphilosophie. Grundriß. Von Wilhelm
Teichner
Hegel. Herausgegeben von Otto Pöggeler
Schelling. Herausgegeben von Hans Michael Baumgartner
Marx und Engels. Von Helmut Fleischer
Edmund Husserl. Von Paul Janssen

Verlag Karl Alber, Freiburg/München

Alexander Gosztonyi

Der Raum

Geschichte seiner Probleme
in Philosophie und Wissenschaften
1976. 2 Leinenbände, zusammen 1418 Seiten mit 16 Figuren
im Text (Reihe: Orbis academicus, Bände I/14, 1 und 2)
ISBN 3-495-47202-9

Das Werk ist eine umfassende Darstellung und eine eingehende Analyse aller philosophischen und wissenschaftlichen
Probleme und Theorien, die sich im Lauf der Geschichte von
der Antike bis heute aus der Frage nach Wesen und Beschaffenheit des Raumes ergeben und sich für die Erhellung der
Frage als produktiv erwiesen haben. Gosztonyi referiert sämtliche nennenswerten Raumauffassungen in Philosophie, Psy-
chologie, Mathematik und Naturwissenschaften, macht sie
aus der Gesamtkonzeption des jeweiligen Denkers oder der
betreffenden Forschungsrichtung verständlich und erörtert
sie vor ihrem geistesgeschichtlichen Hintergrund. So entfaltet sich aus der Raumproblematik die Geschichte der Philosophie und des wissenschaftlichen Denkens, ihrer wechselnden Antworten auf spezielle Fragen aus Erkenntnistheorie
und Wahrnehmungslehre, Sinnes- und Gestaltpsychologie,
Ontologie und Metaphysik, Mathematik, Physik und Kos-
mologie. Eine Bibliographie mit über 1000 Titeln, Erklärungen der Fachbegriffe, Personen- und Sachregister ermöglichen
es dem Lernenden und Lehrenden jeder Fachrichtung, bestimmte Entwicklungslinien der Raumproblematik zu verfolgen oder zu den historischen Details einer Einzelfrage vor-
zudringen.

Verlag Karl Alber, Freiburg/München